HISTC

Dans Le Livre de Poche :

ALFRED HITCHCOCK
présente :

HISTOIRES À NE PAS LIRE LA NUIT.
HISTOIRES À FAIRE PEUR.
HISTOIRES DIABLEMENT HABILES.
HISTOIRES MACABRES.
HISTOIRES ANGOISSANTES.
HISTOIRES À N'EN PAS REVENIR.
HISTOIRES RICHES EN SURPRISES.
HISTOIRES PIÉGÉES.
HISTOIRES TROUBLANTES.

ALFRED HITCHCOCK

présente :

Histoires de mort et d'humour

LE LIVRE DE POCHE

LE PONT DE VERRE

par ROBERT ARTHUR

Nous parlions de meurtres demeurés inexpliqués, le baron de Hirsch, le lieutenant Oliver Baynes, de la police d'État, et moi. Du moins, de Hirsch en parlait. Baynes et moi avions tout juste le droit d'écouter, tandis que, par une suite de déductions éblouissantes, marquées au coin d'une logique inattaquable, le grand Hongrois au nez en bec d'aigle résolvait une demi-douzaine des cas les plus célèbres qui demeurent encore dans les fichiers de la police avec la mention « en suspens ».

De Hirsch peut se montrer parfois exaspérant. Il possède une monumentale confiance en lui, tient son intelligence en haute estime, et n'en fait nul mystère. J'ai toujours envie de lui demander comment il se fait qu'un homme aussi prodigieusement doué que lui porte des chaussures qui ont toujours besoin d'être réparées et des vêtements qui mériteraient d'être reprisés. Naturellement je ne le fais jamais.

Oliver Baynes commençait à s'agiter. Baynes est courtaud, râblé, rougeaud. Il s'exprime avec lenteur et rien ne le distingue du commun des mortels. Mais c'est un excellent policier — un des meilleurs.

Il vida son verre — nous étions en août et il faisait chaud cet après-midi — et tout en tendant la main pour prendre une nouvelle boîte de bière, il jeta un regard dans ma direction.

— Pourquoi ne demanderiez-vous pas à votre ami de résoudre le mystère de notre blonde « maître chanteuse », dit-il en dissimulant derrière un masque impénétrable la pointe de sarcasme contenue dans sa question.

De Hirsch fit une pause. Ses yeux noirs enfoncés brillèrent, les ailes de son grand nez aquilin palpitèrent.

— Le mystère de la blonde « maître chanteuse ? » s'informa-t-il d'une voix douce et polie.

Baynes ouvrit sa boîte de bière et couvrit sa manche de mousse.

— Elle s'appelait Marianne Montrose. Le 13 février dernier, entre trois et quatre heures de l'après-midi, elle a franchi les vingt-trois marches couvertes de neige menant à une maison bâtie sur le sommet d'une colline, à quelque cinquante kilomètres d'ici. Elle est entrée dans la maison. Elle n'en est jamais ressortie.

Baynes versa la bière dans son verre, aspira bruyamment la mousse qui en débordait.

— Un peu plus tard, poursuivit-il, nous avons fouillé la maison. Pas la moindre trace. Il y avait soixante centimètres de neige tout autour de la maison. Pas le moindre indice pour montrer comment elle avait pu quitter les lieux. De plus, le propriétaire, qui est le seul habitant de la maison, souffre d'une maladie de cœur : le moindre effort physique pourrait lui être fatal. Donc, il ne l'a pas transportée à l'extérieur, il n'a pas creusé la terre pour l'enterrer. La trace de ses pas était imprimée dans la neige qui recouvrait les marches de l'escalier et menaient à l'intérieur de la maison. On l'avait vue entrer, et pourtant elle ne s'y trouvait pas. Elle était entrée pour ne jamais ressortir. Dites-nous donc ce qui lui est arrivé.

De Hirsch fixait Baynes sans broncher.

— Exposez-moi les faits, dit-il, et je vous le dirai.

Il n'avait pas dit : « j'essaierai. »

— Je vais prendre mes notes, lui dis-je, piqué. Enfin nous allons savoir la vérité. Et cela me permettra d'en tirer un nouvel article.

Baynes sirotait sa bière sans rien dire, l'air passablement endormi. De Hirsch se versa une nouvelle et généreuse rasade d'eau-de-vie — de mon eau-de-vie, car nous nous étions réunis dans ma maison de campagne. Je me dirigeai vers mon classeur et rapportai le dossier de Marianne Montrose. Il était fort complet. Je rédige le récit de crimes authentiques pour le compte de magazines populaires, et je conserve des notes détaillées de toutes les affaires que j'utilise. J'avais déjà écrit celui-ci avec un grand point d'interrogation : « Qu'est-il advenu de la belle Marianne ? »

— Par où voulez-vous commencer ? demandai-je. Voici la déclaration du jeune Danny Gresham. C'est lui qui fut le dernier à parler à Marianne, avant qu'elle entrât dans la maison et ne s'évanouît en fumée.

De Hirsch repoussa du geste la feuille dactylographiée.

— Lisez-la-moi, dit-il affable.

Les fosses nasales d'Oliver Baynes émirent un bruit qu'on aurait pu prendre pour un rire. Je le foudroyai du regard et commençai ma lecture.

MORGAN'S GAP, 3 FÉVRIER. D'APRÈS LA DÉCLARATION DE DANNY GRESHAM, 19 ANS.

Je me trouvais dans le bureau de la *Weekly*

Sentinel de Morgan's Gap, en train de lire des épreuves. Il était trois heures et demie. La température extérieure était environ de 12 à 13 degrés au-dessous de zéro. Il faisait un beau temps sec. Je pensais à téléphoner à mon amie Dolly Hansome pour lui proposer une balade à skis. La neige était belle, avec une bonne croûte glacée recouverte d'une couche de poudreuse. A ce moment une décapotable de luxe est venue se ranger sur le bord du trottoir.

Il y avait une femme au volant. Elle ressemblait un peu à Dolly Hansome, mais en plus développé — plus femme. Elle avait de longs cheveux blonds et bouclés sous une toque rouge et portait une tenue de ski également rouge. Elle est descendue de voiture et est restée un moment debout à regarder dans la direction de la vallée puis de la colline sur laquelle est bâtie la maison de M. Hillyer, l'auteur de romans policiers. L'Eyrie, comme l'appelle M. Hillyer, ce qui signifie nid. Le nom lui convient à merveille, car elle est vraiment perchée sur le sommet de la colline.

A première vue, le lieu ne semble pas très indiqué pour un homme solitaire qui souffre d'une maladie de cœur. En été, un chemin en lacet permet d'accéder à la terrasse qui se trouve derrière la maison, mais en hiver, les services de la voirie ne déblaient la chaussée que jusqu'au pied des marches du perron.

Cela signifie que M. Hillyer ne quitte jamais la maison après les premières chutes abondantes de neige, mais il n'en a cure. En automne, il fait rentrer douze mille litres de fuel et un stock de conserves en boîtes et il est paré. Tous les jours, Mme Hoff monte là-haut pour nettoyer et faire la cuisine. Les vingt-quatre marches ne lui font pas peur, pas plus qu'à Sam, son beau-frère. C'est lui qui est chargé de déblayer l'escalier et de dégager la terrasse nord.

M. Hillyer aime la solitude. Il ne recherche pas la société de ses semblables. C'est un homme de haute taille, mince, avec un long visage amer, qui s'exprime d'une façon coupante. Il a écrit douze romans policiers et possède des quantités de coupures de journaux concernant son œuvre. Il est particulièrement fier des articles qui rendent hommage à l'ingéniosité de ses intrigues.

Néanmoins, il n'a pas écrit de livre depuis cinq ans. Je pense qu'il s'est découragé parce que ses ouvrages ne se sont jamais très bien vendus.

Oui, je reviens à la jeune femme.

Elle regardait la maison, puis elle s'est retournée et a pénétré dans le bureau. Je me suis précipité pour l'accueillir. Elle a souri et m'a dit bonjour. Elle avait une voix grave et rauque, une voix à vous faire frissonner. Elle m'a demandé si j'étais le rédacteur en chef. Je lui ai répondu que j'étais son adjoint. Puis elle m'a demandé la permission de se servir du téléphone. Bien sûr, lui ai-je répondu et je lui ai tendu l'appareil. Elle a demandé le numéro de Mark Hillyer. Je ne pouvais faire autrement que d'entendre ce qu'elle disait. Bien sûr, je me souviens à peu près des paroles. Elle a dit, d'une voix différente :

« Allô, Mark ? c'est Marianne. Je vous téléphone du village. J'espère que vous m'attendez, et vous savez, Mark, mon chéri — au cas où votre cerveau génial vous suggérerait une astuce inédite — on sait au bureau du journal que je vais vous rendre visite. Je serai là-haut dans dix minutes. »

Elle a raccroché et elle a retrouvé sa voix émouvante.

— Mark Hillyer ne m'aime pas, a-t-elle dit. C'est un homme prodigieusement intelligent. Il me tuerait s'il pouvait le faire impunément. Mais ça, c'est une autre histoire. Dans tous les cas, si je ne suis pas de retour dans une heure, vous préviendrez la police, n'est-ce pas ? Je ferai un saut jusqu'à votre bureau pour prévenir que tout va bien.

Elle m'a gratifié d'un nouveau sourire et naturellement je lui ai répondu qu'elle pouvait compter sur moi et que j'enverrais le constable à sa recherche. Je me sentais tout excité ; cela ressemblait tellement à une scène extraite de l'un des romans policiers de M. Hillyer. Naturellement, j'avais l'impression qu'elle ne parlait pas sérieusement. Mais je me précipitai vers la fenêtre pour assister à son départ.

Elle a démarré et, une minute plus tard, j'ai vu sa voiture aborder la route en lacet qui mène à l'Eyrie de M. Hillyer. Plus bas, sur les pentes, un tas de gamins s'amusaient avec des skis, des luges et ces nouveaux bacs en aluminium. Ils s'en donnaient à cœur joie, je vous prie de me croire. J'avais été tenté d'appeler Dolly pour partager leurs jeux... Mais mon désir s'était émoussé. J'ai vu la décapotable, après un dernier virage, parvenir au pied des marches — les chasse-neige déblaient la route jusqu'à ce point. La jeune femme a rangé sa voiture et a commencé l'ascension des marches. Je l'ai vue parvenir devant le perron. La porte s'est ouverte. Elle est entrée puis le battant s'est refermé sur elle.

Pendant tout le reste de l'après-midi j'ai travaillé tout en surveillant la maison de M. Hillyer. La nuit est tombée. La jeune femme n'est pas ressortie.

FIN DE LA DÉCLARATION DE DANNY GRESHAM.

***

Je levai les yeux sur de Hirsch. Il était renversé

sur sa chaise, la tête appuyée sur le dossier et semblait perdu dans la contemplation du plafond.

— Introduction très intéressante pour une affaire de meurtre, dit-il en me regardant avec condescendance. Pour l'instant je ne pourrais aboutir qu'à des conclusions purement gratuites. Veuillez continuer, je vous prie.

Je lus :

MORGAN'S GAP, 14 FÉVRIER. DÉPOSITION DU CONSTABLE HARVEY REDMAN.

Hier, vers cinq heures trente de l'après-midi, le jeune Danny Gresham a fait irruption dans mon bureau. Il a déclaré qu'une jolie jeune femme était allée voir M. Hillyer et qu'elle pourrait fort bien se trouver en danger. Au premier abord, j'ai pensé qu'il était le jouet de son imagination, mais il m'a exposé tous les faits et j'ai décidé d'aller regarder les choses de plus près. Lorsqu'on écrit des romans policiers aussi ingénieux, il doit sembler facile de passer de la théorie à la pratique.

J'ai pris quelques lampes électriques et nous sommes partis dans ma vieille voiture. Nous sommes arrivés à la maison de Hillyer aux environs de six heures. En effet, la décapotable de Mlle Montrose se trouvait toujours rangée sur le terre-plein. Et Danny me montra des empreintes de pas féminins sur les marches couvertes de neige.

L'empreinte de pas qui montaient les marches.

Aucune de pas qui les descendent.

Donc il avait raison d'affirmer qu'elle était toujours là.

Nous sommes montés en évitant avec soin d'approcher des empreintes, et nous avons frappé. M. Hillyer, l'air surpris, nous a introduits. Je lui ai répété ce que la femme avait dit à Danny et lui ai demandé où se trouvait Mlle Montrose. M. Hillyer s'est mis à rire.

— J'ai bien peur que Mlle Montrose ne vous ait monté un canular, dit-il. Elle m'a quitté à la tombée de la nuit, il y a environ une heure.

— Monsieur Hillyer, lui ai-je dit, il y a des empreintes de pas qui mènent à votre maison. Aucune n'en sort. De plus, la voiture est toujours là.

— Ma foi, c'est étrange ! a dit M. Hillyer, mais il avait l'air de rire.

— C'est bien ce que je pense, ai-je répondu. C'est pourquoi je vous demande où se trouve cette dame.

— Mais je n'en sais rien ! a-t-il rétorqué en me regardant dans les yeux. Constable, je serai franc avec vous : cette femme est un maître chanteur. Elle est venue aujourd'hui toucher un tribut de mille dollars qu'elle prélève sur moi. Je lui ai versé l'argent. Ensuite elle est partie. C'est absolument tout ce que je sais. J'insiste pour que vous fouilliez cette maison de fond en comble pour voir s'il existe quelque indice de sa présence, ou d'une action que j'aurais entreprise contre elle. Je demande que la lumière soit faite.

Danny et moi avons fouillé la maison. Assis près du feu dans son cabinet de travail, M. Hillyer attendait en fumant.

La maison n'était pas difficile à explorer. Elle se composait seulement de six pièces, toutes sur le même plan. Ni sous-sol, ni grenier. L'appareil du chauffage central se trouvait dans un petit réduit. Le sol était en ciment. Les murs à doubles parois isolées par une cloison calorifugée.

La jeune femme ne se trouvait pas dans la maison. Rien même ne permettait d'affirmer qu'elle y eût mis les pieds. Pas le moindre signe de lutte, pas de taches de sang.

Nous sommes sortis, Danny et moi, de la maison.

Autour du bâtiment, la neige était absolument immaculée. La terrasse nord avait été dégagée à la pelle, mais le vent l'avait recouverte d'une neige poudreuse sur laquelle aucune marque n'était visible.

Ce fait n'avait d'ailleurs qu'une signification relative, car les tourbillons de neige balayaient toute la pente jusqu'à la gorge de Harrison située à près de quatre cents mètres de là. La brise souffle habituellement dans l'axe de la gorge et bientôt elle transporterait de la neige sur la terrasse.

Danny a éprouvé la croûte qui a cédé immédiatement. Personne n'aurait pu s'aventurer sur cette neige sans laisser de traces. Et s'il l'avait essayé, M. Hillyer aurait succombé à une crise cardiaque.

Nous inspectâmes le garage, fouillâmes la voiture, spécialement le coffre, sans trouver aucune trace de la jeune femme. Apparemment, Mlle Montrose était bien partie.

— Vous êtes convaincu que je ne la cache pas ? Eh bien, vous m'en voyez heureux, constable, a gloussé Hillyer. En dépit de l'histoire qu'elle a racontée à Danny, des traces de pas qui entrent dans la maison et qui n'en sortent pas, en dépit de la présence de sa voiture, il est parfaitement évident que je n'aurais pu la tuer et cacher son cadavre — à moins, bien entendu, d'avoir disposé d'un pont de verre pour la transporter par-dessus la neige.

— Je ne vous suis pas !

— Voyons, constable, vous connaissez vos classiques du roman policier. L'un des plus célèbres se rapporte à un homme qui fut tué à l'aide d'un poignard de verre. Le meurtrier a jeté l'arme dans une cruche d'eau où elle est demeurée invisible et personne n'a pu la trouver. Peut-être ai-je tué Mlle Montrose et emporté son cadavre en empruntant un pont de verre — qui est invisible. Une autre supposition : une soucoupe volante s'approche à ras de terre et l'enlève, ni vu ni connu je t'embrouille. En fait, plus j'y pense, et plus je crois que c'est là que réside la véritable solution.

— Je vois que vous ne prenez pas la chose très au sérieux, monsieur Hillyer, ai-je dit. Personnellement je ne suis pas de votre avis, et je vais faire appel à la police d'État.

C'est ce que j'ai fait. A eux de trouver où était passée la jeune femme. Pour l'instant, j'avais d'autres chats à fouetter.

FIN DE LA DÉPOSITION DU CONSTABLE HARVEY REDMAN.

*
* *

J'avais la gorge sèche. Je m'arrêtai de lire et je me versai de la bière. De Hirsch ouvrit les yeux.

— Admirablement complet, dit-il gentiment. Vous êtes un excellent enquêteur, même si vous manquez d'imagination. Je suppose que c'est vous qui avez repris l'affaire, lieutenant ? ajouta-t-il en se tournant vers Baynes.

— Oui, grommela Baynes, mais pas avant que les inspecteurs Reynolds et Rivkin aient répondu à la requête du constable. Ils ont opéré une nouvelle fouille. Mêmes résultats. C'est alors que l'affaire m'a été confiée. J'hérite de tous les cas difficiles. Je me suis mis en campagne le lendemain. Mais interroger Hillyer équivalait à demander au chat ce qu'il a fait du canari. Il m'a parlé de l'affaire sous l'angle du chantage et déclaré qu'il avait commis une faute voilà des années. Mlle Montrose était au courant. Depuis ce temps, il lui avait versé une annuité de mille dollars. Chaque année, lorsqu'elle passait dans les environs, elle le prévenait de son passage pour le lendemain ou le surlendemain, et il lui préparait la somme en espèces.

Je me suis mis en rapport avec New York. Elle faisait bien partie de la bande de maîtres chanteurs. L'histoire était donc probablement vraie. J'ai pris contact également avec la banque locale. Effectivement, on avait fait parvenir à M. Hillyer mille dollars, trois jours auparavant.

J'ai inspecté les alentours de la maison et constaté ce que le constable et mes inspecteurs avaient constaté avant moi. Une croûte de neige, mais pas assez solide pour supporter le poids d'un homme. Même les skis laissaient des traces. Peut-être n'aurait-ce pas été le cas avec un toboggan.

Malheureusement, jamais il n'y avait eu dans la maison quelque chose qui ressemblât à un toboggan, à des skis ou à une luge. Mme Hoff avait fait un grand nettoyage ce matin-là. Elle était même descendue au garage pour prendre ses ustensiles. Elle n'aurait pas manqué de voir un objet aussi encombrant qu'un toboggan. Elle jurait ses grands dieux qu'elle n'avait jamais entendu une histoire aussi farfelue. D'autre part, Hillyer n'aurait pu en commander par téléphone : il aurait fallu le livrer et depuis trois semaines on n'avait livré que des provisions et du courrier. Je l'ai vérifié.

Quel autre moyen imaginer ? Il fallait bien que la jeune femme soit passée quelque part ! J'ai fait venir quatre agents skieurs et je leur ai fait parcourir toute la région environnante. Ils ont fouillé les alentours dans un rayon de quatre cents mètres, sans omettre quelques crevasses et ravines ; ils n'ont trouvé aucune espèce de trace. Puis la neige s'est remise à tomber et j'ai dû arrêter les recherches. Mais j'avais acquis la certitude que Mlle Montrose ne se trouvait dans aucun endroit susceptible de dissimuler son corps.

Hillyer ne se tenait plus de joie. Avec bonheur, il

donnait des interviews et posait pour les photographes. Il dédicaçait ses ouvrages aux reporters. D'un seul coup il avait rajeuni de dix ans ; il s'amusait comme un petit fou.

Il fit courir des tas d'hypothèses fantaisistes sur le mystère, citant un certain Charles Fort qui avait écrit un ouvrage sur les disparitions mystérieuses. Il parla de désintégration spontanée, d'espace courbe, d'enlèvement par de petits hommes verts débarqués d'une soucoupe volante. Jamais il ne s'était autant amusé de sa vie.

Finalement nous avons dû classer l'affaire. Tout ce que nous savions, nous l'avions appris dès les premiers jours : une jeune femme avait franchi cet escalier pour pénétrer dans la maison puis elle s'était évanouie. Il n'y avait plus qu'à attendre les événements. Vint le mois de juin...

Oliver Baynes fit une pause pour terminer sa bière.

De Hirsch hocha sa grande tête romaine.

— Et en juin, dit-il, on découvrit le corps.

Baynes le regarda avec quelque surprise.

— Oui, dit-il. En juin Marianne cessa d'être un certain genre de mystère pour devenir un autre genre de mystère. Voyez-vous ?

Mais de Hirsch avait levé la main.

— Laissez Bob nous lire cela, suggéra-t-il. Je sais qu'il a rédigé la chose dans un style excellent et dramatique. Je trouve parfois un certain plaisir à lire sa prose.

Je lus :

MORGAN' GAP, 3 JUIN. BASÉ SUR DES DÉCLARATIONS DE WILLY JOHNSON, 11 ANS, ET FERDIE PULVER, 10 ANS.

Les deux gamins s'arrêtèrent au bord d'une mare d'un bleu sombre qui n'avait pas plus de neuf mètres de large.

Ils se trouvaient dans une longue et étroite dépression avec des parois quasi verticales atteignant quinze mètres de haut. Elle s'étendait sur une longueur de cent mètres pour aboutir à une table rocheuse, où une petite cascade se déversait dans une gouttière naturelle, et coulait pour former la mare qui se trouvait à leurs pieds. A son tour le trop-plein de la mare se déversait dans une gorge étroite pratiquée dans le roc, suffisamment large pour laisser passer le corps d'un jeune garçon, mais trop étroite pour un adulte. Des saules et des aulnes couverts de leurs feuillages nouveaux se dressaient vers la lumière du soleil. Divers oiseaux voletaient çà et là, et dans le ciel, des corbeaux planaient sur leurs ailes noires. Un rouge-gorge gazouillait sur une branche.

Ils étaient pieds nus, leurs chaussures à la main et l'eau était glacée. Mais absorbés par le petit monde secret de la crique, ils remarquaient à peine la température de l'eau.

— Oh ! dis donc, s'écria Ferdie. C'est formidable. Allons chercher la bande et jouons aux pirates, hein ?

Willy renifla :

— Aux pirates ! C'est plus amusant de pêcher. Viens, lance ton hameçon.

Il enfila un ver réticent sur l'hameçon de sa ligne et le jeta dans la mare. De petites rides se formèrent sur la surface de l'eau et l'objet s'enfonça. Le garçon attendit trente secondes, puis donna une secousse impatiente.

— Oh ! cria-t-il, j'ai pris quelque chose... Zut ! elle est coincée.

Il tira plus fort. La ligne se courba lentement comme entraînée par un poids mort. Ferdie n'y prêtait aucune attention. Il regardait le haut de la crique où quelque chose de blanc pendait au feuillage vert argenté d'un saule.

— Qu'est-ce que c'est que ça ? demanda-t-il alarmé. Crois-tu qu'il s'agisse d'un fantôme, Willy ?

Willy ne leva même pas les yeux. Il haletait en tirant sa ligne.

— Penses-tu ! J'ai dû accrocher une grosse branche ou je ne sais quoi.

Un objet sombre et rouge apparut à la surface et provoqua un lent tourbillon. Puis la masse se renversa et une face pâle et ovale apparut, entourée d'un halo de cheveux d'or qui ondulaient dans l'onde comme mus par une vie propre.

— Hé ! cria Willy. C'est un mort ! Viens, Ferdie, partons !

Derrière eux, tandis que leurs cris se perdaient dans le lointain, le pâle visage et les cheveux blonds semblèrent hésiter un moment. Puis s'enfoncèrent de nouveau dans les profondeurs sombres et calmes d'où ils étaient sortis...

***

Oliver Baynes reprit le fil de la narration tandis que de Hirsch achevait de vider la bouteille d'eau-de-vie.

— Les parents de Willy ont appelé le constable et le constable m'a appelé. Deux heures plus tard, une demi-douzaine d'entre nous se sont présentés à la maison de Mark Hillyer. La seule façon pratique de se rendre à la crique sans faire de l'alpinisme était de passer par la propriété de Hillyer. Il s'est montré parfaitement aimable et lorsque nous lui avons révélé l'objet de notre expédition, il a paru simplement intéressé.

— Si vous la trouvez, dit-il, regardez dans la poche de sa tenue de ski. Elle avait mille dollars lorsqu'elle est partie et j'ai bien l'intention d'en réclamer la restitution.

Nous sommes parvenus à la crique par un terrain très accidenté, et nous sommes descendus en nous servant de cordes. Puis nous avons lancé des grapins. Au bout de vingt minutes, nous avions ramené le corps à la surface. En le découvrant, Danny Gresham, qui nous accompagnait, poussa un cri.

— C'est elle ! Mais comment a-t-elle pu parvenir si loin de la maison ? Il aurait fallu qu'elle vole !

Elle semblait bien conservée — cette eau était presque glacée. Elle avait les mille dollars dans sa poche. Nous avons relancé les grapins et nous avons remonté son bonnet de ski et un gant. J'ai laissé les hommes continuer les recherches et je suis parti en exploration dans la crique. A part quelques vieilles bouteilles de bières vides et quelques boîtes de conserves rouillées, je n'ai absolument rien trouvé.

Nous avons fouillé la mare pendant toute la journée. J'espérais toujours y trouver un toboggan ou quelque chose du même genre. En vain. Nous avions trouvé le cadavre à quatre cents mètres de la maison et pas le moindre indice sur la façon dont il avait pu y parvenir.

J'ai fait enlever le corps et pratiquer l'autopsie. Elle était morte de froid. L'estomac était vide. Combien d'heures après son repas était-elle morte ? Impossible de le savoir. Aucune trace de poison dans les tissus.

Oliver Baynes jeta un regard de défi à de Hirsch.

— Eh bien, dit-il, vous connaissez maintenant l'affaire de la maître chanteuse blonde. Nous écoutons vos explications. Surtout pas d'allusion à une désintégration spontanée, à l'espace courbe, à des ponts de verre et autres soucoupes volantes !

Mon ami hongrois joignit le bout de ses doigts.

— Je ne le puis, dit-il tandis qu'un air de triomphe apparaissait sur les traits de Baynes, sans faire mention du pont de verre, des soucoupes volantes, et par-dessus tout du suaire.

Le lieutenant Baynes eut un air dégoûté.

— J'en étais sûr. Racontez-nous donc quelque faribole de ce genre et admettez que vous ne savez pas ce qui est arrivé à cette jeune femme !

— Impossible, objecta de Hirsch avec un air aimable, car, voyez-vous, je sais ce qui lui est arrivé. C'est-à-dire je le saurai lorsque vous aurez réparé une omission dans votre récit !

— Quelle omission ? interrogea Baynes.

— Cet objet blanc que Ferdie Pulver avait pris pour un fantôme, fit de Hirsch.

— Il s'agissait simplement d'un vieux drap de lit qui s'était pris dans les branches d'un saule. Il portait les marques de blanchissage de Hillyer. Selon lui, il avait dû être emporté par le vent au cours du printemps précédent, alors qu'il séchait sur une corde à linge. Les experts l'ont examiné pratiquement fil par fil. C'est simplement un vieux drap de lit.

— Non pas un drap de lit, rectifia de Hirsch gentiment. Un suaire. C'est exactement ce que je disais — un pont de verre, une soucoupe volante, un suaire. Ne le voyez-vous pas ? Hillyer était tellement fier de la supériorité de son intellect qu'il vous a dit la vérité ! Il vous a fourni tous les indices. Du moins les a-t-il fournis au constable Redman : ils se trouvent dans sa déclaration. Il a tué Marianne Montrose et l'a enlevée dans une soucoupe volante ou par un pont de verre pour la jeter dans l'éternité !

Baynes se mordit la lèvre inférieure. Il fixait de Hirsch d'un air perplexe et je faisais de même. C'était exactement la situation dont il tirait le plus de satisfaction — lorsqu'il pouvait, par ses explications, plonger les gens dans des abîmes de perplexité.

Baynes mit lentement sa main dans sa poche et

tira son portefeuille. Du portefeuille il tira un billet de vingt dollars.

— Je parie vingt dollars que vous nous racontez des histoires comme Hillyer, dit-il posément.

L'œil de Hirsch s'alluma. Puis il soupira et secoua la tête.

— Non, dit-il, nous sommes tous deux les hôtes d'un vieil ami très cher. Il ne serait pas élégant de ma part de vous prendre de l'argent à propos d'une question aussi simple.

Baynes grinçait des dents. Il tira deux nouveaux billets du portefeuille.

— Cinquante dollars que vous n'en savez pas plus que nous ! coupa-t-il.

De Hirsch tourna vers moi ses yeux noirs et profonds. J'évaluai hâtivement la somme que j'allais toucher pour la nouvelle policière vraie que j'avais récemment écrite, et je tirai mon chéquier.

— Je parie cent dollars que vous ne pouvez pas nous donner la solution, annonçai-je en le fixant droit dans les yeux.

Je savais que mon ami hongrois ne possédait ni cent, ni cinquante, et peut-être même pas cinq dollars.

Le baron de Hirsch se redressa.

— En ma qualité de gentilhomme, dit-il, je n'ai pas la possibilité de me récuser. Néanmoins j'aurais besoin d'une épingle à linge...

Baynes ferma la bouche qu'il avait ouverte. La mienne, qui était fermée, s'ouvrit.

— Dans le tiroir de gauche à côté de l'évier, dans la cuisine, dis-je. Mme Ruggle, la femme de charge a certainement dû en laisser...

Se levant d'un mouvement souple, de Hirsch avait déjà quitté la pièce, tirant de sa poche, en cours de route, un large mouchoir immaculé en fil. Et un porte-plume réservoir.

Je regardai Baynes. Il me rendit mon regard. Ni

l'un ni l'autre ne proférâmes une parole. De Hirsch était parti depuis cinq minutes. J'entendis s'ouvrir un tiroir. Puis je perçus un bruit sourd... C'était peut-être la porte du réfrigérateur qui s'ouvrait. Bientôt, il revint et s'assit. Il déboucha une nouvelle bouteille d'eau-de-vie que j'avais apportée discrètement après qu'il eut contemplé avec nostalgie la bouteille vide.

— Cela prendra quelques minutes, dit-il aimablement. Dans l'intervalle nous pouvons parler. Que pensez-vous de la situation politique ?

— Au diable la situation politique, grommela Baynes. Dites-nous plutôt comment Hillyer a tué la jeune femme.

De Hirsch se frappa le front.

— J'avais oublié de vous demander ! s'exclama-t-il. Hillyer souffre-t-il d'insomnie ?

Baynes fronça les sourcils.

— Oui, dit-il. Cela fait partie du rapport que m'a fourni son médecin... mais que...

— Naturellement, je l'avais supposé, interrompit de Hirsch, mais, bien sûr, il ne faut jamais faire aucune supposition. Voyons, lieutenant, Hillyer l'a tuée en introduisant un somnifère dans sa boisson. Lorsqu'elle a perdu connaissance, il l'a enlevée et ensevelie dans la neige épaisse de la crique de Harrison. Là son corps a eu le temps d'éliminer la substance soporifique. Elle s'est réveillée à demi gelée. Pendant un moment, heureusement bref, elle s'est débattue contre l'étreinte d'acier qui l'enserrait. Puis le doux sommeil de ceux qui sont soumis au froid l'a enveloppée de ses bras miséricordieux et lui a fait descendre le long et sombre escalier qui mène à la mort.

— Très poétique, grogna Baynes. Mais vous n'avez encore rien dit. Elle n'était pas immobilisée par le moindre lien. Elle ne portait pas la moindre marque, rien. Peut-être l'a-t-il endormie avec ses pilules somnifères. J'y avais pensé, moi aussi. Et après ?

Le baron de Hirsch prit son temps pour répondre.

— Dites-moi, Bob, dit-il en se tournant vers moi, diriez-vous que Mark Hillyer a tiré de cette affaire une forme mineure d'immortalité ? Qu'il a obtenu la célébrité qu'il avait toujours cherchée en vain ?

— Certainement, dis-je. Déjà une grande discussion s'est instaurée parmi les connaisseurs en matière de crime : l'a-t-il tuée, ou ne l'a-t-il pas tuée ? Comment est-elle venue dans la crique ? C'est un mystère aussi exaspérant que celui qui entoura la mort de la célèbre Dorothy Arnold. Dans cent ans, le nom de Hillyer apparaîtra encore dans les livres, et les intellectuels du siècle à venir discuteront encore de son innocence ou de sa culpabilité. Comme l'a dit Baynes, il est en pleine vogue. Son prochain livre va sortir bientôt et tous ses anciens ouvrages ont été réédités. Il est célèbre, c'est vrai, et il le restera tant que le mystère ne sera pas résolu. En fait, plus il faudra de temps pour le résoudre, plus il deviendra célèbre. Comme Jack l'Éventreur.

— Oui, dit de Hirsch, et sitôt que la solution sera trouvée, de célèbre, il deviendra infâme — un meurtrier sordide. Terrible chute pour un mégalomane tel que lui. Mais maintenant, je pense que nous pouvons discuter du mystère du pont de verre, de la soucoupe volante et du suaire... qui ont un point commun : celui d'être invisibles.

Il se leva et se rendit à la cuisine. De nouveau, j'entendis s'ouvrir et se fermer le réfrigérateur. Il revint portant quelque chose en équilibre sur sa main. L'objet était recouvert d'une serviette afin de le dissimuler à notre vue. Il déposa l'objet sur la surface polie de la table à café.

— Maintenant, dit-il, la voix soudain précise et autoritaire, revenons à février dernier. L'après-midi est froid. Mark Hillyer, furieux, guette à la fenêtre l'arrivée du maître chanteur à cheveux longs. Sous ses yeux, des gamins jouent dans la neige. Et soudain l'idée jaillit dans son cerveau, parfaite dans ses moindres détails, telle Minerve sortant du cerveau de Jupiter. Avec un minimum de chance, il pouvait se débarrasser en toute sécurité de la maître chanteuse. S'il échouait : après tout, il était un grand malade et pouvait plaider la provocation. S'il réussissait : quel plaisir de voir le monde stupide s'évertuer en vain à résoudre le mystère qu'il avait créé de ses propres mains !

Il se mit immédiatement à l'œuvre. Il prit un vieux drap de lit : le plus grand de tous ceux qu'il possédait et l'étendit à plat sur les dalles de la terrasse nord. Quelques minutes après, Mlle Montrose arriva. Ils parlèrent, il lui servit un verre dans lequel il avait versé une forte dose de somnifère. Au bout de vingt minutes elle s'endormit d'un sommeil de plomb.

Il la fit glisser de sa chaise sur le sol et de là sur une petite carpette. Aucun effort physique, voyez-vous, rien qui pût lui fatiguer le cœur.

Il traîna la carpette jusqu'à la terrasse nord. Là, il fit rouler la jeune femme endormie sur le drap de lit. Il s'arrangea pour qu'elle se recroquevillât au centre...

Avec un geste théâtral, de Hirsch retira la serviette qui recouvrait l'objet placé sur la table. Nous vîmes qu'il s'agissait du mouchoir de fil. Quelque chose était disposé au centre du mouchoir — une épingle à linge avec des petits yeux et une bouche tracés à l'encre, comme s'il s'agissait d'une femme réduite à l'échelle du mouchoir figurant le drap de lit.

Pour apercevoir la poupée-épingle à linge, je dus soulever l'un des coins du mouchoir. Car chacun des coins avait été plié jusqu'au centre, couvrant complètement la poupée, comme s'il s'était agi d'une enveloppe de lettre. Quant au mouchoir lui-même, il était dur et raide.

Nous vîmes alors ce qu'avait fait de Hirsch. Il avait aspergé d'eau le mouchoir et l'avait placé dans le compartiment à glace du réfrigérateur. Comme une lessive sur une corde à linge par un jour d'hiver, le mouchoir était devenu raide comme du bois. A l'intérieur, emprisonnée dans ses plis, se trouvait l'épingle à linge représentant le corps de la femme. L'ensemble formait un paquet bien net de quelques centimètres carrés. S'il s'était agi d'un véritable drap de lit avec une femme recroquevillée au milieu, l'ensemble n'aurait pas dépassé un mètre de côté.

Et nous comprîmes enfin, Baynes et moi, ce que Mark Hillyer avait fait. Il avait arrosé d'eau un grand drap de lit par un jour de grand froid. Il avait placé au centre la femme recroquevillée, puis il avait replié les quatre coins sur la malheureuse. Le froid avait transformé le drap en une sorte de boîte aussi dure, aussi raide que du bois. En quelques minutes, Marianne Montrose, endormie, était prisonnière dans un linceul gelé, aussi résistant que des liens d'acier. Puis il avait fait glisser cet objet large et plat de la terrasse jusqu'à la croûte de neige. Du fait de la répartition du poids sur une grande surface, il n'avait laissé aucune trace. Au contraire, il s'était mis à glisser le long de la pente, prenant de la vitesse, oscillant sur les aspérités pour franchir enfin la falaise qui bordait la crique et plonger profondément dans les congères accumulées dans la ravine par l'action du vent.

En guise de démonstration, de Hirsch appliqua une chiquenaude au mouchoir gelé qui glissa sur la surface lisse de la table et vint choir dans la corbeille à papiers, où il disparut parmi les feuilles plus ou moins froissées.

— Une soucoupe volante, s'écria de Hirsch. Dans

sa déclaration, Danny Gresham mentionna expressément les nouveaux baquets d'aluminium avec lesquels les gamins s'amusaient dans la neige. Ce sont des soucoupes de métal dans lesquelles l'enfant s'assied et qui dévalent les pentes à une vitesse vraiment terrifiante. Ils glissent sur la surface de la neige, en l'effleurant à peine. Ce sont ces soucoupes qu'Hillyer avaient vues, ce sont elles qui lui avaient donné son idée.

Le pont de verre était déjà là — une mince pellicule de glace qui couvrait la neige depuis sa maison jusqu'à la crique de Harrison.

La soucoupe volante faite avec un drap arrosé d'eau, puis exposé à l'air glacé était devenue le linceul de la jeune femme : il avait suffi d'en replier les angles sur elle. Le gel avait fait le reste.

Elle avait dévalé la pente, cette soucoupe improvisée, tournant sur elle-même, glissant, dérapant. Elle ne pouvait pas s'arrêter. Elle avait franchi la falaise, plongé dans la crique. Un objet blanc dans la neige blanche. Rigoureusement invisible. Que le vent soulève quelques tourbillons de neige et il ne restait plus rien. Pour le trouver, il aurait fallu pratiquement marcher dessus. Les chances étaient minimes.

Et voilà ! Il avait suffi d'un vieux drap mouillé combiné avec les effets naturels de l'hiver, pour créer le mystère le plus déroutant, le plus impénétrable. Une femme avait été transportée à quatre cents mètres par un moyen qui tenait apparemment du miracle. Un grand malade avait commis le crime presque parfait.

— Le salaud ! explosa Baynes. Il a osé me dévoiler son procédé en pleine figure tout en me laissant croire qu'il racontait des fariboles ! Cette femme et ce drap de lit sont probablement demeurés suspendus dans les branches jusqu'au printemps. Avec le dégel, le corps est tombé et le ruisseau l'a entraîné jusqu'à la mare sans laisser aucune trace, aucun indice — simplement un vieux drap de lit ! Nous ne pourrons jamais en faire la preuve.

— Peut-être, dit de Hirsch, mais nous pouvons lui faire savoir que son mystère n'est plus un mystère et qu'en l'an 2000, il deviendra un sujet d'étude pour les criminologistes. Je vais lui écrire une lettre.

Il se dirigea vers mon cabinet de travail et pendant une demi-heure, on l'entendit taper à la machine. Le même après-midi, il posta la lettre. Le lendemain matin Mark Hillyer la reçut dans son courrier. Je ne connaissais pas la teneur de la lettre, mais Oliver Baynes m'en décrivit la réception, selon le récit de la femme de ménage.

Mme Hoff nettoyait le cabinet de travail lorsque arriva le facteur. Elle porta la lettre à Hillyer qui, en raison de la chaleur, travaillait sur la terrasse. A peine eut-il jeté un coup d'œil sur la missive qu'il devint mortellement pâle. A mesure qu'il poursuivait sa lecture, ses joues se couvraient par plaques d'une rougeur malsaine. A peine eut-il tourné la seconde page qu'il la déchira en mille morceaux qu'il jeta dans un grand cendrier. Il craqua une allumette avec des mains qui tremblaient avec une telle violence qu'il eut toutes les peines du monde à l'amener au contact du frottoir, et mit le feu aux fragments de la lettre.

Incapable de dominer sa fureur, il saisit ensuite le cendrier et le projeta sur le dallage. Pendant un moment, il demeura les yeux fixés sur la crique de Harrison ouvrant et refermant spasmodiquement les mains.

Puis le souffle commença à lui manquer. Il se retourna, cherchant un appui, mais il s'effondra avant d'avoir pu atteindre sa chaise. Les mains crispées sur sa poitrine et sur sa gorge, il haletait : « Ma potion... Ma potion ! »

Son tonique cardiaque ne se trouvait pas dans l'armoire à pharmacie, mais sur sa table de chevet.

Il fallut deux ou trois minutes à Mme Hoff pour le trouver. Lorsqu'elle revint en toute hâte, Hillyer était mort.

J'avoue que cette fin me causa une pénible impression. Mais de Hirsch accueillit la nouvelle avec le plus grand sang-froid.

— *Utovegre !* dit-il.

Cela veut dire que cette mort équivaut à un aveu !

The glass bridge.
Traduction de Pierre Billon.

LE PREMIER PAS

par GLENN CANARY

Jack Breed referma la porte derrière lui et s'approcha du bureau d'acajou.

— Vous désirez me parler, monsieur McIntosh ? demanda-t-il.

Harold McIntosh ne leva les yeux que lorsqu'il eut fini de signer sa pile de lettres. Il dit alors :

— Asseyez-vous, Breed. Une cigarette ?

— Non merci, Monsieur.

— Détendez-vous ! Je n'ai pas l'intention de vous renvoyer.

Breed sourit.

— Je sais bien, dit-il.

— J'ai une proposition peu commune à vous faire.

— Oui, Monsieur ?

Breed s'était assis, bien droit. Il avait d'avance boutonné sa veste jusqu'en haut, sachant l'attitude qu'il convenait de prendre.

— J'ai effectué une petite enquête sur votre situation de famille, reprit McIntosh soulevant la main d'un geste apaisant. Ne vous inquiétez pas, je voulais simplement m'assurer que vous étiez bien l'homme qu'il me fallait.

— J'espère que vous êtes satisfait de moi ?

— Je le suis en effet.

— Est-ce que votre enquête a été fructueuse ?

— Très.

Breed, finalement, alluma posément une cigarette et en tira une bouffée.

— Qu'avez-vous découvert ?

— J'ai découvert que vous aviez plusieurs milliers de dollars de dettes.

— C'est vrai.

— D'habitude, dit McIntosh, nous sommes très circonspects à la Compagnie envers les gens qui se sont endettés.

— Je ne me suis pas exactement mis dans les dettes.

McIntosh se carra dans son fauteuil et sourit.

— Je sais. Détendez-vous... je sais que vous n'êtes pas un instable. Votre mère est veuve et impotente. Vous avez un jeune frère au collège et il est, lui aussi, à votre charge. Et vous avez même une fiancée avec qui vous aimeriez vous marier aussitôt que vous aurez assez d'argent pour le faire.

— Vous décrivez assez bien la situation.

— Vous avez à peu près cinq mille dollars de dettes. Vous en gagnez cent dix par semaine ici, et vous ne voyez aucun moyen de sortir de cette situation.

Il parlait d'une voix sèche et impersonnelle, comme s'il dictait des statistiques à sa secrétaire.

— C'est vrai, dit Breed sans pouvoir maîtriser le léger tremblement de ses mains.

— Calmez-vous, reprit McIntosh. Je ne vous ai pas convoqué pour vous parler de vos difficultés financières. Je voulais seulement éveiller votre intérêt et vous faire comprendre pourquoi je vous ai choisi pour cette affaire.

— Je vois.

— Je vais vous donner, annonça McIntosh en détaillant chaque mot et sans regarder le jeune homme, une chance de gagner quinze mille dollars.

— Comment ? s'exclama Breed.

— Vous auriez bien l'emploi de quinze mille dollars, n'est-ce pas ?

Breed se mit à rire.

— Qui faut-il tuer pour les avoir ?

— Ma femme.

— Quoi ?

— C'est ma femme qu'il faut tuer.

Breed bondit de sa chaise puis se rassit.

— J'ai du mal à comprendre cette plaisanterie, Monsieur.

— Ce n'est pas une plaisanterie.

— C'est impossible, je ne peux pas tuer votre femme !

— Pourquoi ? Vous ne la connaissez même pas.

Breed étouffa un rire nerveux.

— Je ne pense pas que ce soit une raison suffisante pour tuer quelqu'un.

— Quinze mille dollars, voilà une excellente raison...

— Je ne peux pas croire que vous soyez sérieux !

— Je suis parfaitement sérieux. (McIntosh se pencha par-dessus le bureau.) Écoutez, si ça peut calmer vos scrupules ne la tuez pas, je m'en chargerai.

— Pourquoi me demander ça à moi ? Pourquoi ne pas le faire vous-même ?

— C'est pourtant bien évident. Quand une femme est assassinée, on suspecte toujours le mari. Il doit donc avoir un alibi absolument inattaquable et j'ai l'intention de m'en fabriquer un parfait.

— Et moi alors, je n'en aurais pas ?

— Vous n'en auriez pas besoin. Qui penserait

vous suspecter ? Quelle raison pourriez-vous avoir de tuer ma femme ?

Breed écrasa son mégot et alluma immédiatement une autre cigarette.

— Qu'est-ce qui vous fait croire que je pourrais m'intéresser à votre proposition ? demanda-t-il.

— Tout le monde s'intéresse à l'argent et certains en ont besoin plus que d'autres.

— Et si je refuse ? Si je vais tout raconter à la police ?

— Est-ce qu'ils vous croiraient ?

— Peut-être que non, mais si votre femme était assassinée par la suite, ils s'en souviendraient.

— Évidemment, dit McIntosh tout souriant. Mais pourquoi feriez-vous ça ?

— Pour éviter à quelqu'un d'être assassiné.

— Allons donc ! Je vous le répète, vous ne connaissez même pas ma femme. Elle ne signifie rien pour vous. (Il parlait rapidement, en parfait administrateur.) Pensez plutôt aux quinze mille dollars. Ils vous permettraient de liquider vos dettes, de payer les études de votre frère et il vous en resterait assez pour pouvoir vous marier.

Breed baissa les yeux et dit :

— Comment voulez-vous que cela se passe ?

— A vous de décider.

— Et les délais ? Quand voulez-vous que tout soit terminé ?

— C'est vous qui me le direz. Faites vos préparatifs et, le moment venu, avertissez-moi. Je m'assurerai un alibi.

— C'est d'accord, conclut Breed. Mais je veux l'argent d'avance.

— Vous n'avez pas confiance ?

— Pas entièrement, mais là n'est pas la question. Supposez que je sois pris ? Dans ce cas, je veux que ma famille puisse utiliser l'argent.

— C'est bon, vous l'aurez ce soir.

— Une dernière chose. Pourquoi voulez-vous la mort de votre femme ?

— Cela ne vous regarde pas.

— Vous voudrez bien m'excuser, monsieur McIntosh, mais dans notre situation il n'y a plus de place pour la respectueuse politesse de l'employé. Si je tue quelqu'un, je veux savoir pourquoi.

McIntosh secoua la tête.

— Mettons que je sois jaloux. Mes motifs sont personnels, votre motif à vous, c'est l'argent.

Breed se leva.

— Je vous ferai savoir quand je serai prêt à passer à l'action.

— Je dois dire, ajouta McIntosh quand Breed eut atteint la porte, que je n'imaginais pas que vous seriez aussi calme.

— Oui, répondit Breed. Oui, je suis calme. C'est étonnant, n'est-ce pas ?

Il fit mine de partir puis revint sur ses pas.

— Si vous le permettez, je ne viendrai pas au bureau cet après-midi.

Lorsqu'il fut sorti de l'immeuble, il essaya de penser à ce qu'il venait de faire, mais cela ressemblait à un exercice de rhétorique sans rapport avec la réalité. Il était surpris de se sentir si calme, et il était encore plus surpris de pouvoir entreprendre une telle chose sans le moindre sentiment de culpabilité. Il ne ressentait qu'une légèreté inhabituelle, et il savait que c'était à cause de l'argent. Avoir des dettes entretenait une gêne physique. Les payer c'était une réelle délivrance. De plus, McIntosh avait raison, il ne connaissait pas cette femme. Comment pleurer la mort d'étrangers ?

— L'arme !

Cette pensée le frappa si brutalement qu'il parla à haute voix. Comment se procurer une arme ? A New York on ne peut pas aller tout bonnement s'acheter un revolver. Il savait qu'il serait incapable de se servir d'un couteau. La noyade ? Il était tout à fait improbable que Mme McIntosh l'invite à la regarder prendre son bain... et en ville, où peut-on noyer quelqu'un autre part que dans une baignoire ?

C'est alors qu'il se souvint du vieux revolver de son père. Il devait être encore dans l'appartement de sa mère. Breed était sûr qu'il était soigneusement rangé car son père avait toujours pris soin de ses affaires. D'autre part, il n'était pas déclaré, donc il n'y aurait pas moyen de remonter de l'arme jusqu'à lui.

Quand il arriva, sa mère faisait la sieste. Elle était dans le solarium et l'infirmière prit un air désapprobateur parce que cette visite était imprévue. Breed lui recommanda de ne pas la déranger. Il demanda seulement qu'on lui dise qu'il était venu regarder les affaires de son père. Il savait que cela lui ferait plaisir car elle répétait souvent que son frère et lui semblaient oublier leur père un peu trop vite.

Le revolver était bien là où il pensait le trouver, soigneusement graissé, dans le dernier tiroir de la vieille commode. A côté, une boîte de balles.

Il attendit un peu car il ne voulait pas que l'infirmière se demande pourquoi il s'en allait si vite.

— Jack, lui dit sa fiancée quand il lui téléphona. Vous êtes sûr que vous vous sentez bien ?

— J'ai un peu mal à la tête, et il faut que je rentre à la maison déposer quelque chose. Je pense qu'une bonne nuit de sommeil me fera plus de bien qu'une nuit en ville.

— « Une certaine nuit en ville », dit-elle en riant. C'est le titre d'un film !

— Je vous aime, reprit-il.

— Moi aussi, je vous aime.

— Écoutez...

— Quoi donc ?

— Rien, je vous aime, c'est tout.

— Vous êtes sûr que tout va bien ?

— Très bien, dit-il, ça va très bien. Vraiment.

Son frère était parti à la bibliothèque, il avait donc l'appartement pour lui tout seul. Il nettoya le pistolet avec soin. Il mit une heure et demie à effectuer cette besogne car il recommença l'opération plusieurs fois.

Les munitions avaient plusieurs années et il se demanda soudain si elles étaient encore bonnes.

Il introduisit le chargeur, se leva et vint se regarder dans le miroir. Il se trouva ridicule, debout avec cette arme à la main.

Il mit le pistolet dans sa poche et sortit. Il marcha pendant près d'une heure et s'arrêta enfin au bord du fleuve, dans l'ombre d'un hangar et regarda la surface de l'eau.

Il sortit l'arme de sa poche et visa une lumière qui se reflétait dans l'eau. Quand il pressa la détente, l'explosion fut si forte qu'il sursauta et faillit tout lâcher. Pris de panique, il fourra le pistolet dans sa poche et s'enfuit en courant. Après plusieurs centaines de mètres, il s'arrêta, hors d'haleine, pour regarder derrière lui. La rue était déserte. On ne voyait même pas de lumière.

Quand Breed rentra chez lui, il trouva son frère dans la cuisine, en train de boire du café.

— Où diable étais-tu passé ? demanda son frère. Cette fiancée abandonnée qu'est la tienne a téléphoné plusieurs fois. Il paraît que tu lui as dit que tu étais souffrant. Elle se faisait du souci et quand elle t'a appelé tu n'étais pas là. Connaissant l'état de tes finances, je sais bien que tu n'as pas été faire la foire. Elle le sait aussi, mais elle est sérieusement intriguée et tu ferais bien de te trouver une bonne histoire pour t'excuser.

— Ferme-la un peu ! dit Breed.

Son frère reprit son air sérieux.

— Qu'est-ce que tu as ?

— Rien.
— Allez, allez, grand frère. Je te connais bien, tu sais. Tu as des ennuis ?
— Non.
— Alors dis-moi où tu as été.
— Tout simplement me promener.
Le pistolet pesait lourd dans sa poche...

***

Quand Jack Breed pénétra dans le bureau d'Harold McIntosh le matin suivant, il s'assit sans attendre d'en être prié. Ses yeux étaient noirs de fatigue mais il était calme.
— Eh bien ? interrogea McIntosh.
— Ce soir.
— Déjà ?
— Je n'aime pas ça. Je préfère m'en débarrasser le plus tôt possible. Pouvez-vous être prêt pour ce soir ?
— Je suis surpris que vous ayez tout arrangé si vite !
— Il n'y avait pas grand-chose à préparer.
— Comment allez-vous vous y prendre ?
— Pourquoi ? Vous désirez vous repaître de détails morbides ?
La question sembla gêner McIntosh. Il eut un sourire nerveux.
— Non, dit-il. Il est probablement préférable que vous gardiez tout cela pour vous. Je ne sais pas pourquoi je n'arrive jamais à trouver de cigarette quand j'en veux une, ajouta-t-il en palpant les poches de son veston.
Breed lui en tendit un paquet et reprit :
— Vous avez l'argent ?
— Oui, oui. (Les gestes de McIntosh étaient saccadés.) J'ai tout arrangé de mon côté. Quinze mille

dollars en espèces, dit-il en sortant un paquet d'un tiroir du bureau.

Breed prit l'argent.

— Vous aurez un alibi pour ce soir ?

— Je m'en occupe.

— Votre femme sera chez elle ?

— Oui.

— Seule ?

McIntosh leva les yeux vivement et sembla vouloir dire quelque chose, mais il se contenta de faire un signe de tête.

— Est-ce que vingt-deux heures, ça ira ? demanda Breed.

McIntosh acquiesça de nouveau.

Breed se leva et sortit du bureau sans un mot. McIntosh fit d'abord mine de le retenir puis se laissa retomber sur sa chaise.

A dix heures ce soir-là, Mme Irene McIntosh regardait la télévision dans sa chambre. Elle était en colère contre son mari qui ne l'avait pas avertie à l'avance qu'il ne rentrerait pas cette nuit à la maison.

Elle fumait, tout en buvant un whisky soda. Elle prit sa cigarette et son verre pour aller voir qui pouvait bien sonner à sa porte.

Avant de mourir, elle eut le temps d'avoir l'air surpris que quelqu'un puisse la tuer.

Quand la police arriva au petit appartement de Jack Breed, la party était commencée depuis longtemps. Il était deux heures du matin et le jeune homme qui ouvrit la porte regarda les cartes que les inspecteurs lui montrèrent et appela :

— Jack, les flics font une descente ! Les voisins se sont plaints de ta grosse caisse !

Breed vint à la porte. Une jolie blonde l'accompagnait.

— Je m'excuse pour la grosse caisse, dit-il. Je

vais arrêter, si vous voulez bien entrer prendre un verre avec nous.

— Ce n'est pas à ce sujet que nous sommes venus vous voir.

— Vous êtes un espion international déguisé, dit la blonde. Je crois bien que je ne vais pas vous épouser, après tout !

— Pourrions-nous vous voir seul un moment ? demanda l'un des inspecteurs.

— C'est l'endroit le plus privé de l'appartement, répondit Breed. Voici ma fiancée. Je pense qu'elle peut entendre tout ce que la police a à me dire.

— Où étiez-vous à dix heures du soir ? interrogea l'inspecteur d'un air grave.

— Ici même.

— Pouvez-vous le prouver ?

Breed se mit à rire.

— Eh bien, il y a ici vingt personnes qui peuvent confirmer que je n'ai pas bougé depuis huit heures du soir.

— C'est vrai, dit la blonde. Et je ne crois pas que nous nous séparerons avant le petit jour.

Les inspecteurs se regardèrent.

— Pourquoi ? demanda Breed. Où étais-je supposé être à dix heures du soir ?

— Connaissez-vous Harold McIntosh ?

— Naturellement !

— L'avez-vous menacé cet après-midi ?

— Bien sûr que non ! Pourquoi ? Est-ce qu'on l'a matraqué ou quoi ?

— Il prétend que vous l'avez menacé, insista l'inspecteur.

— Alors c'est un menteur.

— Sa femme a été assassinée ce soir. A dix heures.

— Oh ! dit Breed. Je suis désolé.

— Pourquoi ? Vous la connaissiez ?

— Non, je ne l'ai jamais vue, je suis simplement désolé.

— McIntosh dit qu'il vous a mis à la porte cet après-midi et que vous l'avez menacé.

Breed se mit à rire :

— Ah, c'est ça ! Je lui ai dit qu'il se repentirait de m'avoir renvoyé, mais ce que je voulais dire c'était que j'allais rentrer chez un concurrent et faire de mon mieux pour lui souffler des affaires.

— Et vous êtes ici depuis vingt heures ?

Breed haussa les épaules.

— Demandez aux copains !

— C'est bon, dit l'inspecteur. Excusez-nous de vous avoir dérangé. Il nous fallait bien vérifier.

— Je croyais qu'on suspectait toujours le mari en premier ?

Les inspecteurs se regardèrent de nouveau.

— C'est ce que nous allons voir, dit l'un d'eux.

Il était quatre heures du matin quand Jack Breed rentra chez lui après avoir raccompagné sa fiancée. Son frère était couché, mais il ne dormait pas et l'attendait.

— Comment s'est passée la party ? demanda-t-il.

— Très bien.

— Je suis désolé de n'avoir pu me joindre à vous.

— La police est venue à deux heures.

— Je pensais bien qu'ils viendraient.

— Tu avais raison, pour McIntosh.

— J'en étais sûr !

— A juste titre.

— Il fallait bien qu'il essaye de se débarrasser de toi. Tu étais trop dangereux. Il ne pouvait pas te garder près de lui. Et si la police n'avait pas eu de piste elle l'aurait suspecté.

— Ils vont certainement le faire maintenant.

— C'est probable.

— Je ne voulais pas te mêler à tout ça, dit Jack Breed.

— Je sais.

— J'aurais voulu le faire moi-même.

Les deux frères se regardèrent.

— Est-ce que ça a été dur ? demanda Jack à son frère.

— Non, ça a été très vite.

— Je n'aurais pas dû te raconter tout ça.

— A quoi ça servirait d'être frères ?

— Où est le revolver ?

— Dans le fleuve. Pourquoi ?

Jack Breed s'assit sur son lit et regarda son frère.

— On devrait peut-être s'en procurer un autre.

— Pour quoi faire ?

— Je n'ai plus de travail, et ça a été vraiment facile de gagner ces quinze mille dollars.

Trainee.

Traduction de Marie-Louise Girard.

L'HEURE DU PERROQUET

par PRICE DAY

C'était un après-midi d'été. Les aiguilles du réveille-matin qui se trouvait sur la table devant M. Crangle marquaient 3 h 47.

— Tu te trompes, tu sais, dit M. Crangle sans quitter des yeux le cadran. Tu te trompes, Coco, comme je te l'ai souvent expliqué. Le côté moral de la question ne présente aucune difficulté.

Le perroquet, dans la cage suspendue au-dessus de lui, inclina la tête sur le côté et le regarda de haut en bas avec un œil dur, froid, reptilien, un œil vieux comme le monde, un œil qui remontait à des centaines et des centaines de siècles au-delà des origines de l'humanité.

— Cacahuète ! dit l'oiseau.

M. Crangle, l'œil toujours sur le cadran, prit une cacahuète dans un bol fêlé, près de son coude, et le tendit par-dessus sa tête vers les barreaux de la cage. Coco la saisit dans une serre dont la peau ressemblait à du cuir. Les muscles d'acier firent jouer le bec corné, qui se referma sur le fruit comme une pince, fit éclater la coquille, et le craquement se mêla, dans la chambre meublée, à la grande rumeur de la cité qui pénétrait par la fenêtre ouverte — klaxons des voitures, piétinements sur les trottoirs, cris des enfants s'interpellant, bourdonnement d'un avion au-dessus de l'immeuble, semblable à celui d'une industrieuse abeille.

— Il est parfaitement vrai, dit M. Crangle à 3 h 49, que seul un individu qui peut s'abstraire de ses sentiments personnels, un être capable de considérer la chose de l'extérieur, est susceptible d'offrir suffisamment de garanties morales pour prendre une telle décision.

Lorsque la grande aiguille atteignit 3 h 50, il sentit une vague de puissance affluer du plus profond de son être.

— Pense donc, Coco ! Dans dix minutes, dix petites minutes, tous les méchants, à travers le monde, seront réduits à la moitié de leur taille actuelle, afin que l'on puisse les reconnaître. Tous les assassins impunis, tous les tyrans, les orgueilleux et les pécheurs, tous les persécuteurs et les malfaiteurs, tous les maîtres-chanteurs, les adeptes abjects de la nicotine et les transgresseurs des lois établies. (Ses yeux brillèrent de l'éclat d'un pouvoir omnipotent.) Tous, depuis le premier jusqu'au dernier.

— Cacahuète ! dit Coco.

M. Crangle accéda à sa demande.

— Je sais que tu n'es pas pleinement d'accord avec cette solution consistant à réduire de moitié la taille des méchants, mais tout bien considéré, je crois que c'est encore la meilleure.

Jour et nuit, il avait étudié les données du problème, pesé le pour et le contre depuis le matin, il y avait de cela trois semaines : assis sur un banc dans le parc, à observer les dessins formés par les nuages, au-dessus du lac, il avait pris conscience qu'il possédait le pouvoir d'accomplir cette grande œuvre, qu'à partir de cet instant, il avait le don de signaler d'une marque indélébile tous les méchants de la terre afin que, désormais, on pût les reconnaître au premier regard.

Cette révélation ne l'avait pas surpris le moins du monde. Une fois déjà, pareille chose lui était arrivée. A un moment donné il avait détenu le pouvoir d'arrêter les guerres. C'était à l'époque où la radio annonçait de grands raids sur les villes. Dans ce cas particulier, il avait reçu le don de priver les hélices d'avions de leur rigidité, si bien qu'un beau matin, lorsque les équipages, emmitouflés comme des enfants contre le froid, se dirigeraient vers leurs appareils, ils trouveraient les hélices pendant comme des chiffes molles, comme des peaux de banane vidées de leur pulpe.

A cette occasion il avait tergiversé trop longtemps, retardant sans cesse sa décision, dans son désir de choisir l'instant le plus propice, le plan le plus efficace. Ils avaient profité de ce délai pour déjouer frauduleusement ses plans. Ils avaient inventé les moteurs à réaction qui rendaient son pouvoir sans objet.

Ensuite il y avait eu son influence sur les roues. La conscience lui en était venue un jour qu'il regardait son journal dans un café : une photographie représentait un accident d'automobile où trois personnes avaient trouvé la mort. Cette influence qu'il possédait sur les roues lui donnait la faculté de modifier leur forme, de les rendre à volonté carrées ou triangulaires au lieu de rondes, de sorte que partout dans le monde elles se ficheraient dans l'asphalte, immobilisant le véhicule. Mais ce pouvoir n'était pas demeuré assez longtemps en sa possession. Avant qu'il n'ait eu le temps d'échafauder un plan, de décider d'une date, il l'avait senti lui échapper.

Le pouvoir qu'il détenait sur les méchants avait persisté. Il s'était même renforcé, si tant est qu'une influence de ce genre puisse augmenter de vigueur.

Et cette fois, il s'était hâté, malgré tous les problèmes qu'il fallait élucider.

Tout d'abord, qui devait décider que telle ou telle personne était méchante ? Après tout, la chose n'était pas tellement ardue, en dépit des doutes émis par Coco. Une personne méchante était une personne qui semblait telle aux yeux d'un homme qui détenait en lui la science du bien et du mal, du moins si cet homme pouvait percer les secrets les plus intimes de la personne en question. Une personne méchante était une personne qui semblerait méchante aux yeux de l'ommiscient M. Crangle.

Alors, de quelle façon opérer, selon quelle méthode ? Leur imprimer une marque sur le front, ou leur donner une couleur uniforme, disons pourpre. Mais dans ce cas, ils n'en seraient que plus aptes à se reconnaître les uns les autres, et à se grouper entre eux pour exercer leur malfaisance.

Lorsque enfin lui vint l'idée de modifier leur taille, il pensa tout d'abord doubler leur stature et leurs proportions. Cette mesure les rendrait inefficaces. Ils ne pourraient se servir de délicats instruments scientifiques, de machines à écrire, de calculatrices ou de cadrans de téléphone. A la longue ils finiraient par s'éteindre, victimes de leur taille exagérée, tels les dinosaures dont on parlait dans le journal du dimanche. D'autre part, ils pouvaient devenir féroces, et dans ce cas leur taille et leur masse les rendraient dangereux pour les gens normaux. M. Crangle n'aurait pas aimé cela. Il avait horreur de la violence.

Des gens dont la taille serait réduite de moitié pourraient, il est vrai, manipuler quelques-unes des machines. Ils pourraient également devenir dangereux. Mais il leur faudrait longtemps avant qu'ils puissent fabriquer des outils et des armes à leur mesure, et pensez combien ils seraient ridicules dans l'intervalle, avec leurs vêtements deux fois trop grands et leurs chapeaux qui leur tomberaient par-dessus les oreilles.

A 3 h 54, M. Crangle se prit à sourire en imaginant leur aspect ridicule.

— Cacahuète, dit encore Coco.

M. Crangle leva la main et tendit un fruit à l'oiseau, sans quitter du regard le cadran du réveille-matin.

— Je pense, dit-il, que l'endroit le plus intéressant pour assister au phénomène serait une salle d'assises où nul ne saurait si le meurtrier présumé est innocent ou coupable. Et puis, à quatre heures, s'il est l'assassin...

La respiration de M. Crangle commençait à s'accélérer. La grande aiguille se trouvait sur 3 h 56.

— ... Il serait également intéressant d'observer les ivrognes dans un café, dit-il.

— Cacahuète, répéta Coco, et M. Crangle obéit.

— Oui ! dit-il, il y a tellement d'endroits, tellement d'endroits où l'on pourrait être. Mais j'aime encore micux me trouver ici, avec toi, Coco, lorsque la chose se produira. Rien que toi et moi.

Il était tout tendu sur sa chaise. Il voyait la grande aiguille se déplacer, par minuscules secousses, laissant un intervalle blanc de l'épaisseur d'un cheveu, entre sa pointe et le trait noir indiquant 3 h 58, grignotant cet espace, jusqu'au moment où elle finit par toucher le trait, le surplomba et ensuite poursuivit son chemin inexorable vers 3 h 59.

— Au début, dit M. Crangle, les journaux ne voudront pas le croire. Même si le phénomène se produit directement sous leurs yeux, dans les bureaux du journal, ils n'y croiront pas. Au début, tout au moins. Puis ils commenceront à comprendre que la mésaventure est arrivée à toutes sortes de gens dont la réputation de méchanceté est bien établie, et ils comprendront la signification du phénomène.

Le réveille-matin marquait 3 h 59.

— Quelle histoire magnifique, dit M. Crangle. Quel article sensationnel pour un journal. Et personne ne saura qui est responsable de la transformation, Coco, personne à part toi et moi.

La pointe de la grande aiguille venait de franchir le trait indiquant 3 h 59. Le cœur de M. Crangle battait à grands coups. Ses yeux étaient exorbités, sa bouche ouverte. Il murmura :

— Personne ne le saura.

La pointe de la grande aiguille atteignit le trait, au sommet du cadran. La sonnerie retentit. M. Crangle se sentit parcouru par une vague de puissance, semblable à celle qui fait sauter un barrage, suivie d'un grand choc, semblable à un coup de foudre. Il ferma les yeux.

— Ça y est ! dit-il doucement et il s'affaissa, épuisé.

En s'approchant de la fenêtre et en observant les gens dans la rue, il aurait pu voir si le phénomène s'était produit ou non. Mais il n'en fit rien. C'était inutile. Il savait.

La sonnerie du réveille-matin s'arrêta.

Coco inclina la tête sur le côté et le regarda d'un œil qui ressemblait à une pierre polie.

— Cacahuète ! dit-il.

Le bras de M. Crangle se leva verticalement pour tendre à l'oiseau la graine demandée, mais sa main demeura à quarante-cinq centimètres au-dessous de la cage.

4 o'clock.

Traduction de Pierre Billon.

LA PROPHÉTIE

par Gloria Ericson

Marian s'arrêta pour s'étonner comme d'habitude de l'enseigne qui ornait la devanture du petit restaurant : « *Ici, on se restaure et on s'esbaudit* ». Un tel panonceau aurait été amusant à Westchester, mais ici en Alaska, à la baie de l'Ours, il était tout à fait ridicule.

Elle prit également conscience de son image que lui renvoyait la vitrine. Cela aussi, c'était assez ridicule. « J'ai l'air d'un Esquimau », se dit-elle avec une grimace. Puis elle se reprocha sa sévérité en se souvenant du plaisir qu'avait eu Don en lui apportant cette veste de fourrure blanche et le bonnet assorti.

— Là-bas, dans l'Est, vous auriez dû attendre des années et des années avant de pouvoir porter un véritable manteau de fourrure. Dans ce pays de rêve, vous l'avez immédiatement ! avait-il déclaré en gloussant de satisfaction.

Il avait l'air si heureux qu'elle n'avait pas eu le cœur de lui rappeler qu'il n'y avait réellement aucun rapport entre un manteau de vison à Westchester et une veste en peau de lapin à la baie de l'Ours.

Comme ce restaurant « à l'ancienne » était le seul *salon de thé* de la baie de l'Ours, donc le seul à quatre-vingts kilomètres à la ronde, Marian se décida à pousser la porte et à entrer. Elle pourrait tout au moins commander une tasse de thé bien chaud avant de repartir pour ce terrifiant retour en jeep. Et peut-être, peut-être, Lucinda la diseuse de bonne aventure serait-elle là aujourd'hui... « Une saltimbanque, diseuse de bonne aventure, en Alaska ? » avait-elle demandé à Don, sur un mode incrédule, quand ils étaient venus là pour la première fois.

Il s'était contenté de rire.

— Pourquoi pas ? Ici, il y a des trucs extraordinaires !

Sa voix vibrait de cet accent joyeux, un peu fou, qui révèle la passion toute neuve, la passion exclusive dans le cœur d'un homme.

Oui, c'était bien cela, pensa Marian d'avance résignée, en s'asseyant à une table douteuse et en commandant sa tasse de thé à la vieille femme qui gérait l'établissement. Passionnément, désespérément amoureux de cette terre sauvage... Et le pire, c'était que leur fils de dix ans, Bobby, était pareillement mordu...

Les choses avaient commencé d'une façon très banale. Don avait été prié de faire un article sur l'Alaska. Ils s'y étaient rendus pour deux mois — le temps de réunir les indications nécessaires pour l'article. Mais les deux mois s'étaient prolongés et quand elle avait questionné Don pour savoir enfin où il en était, il lui avait avoué sans rougir que l'article était terminé depuis belle lurette.

— J'ai réfléchi, ma chérie. Je pense que c'est l'occasion ou jamais d'écrire mon roman. Nous avons ce qu'il faut à la banque pour tenir un an.

J'estime que le moment est venu de m'y attaquer. Et le pays est idéal... Qu'en dites-vous ?

Que pouvait-elle en dire ? Avec Don, elle avait souvent discuté de « son roman ». Ils avaient souvent appelé de leurs vœux le moment où il pourrait abandonner, pour l'écrire, la course à l'article, la bagarre quotidienne : mais dans ses rêves éveillés, elle avait toujours imaginé un cadre plus romantique — Acapulco ou Majorque, peut-être. En tout cas, pas ce pays glacé, impitoyable. Pour Marian, ce pays n'avait aucune beauté, aucun sens — c'était le désert, le froid et le hurlement des loups dans la nuit.

Leur bungalow était assez éloigné de l'agglomération : c'était pour Marian un argument supplémentaire.

— Que faire de Bobby ? demandait-elle. Il faut qu'il aille en classe.

Don répliquait tranquillement :

— Il y a une école à la baie de l'Ours.

— Voyons, Don : c'est une école à classe unique. Et c'est trop loin pour qu'il aille à pied jusque-là.

— Cela ne lui portera pas grand préjudice de passer un an dans cette petite école. Pour qu'il y aille, on peut acheter un traîneau et deux chiens : je ne pense pas qu'il y voie d'inconvénient.

Certainement pas ! Posez la question à n'importe quel gamin de dix ans et vous verrez s'il n'est pas ravi par la perspective d'aller à l'école pendant un an sur un traîneau tiré par deux chiens !

A compter de ce jour, les objections de Marian se virent submergées par les supplications ardentes de son fils et l'insistance à peine moins vive de son mari. Comme elle les adorait tous les deux, elle céda. Pour elle, il s'agissait seulement de patienter. Pour eux, c'était la Vie avec un grand « V ». Pour eux, c'était chasser, poser des pièges, pêcher, camper — toute cette activité rude et virile dont la civilisation moderne prive la plupart des hommes et de leurs fils.

Marian tournait sa cuiller dans sa tasse de thé. Elle était heureuse pour eux, sincèrement. Et dans trois mois, l'épreuve serait terminée.

Au fond de la boutique, le rideau bougea. Une vieille femme bossue au teint basané apparut.

— Oh ! Lucinda ! Je suis si heureuse que vous soyez là, cria Marian. Profitez de ce que je suis ici pour me dire quelque chose !

La vieille acquiesça de la tête et releva sa lèvre violette en une grimace qui pouvait être un sourire. Marian s'inquiétait elle-même de l'intérêt qu'elle accordait aux racontars de la bohémienne. Lorsqu'elle habitait Westchester, elle se moquait des diseurs de bonne aventure, mais ici... Elle secoua la tête d'un geste impatient. C'était l'ennui qui l'avait conduite à cette extrémité. Que pouvait-elle inventer en effet pour se distraire ? Partir à l'aventure et tuer un loup ?

« J'en suis sans doute à espérer inconsciemment qu'un jour ou l'autre Lucinda va me prédire l'arrivée dans le ciel d'un gros oiseau d'argent qui viendra me saisir et qui me ramènera dans un pays civilisé », se dit Marian en se moquant d'elle-même.

Marian but sa tasse de thé et se dirigea vers le coin obscur où Lucinda était installée, une boule de cristal un peu graisseuse placée devant elle sur une petite table. « Du cristal, j'en doute : ce serait plutôt du plastique. » En dépit de sa mauvaise conscience, Marian vint s'asseoir en face d'elle : et elle s'agrippa nerveusement au rebord de la table, déjà impatiente de savoir ce que la saltimbanque allait lui apprendre.

Mais Lucinda n'était pas une femme à se laisser bousculer. Elle demeura longtemps en contemplation devant la boule de cristal avant de se mettre à parler dans l'anglais syncopé, fragmenté qui était le sien :

— C'est dur à voir, c'est difficile, c'est très difficile...

Avec un geste de résignation, Marian sortit son portefeuille. Elle était habituée aux difficultés qu'éprouvait Lucinda dans ses activités tant qu'un peu de monnaie sonnante et trébuchante n'était pas apparue sur la table. Elle sortit donc une pièce de cinquante cents et la poussa près de la boule de cristal. Mais, pour une fois, Lucinda ne parut pas remarquer la pièce. Elle continua à fixer intensément la boule de cristal.

— Je vois une chose extraordinaire... C'est un chien... Non, c'est un loup ! Oui, c'est un énorme loup gris... et je vois des arbres et de la neige... Beaucoup de neige tout autour.

Marian se trouva étrangement interloquée.

— Eh bien, oui. Vous vous trouvez dans le décor habituel. Tout à fait normal ! commenta-t-elle d'un ton sec. Je préférerais que vous aperceviez quelques palmiers dans mon proche avenir. Pour ça, je ferais bien n'importe quoi.

La bohémienne la considéra avec un air de reproche.

— Madame plaisante. Madame ne croit pas dans les pouvoirs de Lucinda.

— Oh ! Ce n'est pas cela du tout ! Je crois en vos pouvoirs ! J'y crois de toutes mes forces ! répondit Marian en hâte.

Au fond d'elle-même, elle s'adressa de sérieux reproches : « Il ne faut pas que j'élimine le seul esprit génial de ce pays perdu. C'est la seule distraction que j'aurai pendant les trois mois qui viennent. »

Lucinda fixait à nouveau sa boule de cristal. Sur son visage, apparaissait une expression étrange. Brusquement elle se tourna de nouveau vers Marian avec un air de... pitié ? De regret ? Marian sentit sa gorge se serrer.

— Pourquoi me regardez-vous ainsi ? Dites-moi... implora-t-elle, sentant monter, incoercibles, les premiers signes de la panique. Dites-moi ce que vous voyez !

Lucinda semblait gênée.

— Mais non. Non, madame. Ce n'est rien, ce que je vois.

— Qu'est-ce que cela signifie « rien » ? Vous voyez évidemment quelque chose. J'insiste pour que vous me disiez tout. Parlez ! dit Marian en mettant sur la table un billet d'un dollar. J'insiste, m'avez-vous compris ?

Lucinda semblait fort embarrassée.

— S'il vous plaît, madame... C'est seulement qu'à côté de ce grand loup gris, je vois un manteau tombé dans la neige... déclara-t-elle en hésitant.

— Un manteau tombé dans la neige ?

— Oui, madame, un manteau rouge.

— Un manteau rouge... répéta Marian soucieuse ; et brusquement la signification de cette prophétie tomba sur elle comme une chappe de glace, étouffant le cri qui était déjà né dans sa gorge. Ce matin même, Don et Bobby étaient partis pour trois jours... Ils devaient camper la nuit... Bobby avait un anorak de nylon rouge.

Marian se mit debout avec peine.

— Vous voulez dire que le loup a tué l'enfant... la personne qui portait le vêtement rouge ?

Du haut de sa taille, elle dominait la bohémienne qui parut aussitôt recroquevillée sur elle-même, apeurée.

— Non, non, madame ! Je n'ai pas dit cela ! J'ai seulement vu ce vêtement dans la neige. Je ne sais pas comment il a pu venir jusque-là. Voyez, le cristal maintenant s'assombrit. Il ne me dit plus rien.

— Pour cinq dollars supplémentaires, je suis sûre qu'il parlera encore.

La peur et la colère se battaient en elle, ce qui la faisait trébucher sur les mots.

— Mais non. Non, madame. Quand le cristal s'assombrit, il ne parle plus. Des millions de dollars ne réussiraient pas à le faire parler davantage.

Des larmes tièdes envahirent les yeux de Marian.

— Tu dis n'importe quoi ! Tu mens !

Le pire, c'était qu'elle ne croyait même pas ses propres accusations. Il y avait dans le regard de la saltimbanque une candeur qui la désarmait — et qui l'affolait.

Marian fit demi-tour. En se cognant dans les meubles, elle s'enfuit de la boutique et courut dans les rues glissantes de neige écrasée jusqu'à l'endroit où était garée la jeep.

Maintenant, c'était la panique qui commandait en elle, sans discussion. La jeep bondissait sur les ornières de la route conduisant de l'agglomération à leur bungalow. Les doigts de Marian, raidis de froid, se crispaient sur le volant. Elle se répétait, sans réussir à se calmer, qu'elle était une femme moderne, qu'il était stupide d'ajouter foi à ce que pouvait raconter une bohémienne en présence d'une boule de cristal enduite de crasse et de poussière. Elle se répétait, en vain, que Don se moquerait d'elle aussitôt qu'elle l'aurait rejoint. C'était ce qu'elle voulait tenter à tout prix : rejoindre Don et Bobby au plus vite.

Leur première journée de voyage ne devait pas les conduire très loin. Elle le savait. Ils devaient passer la nuit dans une cabane abandonnée de trappeur. Elle connaissait elle-même cette cabane pour y avoir été plusieurs fois. Bien qu'ils aient pris le traîneau et les chiens, elle était sûre de les rejoindre avant la nuit. Son ennui réel, c'était qu'elle doutait de réussir à persuader son mari. Il allait se moquer d'elle ; il ne consentirait sans doute pas à rebrousser chemin. Tant pis. Elle les accompagnerait pendant toute leur expédition : elle surveillerait Bobby, elle veillerait à ce qu'il ne s'écarte pas, à ce qu'il ne traîne pas trop loin derrière. Elle n'avait jamais cru Don, lorsqu'il affirmait que les loups n'attaquaient pas l'homme si on ne les provoquait pas et elle se sentait devenir folle en songeant à Bobby, si jeune, si vulnérable, surpris par un de ces monstres gris dont elle avait si souvent entendu, la nuit, les hurlements épouvantables. Elle ne pensait qu'à une chose : arriver auprès d'eux avant que quoi que ce soit de fâcheux ne soit advenu...

Elle stoppa la jeep devant le bungalow, se précipita à l'intérieur. Il n'y avait pas de temps à perdre : enfiler les chaussures de neige et filer au plus vite. En détachant les chaussures accrochées au mur, elle vit la carabine qui pendait à un clou. Elle eut une hésitation. Elle n'était guère disposée à s'encombrer d'un fusil : à vrai dire, ce qui pouvait paraître surprenant, elle ne craignait rien pour elle-même. Seul celui qui portait l'anorak rouge était menacé... Pourtant elle pensa que Don se fâcherait en voyant qu'elle avait pu partir à travers la forêt sans se munir d'une arme. Elle décrocha donc la carabine et l'arma. La seule chose qu'elle avait appris en Alaska, c'était comment se servir d'un fusil. Cela ne lui servirait pas à grand-chose quand elle serait de retour dans des zones civilisées ; mais Don avait eu plaisir à lui enseigner le maniement... Elle claqua derrière elle la porte du bungalow et prit la piste d'un pas rapide. Le sang lui battait dans la gorge. Il fallait qu'elle arrive avant le drame.

Il serait difficile de préciser à quel moment elle se rendit compte qu'elle s'était égarée. Mais lorsque la neige commença à prendre cette curieuse teinte rosâtre du soleil couchant, elle ne put plus nier que l'énorme roche crevassée vers laquelle elle marchait était celle qu'elle avait déjà dépassée une heure plus tôt. Elle ne put plus nier qu'elle s'était engagée dans le trop fameux cercle vicieux : pendant des heures, elle avait marché en rond sans s'en rendre compte. La nuit tombait. Épuisée, elle se laissa tomber au pied de la grande roche, s'y appuya et commença à sangloter.

Tandis qu'elle reprenait des forces, une lucidité effrayante la surprit. Comment avait-elle pu se mettre en route, se dirigeant droit devant elle comme une insensée à travers bois, sans boussole, sans allumettes, sans un minimum d'équipement ? Elle croyait connaître le chemin. Mais maintenant la nuit se refermait sur elle et elle n'avait même pas le moyen de faire un feu pour dégourdir ses membres qui déjà s'ankylosaient. La pensée de cette nuit à passer dans cette solitude glacée la fit réagir. Elle n'avait plus de temps à perdre. Le soleil qui se couchait à l'ouest lui indiquait, au moins pour quelque temps, la direction à suivre : c'était le plus exact des compas. Elle était sûre de n'avoir pas dépassé la vieille cabane du trappeur : elle devait se trouver encore plus au nord. Il lui fallait donc marcher dans cette direction : elle finirait bien par s'y retrouver. Il était certainement possible de garder une direction en ligne droite si l'on voulait se donner la peine d'y prendre garde.

Elle repartit, avec un nouvel espoir. Mais l'avance était malaisée. Le sous-bois semblait s'épaissir. Les arbres étaient de plus en plus serrés et les broussailles déchiraient ses vêtements. Ce n'était que par un effort constant de volonté qu'elle réussirait à échapper à la panique.

L'air était d'une immobilité impressionnante. La voix devait porter très loin. Si seulement elle pouvait réussir à s'approcher de leur camp, elle tirerait un coup de feu en l'air : Don ou Bobby l'entendraient... Elle décida que dès qu'elle rencontrerait une clairière, elle s'arrêterait et elle tirerait. Mais à ce moment, son pied se prit dans une racine et elle s'effondra lourdement sur le sol.

— Oh ! mon Dieu, non ! souffla-t-elle en s'efforçant d'atteindre de sa main à demi gelée la carabine qui était tombée à quelque distance de là.

— Oh ! non, non !

Un bruit imprévu derrière elle lui fit mettre d'instinct le doigt sur la détente. Elle tourna la tête. Elle n'eut pas le temps, réellement pas le temps d'épauler : l'énorme louve grise bondissait vers elle, les babines retroussées, la lueur rosée du soleil couchant faisant luire ses crocs proéminents...

***

Le soleil glacé d'une aube tardive se leva. Ses pâles rayons atteignirent peu à peu un objet oublié sur la neige, au centre de la clairière. C'était un vêtement. Un vêtement rouge. Rouge de sang.

The Prophecy.
Traduction de Gersaint.

LA COURSE AUX MILLIONS

par FLETCHER FLORA

J'ai fait la connaissance de Fenton Kessler dans une ville appelée Barbour Springs. Pour être plus précis : c'est en prison que je l'ai rencontré. J'avais récolté dix jours pour une peccadille quelconque, et lui trente — je n'ai jamais su pourquoi.

Le plus drôle, c'est qu'il avait été condamné à trente jours de taule ou à trente dollars d'amende, et qu'il tirait les trente jours faute de posséder les trente dollars. Voilà un gars qui devait hériter, dans moins d'un an, la coquette somme de cinq millions de dollars, et qui purgeait une peine de prison parce qu'il n'arrivait pas à réunir trente dollars ! Je ne savais pas ça, au début, bien entendu, mais je l'ai appris par la suite. Je ne savais pas non plus que son nom était Fenton Kessler : en prison, il se faisait appeler George Browder.

Pour une prison, celle de Barbour Springs n'était pas mal : elle était propre, il y faisait frais, même en été, et on y était bien nourri. Derrière la prison, il y avait une cour entourée d'une haute clôture de barbelés, au milieu de laquelle se trouvait un épais tapis de pâturin des prés et trois grands arbres —

des ormes, je crois. L'après-midi, nous avions la permission de nous promener dans cette cour, de nous étendre sur l'herbe, au soleil ou à l'ombre comme nous voulions, et je dois reconnaître qu'il m'est arrivé de passer des journées beaucoup moins agréables que ces dix-là, dans des endroits réputés cependant beaucoup plus enchanteurs. Le seul inconvénient de cette prison, c'est justement d'être une prison : quelle que soit la manière dont on y est traité et nourri, c'est toujours ennuyeux d'être en taule.

Fenton Kessler s'asseyait tous les jours sous le même orme, le dos appuyé contre le tronc, pour jouer de l'harmonica. Ce n'était pas un virtuose, loin de là, mais il ne jouait pas mal et j'aimais bien m'asseoir sous l'arbre, à côté de lui, pour l'écouter. C'était un garçon de vingt-quatre ans, au visage mince et basané, aux cheveux bruns en broussaille. Il avait de grands yeux noirs sous d'épais sourcils sombres, et ses lèvres étaient si rouges qu'elles semblaient fardées, ce qui n'était pourtant pas le cas. Il avait l'air d'un tzigane, ou, du moins, de l'idée qu'on s'en fait communément et, dans son genre, il était rudement beau. Je peux même dire que c'était le plus beau garçon que j'aie jamais rencontré, en prison ou ailleurs.

Le premier jour où je me suis assis sous l'orme avec lui — c'était le lendemain de mon arrivée — nous avons fait un bout de conversation.

Il m'a demandé :

— Combien de temps as-tu à tirer ?

J'ai répondu :

— Seulement dix jours.

— On peut passer dix jours dans cette prison presque sans s'en rendre compte.

— Oui, c'est une bonne prison, confortable et tout. Je n'en ai encore jamais connu de meilleure.

Il m'a demandé :

— Tu es arrivé hier, n'est-ce pas ?

— Oui. Ça fait un jour de passé et neuf autres à tirer.

— Moi j'ai déjà fait huit jours sur trente ; je serai donc encore là pour te dire au revoir. Je m'appelle Browder. George Browder.

— Enchanté de faire ta connaissance, Browder. Mon nom est Troy Ryst.

— Troie, comme dans Homère ?

— Oui, mais avec un Y.

— Bienvenue dans notre joyeux foyer, Troy Ryst !

Il s'est remis à jouer de l'harmonica et nous ne nous sommes rien dit de plus ce jour-là. Mais nous nous sommes retrouvés sous l'orme tous les après-midi qui ont suivi. La veille du jour où je devais être libéré, Browder avait l'air préoccupé, comme quelqu'un qui a un poids sur l'estomac. Enfin, il a tapoté son harmonica contre la paume de sa main gauche pour faire tomber la salive de l'instrument avant de glisser celui-ci dans la poche de sa chemise.

— Troy Ryst, c'est ton vrai nom ? m'a-t-il demandé.

— Parfaitement.

— Ça ne fait pas vrai.

— C'est le nom qu'on m'a donné et je le porte toujours, même en prison.

— Qu'est-ce que tu penses de George Browder ? Est-ce que ça a l'air d'une blague ?

— Pas du tout. C'est un nom comme un autre.

— Eh bien, ce n'est pas le mien. Mon vrai nom est Fenton Kessler.

— Ah ! bon. Tu peux te faire appeler comme tu veux, c'est toi que ça regarde.

— Et ce nom de Kessler, ça ne te dit rien ?

— Rien du tout.

— C'est pourtant un nom bien connu dans un certain milieu.

— Il faut croire que je ne fréquente pas ce milieu-là.

— Mon paternel était mineur. Je veux dire qu'il possédait une mine. Une mine de plomb. Il est mort il y a deux ans en laissant une fortune d'environ dix millions de dollars. La moitié doit me revenir quand j'aurai atteint vingt-cinq ans. Je n'en ai plus que pour une dizaine de mois maintenant.

J'ai dit d'un ton sceptique :

— Cause toujours, mon vieux !

Il m'a regardé en ébauchant un sourire, et je me rappelle que le soleil filtrant à travers les feuilles de l'orme faisait sur son visage un dessin d'ombre et de lumière, et il a dit :

— Tu crois que je te raconte des bobards ?

— Ça fait une belle histoire.

— C'est la vérité.

— Comment donc ! Tu es en train de tirer trente jours faute de payer trente dollars, parce que le juge n'a pas eu la monnaie à te rendre sur un billet de mille !

— J'ai cinq millions qui doivent me revenir dans moins d'un an. Mais, pour l'instant, je possède exactement deux dollars quatre-vingts et ils sont dans le coffre-fort du commissaire de police.

— Avec ça, tu pourrais te payer un coup de téléphone ou un timbre. Pourquoi n'écris-tu pas à ta famille pour lui emprunter de l'argent ?

— Parce que je ne veux pas qu'on sache où je suis. Depuis plus d'un an, je passe mon temps à aller d'une ville à l'autre en faisant de petits boulots, sous de faux noms. Quand j'aurai vingt-cinq ans, je retournerai chez moi.

— Pourquoi à ce moment-là et pas maintenant ?

— Parce qu'actuellement quelqu'un a un motif pour me tuer. Quand j'aurai vingt-cinq ans, il n'en aura plus.

Il s'est assis sous l'orme. Ses lèvres vermeilles

continuaient à sourire et, s'il mentait, il en était venu à croire lui-même à son mensonge. Ce n'est pas impossible, d'ailleurs : on rencontre de si drôles de numéros, en prison ou ailleurs ! Puis il s'est remis à parler, de sa voix douce, avec son sourire désinvolte, et l'histoire qu'il m'a racontée était assez singulière. Mais, quand il l'a achevée, j'étais absolument convaincu qu'elle était vraie. Voici en substance ce qu'il m'a dit.

Son père était mort en laissant une succession de dix millions de dollars qui devait être partagée également entre Fenton et son frère aîné, Knox. Et ceci à la grande surprise de chacun, y compris celle de Fenton, parce que Knox était considéré comme un type bien tandis que, lui, Fenton, était la brebis galeuse de la famille, toujours en difficulté avec la police. Son vieux l'avait d'ailleurs menacé une bonne douzaine de fois de le rayer de son testament, mais, en fin de compte, il ne l'avait pas fait. Il avait laissé toute sa fortune, en parts égales, à Fenton et à Knox. Mais il y avait tout de même dans son testament une clause un peu spéciale : Fenton ne devait pas toucher un sou avant d'avoir atteint l'âge de vingt-cinq ans. L'idée de son paternel était sans doute qu'à ce moment-là il aurait assez de plomb dans la tête pour que les cinq millions aient une chance de ne pas lui filer entre les doigts. En attendant, Knox avait la gestion des deux parts et si Fenton mourait avant son vingt-cinquième anniversaire, sa part revenait au frère aîné en plus de la sienne propre.

Mais là était le hic, car, si le vieillard s'était montré assez perspicace dans son jugement sur Fenton, qui ne valait pas grand-chose, il s'était complètement trompé sur le compte de Knox, qui était bien pire. D'après Fenton, ce Knox était un individu insensible et sans scrupules, que rien n'arrêtait lorsqu'il s'agissait d'obtenir ce qu'il désirait.

En l'occurrence, ce qu'il voulait, c'étaient les cinq millions qui auraient dû revenir à Fenton. La seule façon pour lui de se les procurer, c'était de supprimer son frère avant que celui-ci ait eu l'occasion de souffler les vingt-cinq bougies de son gâteau d'anniversaire. Peu de temps après la mort du vieux père, un certain nombre d'incidents s'étaient produits.

Un matin, vers deux heures, Fenton sortait d'une boîte de nuit dans un état de soûlographie assez avancé quand, tout à coup, quelqu'un s'était approché de lui par-derrière et l'avait poussé sous les roues d'un taxi qui passait. Il avait eu de la chance de s'en tirer avec des contusions et des écorchures. L'individu qui l'avait poussé ne s'était pas fait connaître, bien entendu, et le chauffeur du taxi, après avoir reniflé l'haleine de Fenton, n'avait pas su dire avec précision si on l'avait bien poussé ou s'il avait trébuché lui-même sous les roues de la voiture... Une autre fois, pendant que Fenton jouait au golf avec un copain, on lui avait tiré dessus avec un fusil. Il avait eu la veine de baisser la tête au bon moment et la balle l'avait manqué. « J'ai toujours été verni quand il s'est agi d'échapper à la mort », avait-il ajouté avec son sourire éclatant.

Mais il n'était pas disposé à abuser de sa chance. Il avait joué suffisamment pour savoir que le hasard peut vous sourire de deux manières : la bonne et la mauvaise, et il connaissait assez bien son frère Knox pour comprendre ce qui se passait, ou allait se passer. La date fatidique de son vingt-cinquième anniversaire était trop proche pour qu'il prît des risques ; c'est pourquoi il avait fait ses bagages et était parti en direction de l'ouest, pour aboutir à Los Angeles. Ce qu'il avait l'intention de faire, c'était tout simplement de disparaître jusqu'à ce que le temps l'eût mis tout naturellement hors de danger. Il avait assez d'argent pour subsister pendant quelques mois et il comptait faire les petits boulots qui pourraient se présenter — à condition qu'ils ne soient pas trop durs — simplement pour gagner de quoi manger et dormir au sec en attendant que son heure soit venue.

Au début, cependant, il avait commis une grosse erreur : celle d'utiliser son nom véritable. Il était à Los Angeles depuis deux ou trois mois quand, une nuit, en sortant d'un cabaret donnant sur une rue sombre, il s'était retrouvé entre deux malabars qui l'avaient fourré de force dans une voiture pour l'emmener faire un tour. Cette fois-là, il avait bien cru que sa chance avait tourné, mais ce n'était pas le cas. En fait, il avait eu une veine incroyable, car les deux malabars s'étaient trouvés pris dans une triple collision sur la grand-route qu'ils avaient prise en quittant la ville. Le lieu de l'accident grouillait de flics et, sous leur protection involontaire, Fenton avait sauté à bas de la voiture, s'était frayé un chemin à travers tout le fouillis et avait décampé en vitesse.

Il avait déjà eu peur autrefois, dans son patelin de Saint Louis où toutes ses histoires avaient commencé, mais ce coup-là lui avait montré à quel point Knox avait le bras long et il avait eu encore plus peur. Sans même retourner à Los Angeles pour y prendre ses affaires — il n'avait d'ailleurs pas grand-chose — il avait poursuivi sa route vers le sud, puis vers l'est, avant de remonter par petites étapes vers le nord, travaillant par intermittence dans une ville ou dans l'autre, sous des noms d'emprunt. Finalement il était arrivé à Barbour Springs où il avait récolté trente jours de prison pour un délit sur lequel il ne m'a jamais donné de détails.

Voilà l'histoire que m'a racontée Fenton et je sais qu'elle peut paraître saugrenue. Elle m'a paru saugrenue à moi aussi, comme le récit d'un psychopathe, mais j'y ai cru. Je l'ai crue, d'un bout à l'autre. La seule chose que je n'ai pas réussi à comprendre, c'est pourquoi Fenton Kessler me l'avait racontée et je le lui ai demandé. Il m'a répondu :

— C'est peut-être par vanité que je te dis tout ça. Peut-être parce que je ne veux pas que tu t'en ailles, demain, en pensant que je ne suis qu'un purotin qui n'a même pas été capable de réunir trente dollars pour racheter un écart de conduite.

— Merci pour le compliment, lui ai-je dit. En général, les gens que je rencontre se fichent éperdument de ce que je peux penser d'eux !

Il a haussé les épaules et son sourire est devenu plus éclatant encore :

— Il y a sans doute aussi une autre raison. Saint Louis n'est pas bien loin d'ici : cinq cents kilomètres tout au plus. J'ai pensé que tu aurais peut-être envie d'aller dans cette direction-là.

— Je n'ai aucun projet. Je peux aussi bien aller là qu'ailleurs.

— Il y a quelqu'un à Saint Louis à qui j'aimerais que tu dises un mot de ma part. C'est une fille, qui s'appelle Wilsey Drew. Pour être franc, je te dirai que je voudrais prendre contact avec elle pour lui emprunter de l'argent : quelques centaines de dollars pour me tirer d'affaire. Je te donnerai un mot pour elle.

— Pourquoi ne pas lui écrire tout simplement ?

— Je te l'ai déjà dit : je ne veux pas qu'elle sache où je suis.

— Tu as peur de ce qu'elle pourrait raconter ?

— Pas de ce qu'elle pourrait dire intentionnellement, mais de ce qu'elle pourrait laisser échapper. Il vaut mieux que je garde l'incognito et que je reste à l'écart de tous, même de Wilsey, jusqu'à ce que l'affaire soit réglée.

— Et moi, alors ? Je sais qui tu es et où tu te trouves.

Il a haussé de nouveau les épaules en frappant l'harmonica contre la paume de sa main.

— Il faut bien, parfois, faire confiance à quelqu'un. C'est toi que j'ai choisi.

— Et tu crois que cette Wilsey Drew va me donner quelques centaines de dollars à t'envoyer ?

— Elle te les donnera si je les lui demande. Wilsey et moi formons un couple hors série. Mes cinq millions de dollars à venir ne constituent pas pour elle un handicap, mais, même sans ça, nous serions des amis très intimes.

— Ce doit être une pensée très agréable.

— C'est un fait. Il y a l'argent, et il y a le plaisir. Quand les deux se trouvent réunis, c'est parfait, mais on peut avoir l'un pendant qu'on attend l'autre. Nous attendons l'argent, Wilsey et moi, et, en l'attendant, nous avons le plaisir.

— Tu trouves du plaisir à errer d'une ville à l'autre ?

— Non, bien sûr. En ce moment, nous n'avons que l'agrément de penser au plaisir que nous avons eu et à celui que nous aurons de nouveau.

— Laisse-moi le temps de comprendre. Tout ce que tu veux de moi, c'est que j'aille voir ta petite amie et que je t'envoie l'argent qu'elle voudra bien me remettre pour toi ?

— Si tu vas à Saint Louis.

— Je t'ai déjà dit que je pouvais aussi bien aller là-bas qu'ailleurs.

— Tu garderas pour toi cent dollars sur l'argent qu'elle te remettra.

— Merci. J'allais soulever cette question si tu ne l'avais pas fait toi-même. Écris ton message.

— C'est fait : je pensais bien que tu serais d'accord.

Il m'a tendu une feuille de papier rayée, que j'ai

mise dans ma poche sans la déplier, puis il s'est remis à jouer de l'harmonica. Au bout d'un moment, nous sommes rentrés avec les autres prisonniers et, dans ma cellule, j'ai lu le petit mot qu'il m'avait remis. C'était un message simple et bref, écrit au crayon, par lequel il me présentait à sa bonne amie et lui demandait de me remettre un peu d'argent à lui envoyer — quelques centaines de dollars si possible. L'adresse de la fille était inscrite au bas de la feuille.

Le lendemain matin, dès ma sortie de prison je me suis mis en route vers Saint Louis. Je suis passé par Kansas City parce que c'était sur mon chemin, ou à peu près, et que j'y connaissais un type qui pourrait me fournir une cinquantaine de dollars pour compléter l'argent de poche que je possédais déjà. J'ai fait le trajet en auto-stop, et j'ai eu la chance d'arriver le jour même à Kansas City. Mon copain a bien voulu lâcher les cinquante dollars et, dans la soirée, j'ai pris le train pour Saint Louis. Arrivé là, je me suis dégotté une chambre dans un hôtel bon marché et, l'après-midi, vers deux heures, je suis allé voir Wilsey Drew à l'adresse indiquée. J'avais d'abord pensé téléphoner chez elle pour savoir si je la trouverais, mais j'ai réfléchi que j'aurais du mal, au bout du fil, à lui expliquer qui j'étais, et j'ai décidé d'y aller directement.

Elle habitait un immeuble d'apparence cossue, à l'ouest de Forest Park. Appartement 810, avait écrit Fenton Kessler sur son message. J'ai appuyé sur le bouton correspondant à ce numéro et, au bout d'un bon moment, la porte a été ouverte par une belle pépée, un peu échevelée qui, selon toute apparence, venait de se lever. Elle avait des cheveux châtains coupés court, des yeux noisettes au regard myope, une bouche aux lèvres douces et roses sous un nez bien droit et assez court : bref, un joli petit visage. Le reste de sa personne, jusqu'à ses pieds menus aux ongles vernis, n'était pas mal du tout non plus. Fenton Kessler avait dit qu'elle et lui formaient un couple hors série et j'étais prêt à le croire, car tout couple dont elle formait la moitié ne pouvait être que hors série. Elle s'est frotté les yeux, un bâillement prolongé a entrouvert ses lèvres roses, et elle m'a demandé ce que je désirais.

— Je suis à la recherche de la moitié d'un couple hors série, ai-je répondu. C'est l'autre moitié qui m'envoie.

Elle a cessé de se frotter les yeux et s'est penchée un peu en avant pour scruter mon visage de son regard myope.

— Fen ? a-t-elle demandé.

— Si Fen est le diminutif qu'on donne à un joueur d'harmonica nommé Fenton Kessler, oui. Et vous, vous êtes Wilsey Drew ?

— Pas sur mon acte de naissance, mais c'est bien comme ça qu'on m'appelle.

— J'ai un mot de Fenton pour vous. Il vous explique qui je suis et pourquoi je suis ici.

Je lui ai remis le message et elle l'a lu sur le pas de la porte ; puis elle a reculé pour me faire place :

— Entrez donc.

Je l'ai suivie dans une pièce où régnait un élégant désordre et, sur son invitation, je me suis assis au bout d'un divan rembourré en caoutchouc mousse et recouvert de tweed gris. Elle s'est assise à côté de moi, si près que je pouvais respirer son parfum, qui était fort agréable, et elle m'a demandé :

— Où est-il ?

— Je ne suis pas libre de vous le dire, ai-je répondu, omettant d'ajouter que lui, Kessler, n'était pas libre tout court.

— Pourquoi pas ?

— Parce qu'il m'a recommandé de ne pas le faire. Il n'a pas peur de ce que vous pourriez dire intentionnellement, mais de ce que vous pourriez laisser échapper sans le vouloir. J'ai dans l'idée qu'il craint que l'abus des cocktails ne vous fasse trop parler. Vous aimez les cocktails ?

— Beaucoup ; il est d'ailleurs l'heure d'en prendre un. Fen va bien ?

— Très bien.

— Qu'est-ce qu'il fait ?

— La dernière fois que je l'ai vu, il était assis sous un orme, en train de jouer de l'harmonica. Vous ne trouvez pas étonnant qu'un garçon qui doit hériter bientôt de cinq millions de dollars passe son temps à jouer de l'harmonica ?

— Fen est un garçon assez extraordinaire.

— C'est mon impression. J'ai d'abord cru qu'il n'était qu'un menteur, mais, par la suite, je suis arrivé comme vous à la conclusion que c'était un type extraordinaire. Les cinq millions y sont pour quelque chose, bien sûr.

— Pour quelque chose, c'est certain.

— Je m'amuse à étudier l'influence de l'argent sur l'amour, et j'aimerais savoir si vous attendriez fidèlement Fenton dans ce fouillis où vous vivez, s'il n'était pas le futur bénéficiaire d'un important héritage.

— Oui, je l'attendrais. Fidèlement... ça dépend du sens qu'on donne à ce terme.

— Quel sens lui donnez-vous ?

— Un sens très large.

— C'est ce que j'appellerai une attitude intelligente et raffinée. Ça doit rendre l'attente plus facile.

— Je n'ai jamais dit à Fen que je n'aimais *que* lui : je lui ai dit seulement que je l'aimais *plus* que les autres.

— C'est déjà pas mal. Je m'en contenterais.

— Il faudra vous contenter de moins que ça.

— Moins que le maximum, c'est déjà mieux que rien. J'accepte.

— Et maintenant, que diriez-vous d'un cocktail ?

Elle s'est levée pour remplir deux verres et m'en a tendu un.

— Que savez-vous de Fen ? m'a-t-elle demandé.

— Simplement ce qu'il m'a raconté de lui-même.

— C'est-à-dire ?

— Qui il est. Ce qui doit se passer quand il aura vingt-cinq ans, si aucun événement fâcheux ne survient d'ici là. Qu'il a dû errer par monts et par vaux, sous de faux noms, pour empêcher que ce fâcheux événement ne se produise — un meurtre, pour l'appeler par son nom. Si tout ça est vrai, frère Knox doit être un bien vilain monsieur.

— C'est vrai, et Knox est bien ce que vous dites.

— Vous devez nourrir dans votre cœur une solide haine pour lui ?

— Pas spécialement. Pourquoi ça ?

— Eh bien, c'est peut-être mesquin de ma part, mais, si j'étais une jeune fille et que j'aie l'espoir d'obtenir par mariage cinq millions de dollars, il me semble que j'en voudrais terriblement à tous ceux qui chercheraient à me gâter cette perspective. Sans parler du côté sentimental, qui a bien son importance aussi.

— Les cinq millions ont autant de valeur pour Knox que pour Fen et moi, bien que Knox en possède déjà cinq autres. C'est le propre de l'argent, vous savez : plus on en a, plus on en désire. D'ailleurs, Knox n'a pas encore réussi à tuer Fen, ni à le faire tuer. S'il y parvient, alors je me mettrai à le haïr.

— Voilà une disposition d'esprit extrêmement généreuse.

— Oh ! je suis généreuse : c'est une de mes qualités.

— Cette générosité vous poussera-t-elle à me remettre l'argent que Fenton vous fait demander ?

— Il a dit : plusieurs centaines de dollars. Qu'est-ce qui vous fait croire que je possède une somme pareille ?

— Quand on vit dans un endroit chic comme celui-ci, on doit bien avoir un peu d'argent disponible.

— C'est justement parce que j'habite un endroit comme celui-ci que je suis *à cours* d'argent !

— Je comprends : ça coûte cher d'avoir une façade. Je me suis trouvé dans la même situation.

— Je pensais bien que vous comprendriez : vous êtes le genre d'homme à ça.

— C'est un reproche ?

— Pas précisément, mais je dois dire que je préfère le genre d'hommes qui ont des moyens correspondant à leur façade. A propos, je pourrai disposer de cinq cents dollars, mais pas aujourd'hui. L'argent est à la banque, et elle est fermée.

— C'est vrai, il est plus de trois heures. Vous vous réveillez tard, n'est-ce pas, Wilsey ?

— Je me couche tard aussi.

— Puis-je vous offrir un petit déjeuner ?

— Je l'ai déjà pris, a-t-elle répondu en levant son verre vide et en me souriant d'un air amical. Et vous aussi, d'ailleurs, Troy Ryst. Revenez demain après-midi, à quatre heures : je vous remettrai les cinq cents dollars. Et maintenant, au revoir.

Elle me disait de m'en aller et c'est ce que j'ai fait. Je me suis levé, j'ai posé mon verre sur la table et je me suis dirigé vers la porte. La main sur la poignée, je me suis retourné pour la regarder encore une fois.

— Merci pour le cocktail, Wilsey.

— Il n'y a pas de quoi.

— A demain, quatre heures.

— C'est ça.

J'ai quitté son appartement et j'ai pris l'ascenseur jusqu'au rez-de-chaussée. Arrivé à mon hôtel, j'ai consulté un annuaire téléphonique à la page des K.

J'ai trouvé un Knox Kessler, agent d'affaires, mais je n'ai pas composé tout de suite le numéro. Je me suis contenté de noter l'adresse — Quatrième Rue — et je suis monté dans ma chambre boire un petit coup : j'avais apporté de Kansas City une bonne bouteille pour me tenir compagnie dans le train. Le lendemain, j'ai fait la grasse matinée. Je me suis levé vers midi, me suis rasé et, après avoir déjeuné, je me suis rendu Quatrième Rue, au bureau de Knox Kessler, où je suis arrivé à une heure et demie environ.

L'immeuble n'avait pas l'aspect qu'on s'attend à voir à ceux qu'habitent des types possédant cinq millions de dollars. Le bureau non plus. Mais je sais bien que les gens qui ont de l'argent n'éprouvent pas nécessairement le besoin de se comporter comme s'ils en avaient. Une rouquine à l'aspect hommasse est venue m'ouvrir et m'a demandé ce que je voulais. Derrière elle, il y avait une porte sur laquelle était inscrit le nom de Knox Kessler, mais elle m'en barrait l'entrée.

— Je voudrais voir M. Knox Kessler, ai-je répondu. C'est pour une question importante.

L'expression de son visage laissait entendre que, pour voir M. Kessler, il fallait une raison TRÈS importante, et encore...

Elle m'a demandé si j'avais rendez-vous et j'ai dit :

— Non, mais je suis sûr que ma visite l'intéressera. Dites-lui que c'est au sujet de Fenton.

— Votre nom, je vous prie ?

— Ryst, Troy Ryst, mais ça ne lui dira rien.

Elle a manœuvré un petit levier de l'interphone pour entrer en communication avec Kessler de l'autre côté de la porte, et elle lui a dit qu'un certain Troy Ryst désirait lui parler de M. Fenton Kessler. Après avoir écouté la réponse, elle a repoussé le levier et m'a dit d'entrer, ce que je me suis empressé de faire.

Knox Kessler était debout devant son bureau. Il était plus grand et moins brun que Fenton. Ses cheveux châtains taillés en brosse semblaient décolorés et ses yeux, marron comme ceux de son frère, avaient de temps en temps des reflets jaunes. Il y avait dans toute sa personne, des yeux au son de la voix, quelque chose de dur, d'impitoyable. Il y a des gens qui vous donnent, dès le premier abord, une impression de malaise, comme si on était en danger auprès d'eux. Know Kessler était de ceux-là.

— Vous avez bien dit que votre nom était Troy Ryst ? m'a-t-il demandé.

— Je l'ai dit, et c'est vrai. On pourrait en douter.

— Vous êtes un ami de Fenton ?

— Pas vraiment un ami. Nous nous connaissons, voilà tout.

— Il y a longtemps que vous ne l'avez vu ?

— Pas très.

— Vous savez où il est ?

— Oui.

— Où cela ?

— Je ne peux pas vous le dire.

— Pourquoi pas ?

— Parce qu'il ne veut pas que vous le sachiez. Je pense que vous comprenez pourquoi.

— Fenton est un drôle de type : il a des idées bizarres. Il va bien ?

— Très bien. Ses chances de vivre jusqu'à l'âge de vingt-cinq ans sont excellentes.

Knox a poussé un soupir et s'est assis derrière son bureau, puis il a croisé les doigts sur son ventre plat et m'a regardé d'un air méditatif. C'est à ce moment-là que j'ai remarqué que ses yeux avaient des reflets jaunes.

— Vous feriez mieux de vous asseoir, monsieur Ryst. Vous semblez avoir l'esprit tortueux et on dirait que quelque chose vous préoccupe.

Je me suis assis sur le siège qu'il me désignait. C'était une chaise démodée, en bois sombre, dont le haut dossier n'était guère rembourré : pas du tout le genre de chaise sur laquelle on a plaisir à rester assis longtemps. Et j'ai pensé que c'était sans doute une tactique de la part de Knox pour décourager les visites prolongées.

— Je peux fumer ? ai-je demandé.

— Si vous avez des cigarettes. Je le regrette, mais je n'en ai pas à vous offrir.

J'ai découvert au fond de ma poche une cigarette que j'ai allumée, et il a continué à m'observer de ses yeux jaunes et durs jusqu'à ce que je l'aie terminée. Sans dire un mot ni changer d'expression, il me faisait sentir que le besoin de fumer était une faiblesse pour laquelle il n'éprouvait qu'un froid mépris. Enfin, il m'a dit :

— Maintenant, monsieur Ryst, voudriez-vous avoir la bonté d'en venir au fait ? M'apportez-vous un message de Fenton ?

— Non.

— Dans ce cas, pourquoi êtes-vous venu ?

— Pour vous faire une proposition qui, je crois, vous intéressera.

— C'est possible. Faites-la-moi connaître et je vous dirai ce que j'en pense.

— Eh bien, voilà. Fenton et moi avons eu une longue conversation. Plus exactement, il a parlé beaucoup et je l'ai beaucoup écouté. Depuis, j'ai beaucoup pensé à ce qu'il m'a dit et je crois que je serais à même de vous rendre un très appréciable service. Le profit que vous en tireriez serait de l'ordre de cinq millions de dollars.

Il a décroisé ses doigts, mais sans changer de position. Il y avait dans toute son attitude et dans l'expression de son visage une sorte de rigidité militaire.

— Comme je vous l'ai déjà dit, monsieur Ryst,

vous semblez avoir l'esprit tortueux. Si vous avez une proposition à me faire, énoncez-la clairement. Vous n'avez rien à craindre.

— Voici. Fenton sait que vous avez essayé de le faire tuer au moins trois fois, et il est suffisamment convaincu que vous essaierez encore pour rester à l'abri le plus longtemps possible. Cette sorte de conviction est contagieuse et je l'ai attrapée. Vous voulez vous débarrasser de Fenton ; je suis disponible. Ça vous paraît suffisamment clair ?

— Parfaitement clair, mais curieux. Vous m'avez dit que Fenton et vous étiez de simples connaissances : pourquoi vous a-t-il raconté tout ça ?

— Peut-être par pure vanité. Ou bien parce qu'il voulait me charger d'une commission. Comme il l'a dit lui-même, il faut bien faire confiance à quelqu'un. C'est moi qu'il a choisi.

— Apparemment, c'était là un très mauvais choix.

— Quand on tente sa chance, il faut considérer qu'on peut perdre aussi bien que gagner.

— C'est exact. Je vois que vous n'êtes pas une personne d'une sensibilité excessive, monsieur Ryst. Moi non plus, d'ailleurs ; ne voyez donc pas dans ma remarque une critique. Si je comprends bien, vous m'offrez vos services. Quel est votre prix ?

— Vingt mille dollars.

— Vous êtes gourmand !

— Vous trouvez ? Vingt mille dollars, c'est seulement les quatre dixièmes d'un pour cent de cinq millions. Ce chiffre me paraît plutôt raisonnable.

— On peut s'assurer les mêmes services pour beaucoup moins que ça.

— C'est vrai. Mais je sais où se trouve Fenton. Vous pas.

— Très juste. Cette connaissance que vous êtes seul à posséder doit se payer cher. Vous avez peut-être l'esprit tortueux, monsieur Ryst, mais vous n'êtes pas sot. Il y a pourtant un point important que j'aimerais préciser à ce sujet. Vous dites que vous savez où se trouve Fenton. Je veux bien admettre que vous *saviez* où il était, mais comment pouvez-vous savoir qu'il y sera encore quand vous retournerez à l'endroit où vous l'avez quitté ?

— Il y sera. Vous pouvez en être sûr.

— Bon. Mais, si j'accepte de faire appel à vos services, comment saurai-je si vous avez effectivement rempli votre mission ?

— Voilà le hic, n'est-ce pas ? Avez-vous une suggestion à faire ?

— Je suis prêt à écouter les vôtres.

— Votre frère portait, au medius de la main droite, une bague ornée d'un rubis, je crois. Il avait aussi autour du cou une chaîne en or, mais ce qu'il y avait au bout de cette chaîne était caché sous sa chemise. Je pourrais vous apporter le tout en guise de preuve.

— Ce qu'il y a au bout de cette chaîne, c'est un médaillon contenant la photo de sa mère. Fenton a toujours témoigné d'un grand attachement envers elle. C'est ce qu'il y a de curieux chez des garçons faibles et insignifiants comme lui : ils font de leur mère une sorte de fétiche. Je me demande s'ils sont sincères.

— Je ne pourrais pas vous le dire. Je suis faible et insignifiant moi-même, mais aussi loin que remontent mes souvenirs, je n'ai jamais eu de mère.

— Peu importe, d'ailleurs. Pour en revenir à nos moutons, la bague et le médaillon ne constitueraient pas des preuves suffisantes.

— Pas des preuves formelles, je l'admets. Je peux vous affirmer que je ferai le travail dont vous me chargez, mais vous n'avez aucune raison de me croire sur parole. Je ne pense pas que vous ayez envie de m'accompagner pour inspecter le résultat après coup ?

— Ce ne serait guère opportun.

— Je pourrais laisser le corps à un endroit où je serais sûr qu'on le découvrirait, mais je préférerais m'en débarrasser définitivement. Pas de cadavre, pas d'enquête. C'est plus propre.

— Je suis de votre avis. Il faudra donc que j'attende un certain temps avant de pouvoir tirer mon profit de l'opération, mais ça n'a pas grande importance. Je pense que je dois vous faire confiance jusqu'à un certain point. En mettant les choses au pire, je ne perdrais jamais que vingt mille dollars, ce qui n'est pas pour moi une très grosse somme. Par contre, vous perdriez bien davantage si vous vous avisiez de jouer au plus fin avec moi. Croyez-moi, monsieur Ryst, si vous abusiez de ma confiance, vous ne vous sentiriez plus en sécurité un seul jour de votre vie — et il est probable que vous n'en auriez plus beaucoup à vivre !

— Je vous crois.

— Parfait. Si nous nous comprenons, cela simplifiera les choses.

— Ça veut dire que vous acceptez ma proposition ?

— Ça veut dire que je vais y réfléchir.

— Dans combien de temps me ferez-vous connaître votre réponse ?

— Revenez dans deux semaines : je vous la donnerai à ce moment-là.

— C'est trop long. Dans deux semaines, je ne saurai plus où se trouve Fenton.

— Je vois. (Il est resté un moment pensif et j'ai compris qu'il tirait de ma réponse une conclusion significative.) Combien de temps pouvez-vous me donner ?

J'ai fait un rapide calcul mental. En tenant compte du temps de prison que Fenton avait fait avant mon arrivée, de celui que nous avions passé ensemble et de celui qui s'était écoulé depuis ma sortie, j'estimais qu'il lui restait dix jours à tirer. Il me faudrait quarante-huit heures pour retourner à Barbour Springs. C'était un minimum, et il aurait même mieux valu que j'aie une journée de plus afin de garder une marge pour un retard possible. J'ai donc répondu :

— Sept jours.

— Ce n'est pas beaucoup, mais je m'en contenterai. Revenez donc dans une semaine à dater d'aujourd'hui.

— A quelle heure ?

— Mettons deux heures.

— Je serai là.

Nous n'avions plus rien à nous dire et je me suis disposé à partir. Knox ne s'est même pas levé. Je me suis retourné, au moment de sortir, pour le regarder : il était toujours assis devant son bureau, dans la même attitude rigide qu'il avait gardée pendant toute l'entrevue. Ses yeux jaunes me fixaient sans vaciller.

Dans la rue, j'ai hélé un taxi et me suis fait conduire, en passant par Forest Park, jusqu'à l'immeuble où habitait Wilsey Drew. Le trajet a pris du temps, mais j'en avais à perdre, et il n'était pas encore quatre heures quand je suis arrivé chez elle. Je suis monté directement à son appartement, sans m'occuper de savoir si j'étais en avance ou pas, et j'ai trouvé Wilsey habillée d'une robe noire collante ornée d'une ceinture dorée. Elle portait une chaîne d'or autour du cou et des boucles aux oreilles.

Je lui ai dit :

— Bonjour, Wilsey, vous m'avez tout l'air d'une femme qui revient de la banque.

— Et vous m'avez l'air d'un homme à apprécier ce genre de femme. Vous êtes en avance, mais entrez tout de même.

Je l'ai suivie et suis allé m'asseoir sur le même sofa que la veille. La chambre était toujours chic, mais un peu moins en désordre : on sentait qu'une femme de ménage avait dû passer par là.

— Ne vous mettez pas trop à votre aise, m'a-t-elle recommandé. Ce que nous avons à nous dire ne prendra pas longtemps.

— Nous ne pourrions pas faire traîner un peu les choses ?

— Pas aujourd'hui, je regrette.

— Et moi donc ! Je n'ai absolument rien à faire et j'aurais aimé le faire avec vous.

— C'est dommage. J'ai rendez-vous à cinq heures pour prendre un verre.

— Comme vous l'avez fait remarquer, je suis venu en avance : il est à peine quatre heures.

— Quelqu'un va venir me chercher. Il sera en avance aussi.

— Un de ceux à qui vous accordez moins que le maximum ?

— Tout juste !

— Alors, je suppose que je devrai me contenter de cinq cents dollars ?

— Pour Fen.

— Pour Fen, bien entendu. Moins un billet de cent qui sera ma commission.

— L'argent est dans la chambre. Je vais le chercher.

Elle a traversé le salon pour aller dans sa chambre à coucher et en est revenue peu après avec les billets de banque. Je me suis levé pour les lui prendre des mains en disant :

— Merci pour Fen.

— Ne vous donnez pas la peine de me remercier : Fen le fera lui-même un de ces jours.

— Bien sûr. Je sais que je ne suis qu'un pauvre mandataire, mais ça me fait plaisir de tenter ma chance.

— Tant mieux si vous y trouvez du plaisir. Je

regrette de ne pas avoir plus de temps à passer avec vous aujourd'hui.

— Vous en aurez peut-être plus tard. Je vais rester ici toute la semaine.

— Le monde a été créé en sept jours. Qui sait ce qui peut se passer en une semaine ?

J'ai mis les cinq cents dollars dans ma poche et me suis dirigé vers la porte. Cette fois, elle m'a accompagné.

— Je vous téléphonerai, lui ai-je dit.

— Ça ne vous coûtera que dix cents.

J'ai insisté :

— La soirée va être longue. Je pourrais peut-être revenir quand vous aurez pris ce verre ?

Elle m'a adressé un petit sourire de regret qui avait l'air presque sincère. Secouant sa tête aux cheveux courts, elle a passé une main derrière mon dos pour ouvrir la porte donnant sur l'antichambre et me faire comprendre que je n'avais plus qu'à m'en aller.

— Au revoir, m'a-t-elle dit. Embrassez Fen pour moi.

Je suis parti, à contrecœur, bien déterminé à revenir. Tout en caressant ce projet, je suis arrivé à mon hôtel. Dans le hall d'entrée j'ai pris une enveloppe sur laquelle j'ai inscrit l'adresse de Fenton Kessler à la prison de Barbour Springs. J'ai plié en deux une feuille de papier à lettres dans laquelle j'ai mis trois billets de cent dollars, puis j'ai glissé le tout dans l'enveloppe que j'ai cachetée et affranchie, et que je suis allé poster à la boîte aux lettres du coin. Voilà qui était fait.

Je sais bien ! Je suis capable de calculer quel pourcentage de cinq millions représentent vingt mille dollars, je suis tout aussi capable de soustraire un de cinq. Cinq moins un font quatre. J'avais donc gardé un billet de cent dollars de plus pour ma peine. Mais, après tout, je devais encore passer dans cette ville une semaine sur laquelle je n'avais pas compté et j'estimais que cent dollars — quatorze dollars et vingt-huit cents par jour — suffiraient à peine à couvrir mes frais, surtout si, comme j'en avais l'intention, je devais passer une partie de ce temps en compagnie de Wilsey.

Je l'ai appelée deux fois le lendemain, et trois fois le jour suivant, mais personne n'a répondu au téléphone. Le troisième jour je suis allé à son appartement et j'ai pressé le bouton placé à côté de sa porte. Mais, là non plus, personne n'a répondu et la porte était fermée au verrou. J'ai essayé de me persuader que je m'en fichais complètement et, le quatrième jour, je n'ai pas bougé ni appelé. Mais le cinquième jour, alors qu'il ne m'en restait plus que deux à passer à Saint Louis, j'ai téléphoné de nouveau, et, cette fois, on m'a répondu. Mais ce n'était que la femme de ménage venue mettre un peu d'ordre. Je lui ai demandé si Mlle Drew était là. Elle m'a répondu que non, qu'elle était à Chicago et qu'elle devait rentrer la semaine prochaine, mardi sans doute. Alors j'ai raccroché. Le mardi de la semaine suivante, c'était trop tard pour moi, sinon pour un autre, aussi, j'ai accepté avec fatalisme cette défaite — qui n'était d'ailleurs une défaite que dans mon esprit — et, le surlendemain, c'est-à-dire le septième jour, je suis retourné voir Knox Kessler.

Contrairement à Wisley, il était chez lui. La rouquine hommasse m'a annoncé et m'a dit d'entrer, ce que j'ai fait. Knox était assis à son bureau dans la position où il se trouvait quand je l'avais quitté la semaine précédente, et il m'a fait signe de reprendre la chaise que j'avais occupée alors. Quand j'ai été assis, il s'est penché en avant pour prendre un papier sur son bureau, puis s'est renversé de nouveau en arrière pour reprendre son attitude rigide.

— Monsieur Ryst, m'a-t-il dit, je ne sais pas comment vous avez passé cette semaine, mais j'en ai profité, moi, pour faire un peu mieux connaissance avec vous.

— C'est vrai ? Moi, j'ai employé ces sept jours à essayer de faire mieux connaissance avec une certaine personne, mais je n'ai guère eu de chance. J'espère que vous en avez eu davantage.

— J'en ai eu. Vous plairait-il d'entendre quelques-uns des faits que j'ai appris à votre sujet ?

— Pas spécialement : puisqu'ils me concernent, je les connais déjà.

— Pourtant si vous vouliez bien m'écouter pendant quelques minutes, je crois que cela nous permettrait d'éclaircir certaines choses et de nous mettre sur un terrain plus solide. Je vous promets que ce ne sera pas long.

Il s'est interrompu pour m'observer, puis s'est remis à parler en se reportant de temps en temps à un papier qu'il avait sous les yeux. Et c'est exact qu'il en savait sur moi beaucoup plus que je ne l'aurais voulu, ou que je n'aurais cru qu'il pouvait en apprendre en si peu de temps. Il était au courant des deux ans que j'avais tirés en maison de correction quand j'étais gosse. Il savait que j'avais passé trois ans dans l'infanterie, en Corée, et, plus tard, aux États-Unis, que j'y avais gagné l'étoile d'argent pour acte de bravoure insigne et une autre décoration pour blessures reçues en service commandé. Il savait également que j'avais été dégradé par la suite pour avoir tiré sur un officier et déserté mon poste, et aussi qu'à San Francisco j'avais tué un type au cours d'une bagarre dans un bar, et que j'avais réussi de justesse à sauver ma peau en invoquant la légitime défense. Ce n'est là qu'une partie des faits qu'il m'a cités et, s'il ne savait pas tout, il faut reconnaître qu'il en savait suffisamment, du bon et du mauvais — surtout du mauvais parce qu'en ce qui me concerne il y en a plus que de bon.

— Vous avez un système d'information très efficace, lui ai-je dit.

— Oh ! ce genre de renseignements n'est pas difficile à obtenir quand on a de l'argent et qu'on sait l'utiliser.

— Laissez-moi donc vous féliciter d'avoir de l'argent et de savoir en faire bon usage. Mais où voulez-vous en venir ?

— A rien, sinon à vous montrer que je saurais vous retrouver tout aussi facilement si c'était nécessaire.

— Vous avez retrouvé Fenton ?

— Non, j'admets mon échec pour ce qui est de Fenton. Je finirais bien par le retrouver, naturellement, mais le temps presse et mon cher frère sait se rendre insaisissable quand il le veut. J'avais pensé que je le trouverais par votre intermédiaire, mais vous avez vous-même vécu dans l'ombre ces deux dernières années. Où étiez-vous ?

— Oh ! ici et là.

— Peu importe. La dernière fois que nous nous sommes vus, vous m'avez fait remarquer que vous possédiez des renseignements que je n'avais pas. C'est encore vrai à l'heure actuelle et ces renseignements, si nous en tirons parti comme vous le suggérez, présentent pour moi une certaine valeur. Je suis prêt à entendre vos conditions.

— Je vous les ai déjà dites ; vous ne vous les rappelez donc pas ? Vingt mille dollars, soit les quatre dixièmes d'un pour cent de cinq millions. Ce sont des conditions raisonnables et c'est mon dernier mot.

— Vous croyez que je vais vous remettre vingt mille dollars sur la foi de votre parole ?

— Non : la moitié maintenant, et l'autre moitié quand je vous apporterai la bague et le médaillon.

— Pas du tout ! Dix mille dollars, c'est une somme. Qu'est-ce qui vous empêcherait de l'empocher et de filer avec ?

— Ce n'est que la moitié de vingt mille et je ne filerai pas.

— Je vous donne deux mille dollars maintenant et le reste quand vous aurez rempli votre mission.

— Mettons cinq mille.

— Trois mille. Pas un sou de plus. C'est à prendre ou à laisser.

— Je prends.

Il a ouvert un tiroir pour en sortir une liasse, dont il a trié une partie qu'il a jetée sur le bureau de mon côté. J'ai rassemblé les billets et je les ai comptés. Trois mille dollars : tout y était.

Je lui ai demandé :

— Comment être sûr que je recevrai bien le reste ? Je ne pourrai pas porter plainte contre vous si vous ne me le versez pas.

Il a haussé les épaules :

— Et moi, comment puis-je savoir si vous ferez bien ce que vous vous êtes engagé à faire ? Je tente ma chance, à vous de tenter la vôtre.

— Je vous ai promis de vous apporter la bague et le médaillon, et je le ferai.

— Quand vous me les apporterez, je vous remettrai le reste de l'argent.

Il n'y avait rien à redire à ça. J'ai fourré les billets dans ma poche comme si c'était du vulgaire papier, et je suis parti. Knox ne m'a dit ni au revoir, ni bonne chance. Rien. Et aucun de nous deux, bien entendu, n'a jamais prononcé le mot meurtre au cours de la conversation. J'étais dégoûté de Saint Louis, qui avait perdu pour moi tout attrait, mais j'y ai tout de même passé la fin de la journée et la nuit. Le lendemain, j'ai acheté une Chevrolet d'occasion pour douze cents dollars, que j'ai payés comptant, et en route pour Barbour Springs.

J'y suis arrivé dans la soirée, la veille du jour où Fenton Kessler devait être relâché. A l'unique hôtel de la ville, j'ai pris une chambre donnant sur la pelouse du palais de justice et d'où je pouvais voir, un peu plus loin, la prison dans laquelle je venais de faire un petit séjour et où Fenton Kessler se trouvait encore.

C'étaient une jolie prison et une ville sympathique, mais il n'y avait pas grand-chose à faire dans l'une comme dans l'autre. J'ai dîné à l'hôtel, je suis allé ensuite prendre un verre au bar, puis j'ai été me coucher. Le lendemain, après le petit déjeuner, je suis monté dans la Chevrolet et j'ai fait le tour de la place pour me rendre à la prison. J'ai garé la voiture au bord du trottoir d'en face et j'ai regardé ma montre. Il était près de neuf heures : les prisonniers libérés n'allaient pas tarder à sortir.

Dix minutes plus tard, en effet, j'ai vu paraître Fenton Kessler. Il est resté debout quelques instants en haut des marches de l'entrée puis, sans regarder de mon côté, il est descendu et a suivi la rue en direction de la place. J'ai donné un coup de klaxon pour l'appeler, mais il ne s'est pas arrêté, n'a même pas tourné la tête ; alors, j'ai corné de nouveau, un peu plus longtemps, et cette fois il s'est arrêté, a jeté un coup d'œil derrière lui, m'a vu et est retourné sur ses pas pour traverser la rue et venir à l'endroit où était garée ma voiture. En me reconnaissant, il avait eu une expression de surprise ; mais cette expression avait disparu quand il est arrivé près de moi et il arborait seulement un sourire tranquille sur ses lèvres vermeilles.

Je lui ai demandé s'il avait bien reçu les trois cents dollars.

— Oui, m'a-t-il répondu, merci.

— Quelle belle fille, cette Wilsey Drew ! Tu es un petit veinard !

— Oui, elle me plaît. Tu as l'air de te débrouiller

pas mal, a-t-il ajouté en évaluant du regard la Chevrolet modèle 1956.

— Pas mal, en effet. J'ai touché une avance sur un travail que je dois faire.

— Sans blague ? Ça doit être un bon job ?

— Le meilleur que j'aie jamais eu. Monte, je vais te raconter ça.

— J'ai envie de boire une bière bien fraîche. Il y a un mois que ça me tient et ça devient pressant.

— Il y a sur la route un bistrot qui a l'air sympathique. Je suis passé devant hier pour venir ici. Veux-tu que nous y allions ?

— D'accord, c'est une bonne idée.

Il est monté à côté de moi. J'ai fait demi-tour et ai traversé la ville pour rejoindre la grand-route où, à un kilomètre cinq cents à peu près, se trouvait le bistrot. Celui-ci était ouvert, mais il n'avait pas l'air d'un établissement qui fait de grosses affaires. A vrai dire, avant notre arrivée, il n'y avait pas un chat : que le barman derrière le comptoir, mais personne pour lui commander une bière. Le pick-up était prêt à jouer : il attendait seulement que quelqu'un glisse dix cents dans la fente pour le mettre en marche. Les banquettes étaient vides, la salle mal éclairée et il faisait un peu froid. Nous sommes entrés tout de même et nous nous sommes assis l'un en face de l'autre, puis nous avons fait signe au barman de nous apporter deux demis. La bière était fraîche et bonne. Nous en avons bu chacun une, sans nous dire un mot, et en avons commandé deux autres. Puis la soif de Fenton, qui durait depuis trente jours, s'étant un peu calmée, il m'a demandé :

— Comment as-tu trouvé la vie à Saint Louis ?

— Pas marrante.

— C'est vrai ? Moi, je l'ai trouvée agréable.

— Ça aurait pu être plus drôle si j'avais eu plus d'argent.

— L'argent aide toujours.

— Toujours.

— J'aimerais bien retourner là-bas, a-t-il dit.

— Eh bien, tu n'en as plus pour longtemps maintenant.

— Non, tant mieux ! Comment va Wilsey ?

— Très bien, je crois. Je ne l'ai vue que deux fois : l'une quand je suis allé lui demander de l'argent pour toi, et l'autre quand je suis allé le chercher.

— Pourquoi es-tu revenu ici ? Simplement pour me demander si j'avais bien reçu les trois cents dollars ?

— Non, c'est à cause de ce travail que je dois faire et dont je vais te parler.

— Alors, de quoi s'agit-il ?

— Eh bien, figure-toi que ta petite amie n'est pas la seule personne que j'aie vue pendant que j'étais à Saint Louis.

— Il y a là-bas un million d'habitants environ. Tu as dû en rencontrer un certain nombre.

— Je veux parler de ton frère.

Il était assis, les coudes sur la table, les mains entourant son verre frais et, pendant quelques secondes, nous sommes restés tous les deux figés dans une immobilité absolue. Fenton a regardé le fond de son verre, puis il a relevé ses yeux doux et rêveurs, tandis que ses lèvres continuaient à sourire dans la pénombre, et il a dit d'un air étonné :

— Knox ? Tu es allé voir Knox ?

— Oui, deux fois.

— Je pense que tu lui as fait mes amitiés ?

— Il m'a demandé de tes nouvelles. Je lui ai dit que tu allais bien.

— Ça lui a fait plaisir, j'en suis sûr. Mais je ne suppose pas que tu sois allé le voir simplement pour lui faire un rapport sur ma santé. Pourquoi y as-tu été ?

— J'estimais être à même d'effectuer pour lui un petit travail qu'il serait disposé à rétribuer.

— Et il t'a engagé pour ce travail.

— Parfaitement. Il m'a même versé trois mille dollars d'avance.

— Ça doit être un travail important ! Qu'est-ce qui peut bien avoir assez d'importance aux yeux de Knox pour qu'il accepte de payer trois mille dollars d'avance ?

— Te tuer.

L'immobilité est revenue pendant quelques secondes. Mais, sur le visage basané de Fenton, il ne s'est produit aucun changement d'expression perceptible et, à le regarder, on aurait pu croire que j'avais parlé de tuer un poulet pour le déjeuner du dimanche.

— Je me doutais que c'était de ça qu'il s'agissait, a-t-il dit enfin.

— J'étais sûr que tu y penserais. Tout bien considéré, c'est logique.

— En fin de compte, ce sera peut-être un job plus important que tu ne le croyais.

— J'en doute.

— Mais tu ne trouves pas que tu as eu tort de m'en parler ? Ça va me mettre sur mes gardes.

— Je ne crois pas.

— Puisque tu t'es montré aussi franc avec moi jusqu'ici, tu vas peut-être me dire maintenant comment tu comptes t'acquitter de ta tâche ?

— Je n'ai pas l'intention de m'en acquitter du tout. J'ai un plan, que je vais t'exposer si ça t'intéresse.

— Ce sera long ?

— Non, ça ne prendra que quelques minutes.

— Dans ce cas, nous ferions bien de commander deux autres bières.

J'ai fait signe au barman, qui a apporté la commande. En retournant vers le bar, il a glissé une pièce dans la fente du tourne-disques et une musique douce, pour instruments à cordes, s'est fait entendre.

— Voici mon plan, ai-je dit à Fenton. Je dois toucher dix mille dollars pour te tuer. J'estime qu'il m'en faudra deux mille pour couvrir mes dépenses, y compris l'achat de la Chevrolet. Pour la moitié de la différence, c'est-à-dire quatre mille, je t'achète la bague et le médaillon. Je les apporte à ton frère pour preuve de ta mort, et tu me rends le service de faire le mort jusqu'à ce que tu aies atteint tes vingt-cinq ans et que tu sois devenu riche et hors de danger. De toute façon, il faut bien que tu te tiennes hors du circuit, de sorte que ça ne changera pas grand-chose à ta situation, et les quatre mille dollars que tu toucheras devraient t'aider à passer le temps d'une manière plus confortable. De plus, à ton point de vue, ce serait une bonne blague à faire à ton frère.

— C'est vrai, a-t-il dit d'un ton rêveur, ce serait une très bonne blague à faire à Knox, mais, à la fin du compte, ça pourrait bien devenir une sale blague pour toi. Knox est dangereux, et il n'oublie jamais quand on lui a joué un mauvais tour.

— Je vais en courir le risque.

— C'est ta vie qui est en jeu. Si tu veux la risquer, c'est ton affaire. Mais il y a quelque chose qui m'intrigue. Tu n'es pas — je m'excuse de te le dire — un type particulièrement moral. Il me semble donc que le plus simple pour toi serait de me tuer et de garder la totalité de l'argent.

— Ce n'est pas mon genre. J'ai déjà tué un certain nombre de gars de sang-froid en Corée, quand on nous distribuait des médailles pour ça, et j'ai zigouillé un jour un type accidentellement, au cours d'une bagarre à San Francisco. Mais je ne tuerais jamais quelqu'un exprès, en risquant pour ça la peine capitale. Je ne suis pas assez veinard : j'aurais des ennuis. Je vais courir ma chance avec Knox pour quatre mille dollars plus mes frais, mais pas me lancer dans un meurtre, que ce soit pour quatre, dix ou vingt mille.

— Et si je refuse de faire le mort... ?

— Je garderai ce que j'ai reçu et je m'enfuirai avec, aussi vite et aussi loin que je pourrai.

— Et si j'accepte ?

— J'emporterai ta bague et ton médaillon à Saint Louis et je les remettrai à ton frère en lui annonçant ta mort. Je récolterai sept mille dollars : c'est le solde de ce qu'il m'a promis. Nous nous retrouverons, toi et moi, où et quand tu voudras, pour régler nos comptes : quatre mille pour moi, et autant pour toi. Voilà tout.

— Mais comment savoir si tu reviendras bien pour régler les comptes ?

— Est-ce que je ne t'ai pas envoyé les trois cents dollars de Wilsey ?

— Il y a une différence entre trois cents et quatre mille. Une grande différence, même.

— Ton frère m'a demandé comment il pouvait être sûr que je ferais bien le travail pour lequel il me paie. Je te répondrai ce que je lui ai répondu : Il faut me faire confiance.

— Ce qui, à la lumière des événements, est plutôt cocasse. Laisse-moi te dire que la façon dont tu agis envers Knox n'inspire guère confiance.

— En affaires, une seule duperie suffit : si on se met à les accumuler, on n'en sort plus. Je t'ai dit que je reviendrai avec tes quatre mille dollars, et il faut que tu me croies sur parole. D'ailleurs, tu n'as à perdre dans l'histoire qu'une bague et un médaillon. Tu pourras passer les prochains mois à l'abri, en vivant sur ce que je t'aurai remis, c'est-à-dire les frais payés par frère Knox. A toi de choisir.

— Tu as raison, je n'ai pas grand-chose à perdre. Tu connais la région des Ozarks ?

— J'ai lu un livre de Vance Randolph là-dessus.

— Ce n'est pas ça qui a pu t'en donner une idée bien précise. C'est une région montagneuse, au sud-ouest du Missouri, qui est considérée comme assez chic. Mon père, qui aimait la pêche, s'y était fait construire, au bord du lac Norfolk, une petite maison où il passait tous ses week-ends. La maison est toujours là, elle appartient toujours à ma famille, mais personne n'y va plus jamais. J'ai l'intention d'aller y passer le reste de l'été. Tu pourrais m'y déposer en allant à Saint Louis : ça ne te ferait jamais qu'un détour de deux cents kilomètres, pas plus. Après avoir réglé tes affaires avec Knox, c'est là que tu viendrais me rejoindre pour me remettre mes quatre mille dollars.

J'ai demandé :

— Quand veux-tu partir ?

— Dès que j'aurai bu ma bière.

— Très bien. Mais il faut d'abord que je retourne en ville pour prendre mes bagages et payer ma note d'hôtel.

— Je t'accompagne.

Nous sommes retournés à l'hôtel, où j'ai signé le registre des départs et pris mes affaires et, vingt minutes après, nous étions de nouveau sur la grand-route. Nous avons roulé longtemps et, vers quatre heures de l'après-midi, nous avons atteint les premiers contreforts des vieilles montagnes qu'on appelle les Ozarks. Nous les avons traversées au moment où la nuit commençait à tomber et, en fin de journée, nous sommes arrivés en vue du lac Norfolk et nous l'avons longé jusqu'à la maison des Kessler.

C'était une de ces maisons d'un rustique luxueux, composée d'une longue pièce de séjour ornée d'une énorme cheminée de pierre, de quatre chambres avec salle de bain et d'une cuisine très moderne. Comme Fenton n'avait pas la clef, il a forcé la fenêtre d'une des chambres pour aller ouvrir la porte, de l'intérieur. Puis il m'a dit que le prochain village était à près de trois kilomètres et qu'il irait bien faire quelques provisions si je lui prêtais la Chevrolet. J'ai accepté et, une demi-heure plus tard, il était de retour avec du ravitaillement pour plusieurs jours. Mais nous n'avons pas pris la peine de faire de la cuisine : nous nous sommes contentés d'une tasse de café avec des sandwiches au corned beef, après quoi nous avons préparé deux lits et sommes allés nous coucher. Le lendemain, je me suis levé de bonne heure et suis parti pour Saint Louis en suivant l'itinéraire que Fenton m'avait tracé. J'y suis arrivé dans l'après-midi et suis descendu au même hôtel que la première fois.

J'ai essayé d'appeler le bureau de Knox Kessler, mais je pensais bien que personne n'y serait à une heure pareille, et j'avais raison. J'ai retéléphoné le lendemain matin, à dix heures précises, et une voix de femme m'a répondu — probablement celle de la rouquine musclée. Je me suis nommé et ai demandé à parler à M. Knox Kessler ; elle m'a répondu qu'elle allait voir s'il était là et, au bout d'un moment, je l'ai eu au bout du fil.

— Monsieur Ryst ? m'a-t-il demandé.

— Lui-même. Je me suis absenté quelques jours, mais je suis rentré hier.

— Vous avez les objets dont nous avons parlé ?

— Je les ai.

— Très bien. Venez me voir cet après-midi à deux heures, je vous prie, pour que nous puissions régler nos comptes.

Il a raccroché et moi aussi. A deux heures précises, j'arrivais chez lui, et la rouquine m'introduisait dans son bureau. Knox s'était levé pour m'accueillir. J'avais la bague et le médaillon, enveloppés dans un mouchoir, dans la poche droite de mon veston, et je les ai posés sur le bureau. Knox a fait un pas en avant pour examiner les bijoux de plus près, la tête un peu penchée, mais le dos et les mains conservant leur attitude rigide.

— Ces objets appartenaient à votre frère, lui ai-je dit. Il est mort jeune, le pauvre garçon : il n'avait pas encore vingt-cinq ans ! J'ai pensé que vous aimeriez garder ces bijoux en souvenir de lui.

Il a pris le médaillon, l'a ouvert, et a regardé pendant un moment le visage souriant d'une femme aux cheveux bruns et aux yeux noirs comme ceux de son fils cadet. Puis il l'a refermé avec un bruit sec, l'a reposé sur le mouchoir à côté de la bague et a pris dans un tiroir une lourde enveloppe beige qu'il a jetée sur le bureau. Puis il m'a dit avec une sorte de précision sèche et dégoûtée :

— Le montant y est, en gros billets car il s'agit, vous le savez, d'une assez forte somme. Vous pouvez compter si vous le désirez.

Je ne me suis pas fait prier. J'ai compté : trente-quatre billets de cinq cents dollars, ça faisait bien dix-sept mille. Knox Kessler m'observait. Il ne souriait pas vraiment, mais il en donnait l'impression — et cette impression n'était pas du tout agréable.

— Vous êtes satisfait, monsieur Ryst ? m'a-t-il demandé.

— C'est bien la somme dont nous étions convenus.

— Vous savez, j'espère, quelles conséquences entraînerait pour vous le fait de tromper ma confiance ?

— Je le sais.

— Dans ces conditions, j'aimerais éclaircir avec vous un dernier point avant de mettre un terme à notre association, avec l'espoir que nous n'aurons plus jamais l'occasion de nous revoir. Je ne me soucie pas d'entendre les détails que vous pourriez me donner sur la façon dont vous avez rempli votre mission ; il vaut mieux, d'ailleurs, que je ne les connaisse pas. Mais je voudrais savoir tout au moins si cette opération risque d'avoir des suites.

— Vous voulez dire une enquête de police ?

— Non, car s'il y a enquête, c'est vous que ça regarde, pas moi, soyez-en certain. Ce que je veux savoir, c'est s'il est opportun de réclamer le corps.

— Il n'en est pas question. Voulez-vous un rapport sur la façon dont j'en ai disposé ?

— Je vous ai déjà dit que je ne voulais pas connaître les détails. Vous avez touché votre argent, monsieur Ryst. Je présume que vous avez bien fait ce pour quoi vous étiez payé. C'est un plaisir pour moi de vous dire adieu.

J'ai quitté le bureau et suis passé devant la rouquine pour descendre l'escalier. C'est seulement dans la rue, sous le soleil pourtant chaud, que je me suis aperçu que j'étais trempé d'une sueur glacée et que le froid me pénétrait jusqu'aux os. J'éprouvais une forte envie de quitter la ville, comme si je m'y étais soudain trouvé en danger, mais, en même temps, j'avais le vif désir de tenter de nouveau ma chance auprès de Wilsey Drew.

En traversant Forest Park au volant de ma Chevrolet, je sentais dans ma poche droite le poids de l'enveloppe beige qui semblait devenir de plus en plus lourde, et je me suis demandé où j'allais bien pouvoir la mettre pour qu'elle soit en sûreté. Car on ne peut guère avoir l'esprit libre quand on porte sur soi une telle somme. Je ne pouvais pas la laisser dans l'auto, bien entendu, et j'ai fini par la faire passer dans la poche intérieure de mon veston, où je l'ai sentie peser de plus en plus.

Wilsey n'était pas chez elle, et j'ai eu la sensation déprimante qu'elle n'y avait jamais été et que j'avais seulement vu en rêve une fille séduisante aux cheveux courts, aux lèvres roses et aux yeux myopes, qui ne vivait pas dans un monde réel. A la perspective d'une longue soirée solitaire, sans la moindre distraction, j'ai décidé de quitter cette ville que je n'aimais pas. Je suis donc retourné payer ma note d'hôtel et me voilà reparti. J'ai roulé tant qu'il a fait clair et me suis arrêté pour passer la nuit dans un hôtel en bordure de route. Dans ma chambre, j'ai pris dix mille dollars sur la liasse contenue dans l'enveloppe, et j'en ai fait un rouleau bien serré que j'ai entouré d'un élastique. J'ai remis dans l'enveloppe pour faire huit mille dollars, mille dollars, que j'ai tirés de ma poche, soit un tiers de l'avance reçue. Le lendemain matin, j'ai enveloppé le rouleau de billets dans un chiffon et l'ai mis dans le casier à gants de la voiture. Il était à peine midi quand je suis arrivé au bord du lac Norfolk, chez Kessler.

J'ai éprouvé un choc en voyant, devant la maison, une Oldsmobile grise portant la plaque d'immatriculation de Saint Louis, et j'ai eu soudain le pressentiment d'un danger. J'étais sur le point de faire demi-tour pour ficher le camp, lorsque Fenton Kessler est venu sur le pas de sa porte en levant la main pour me saluer d'un geste désinvolte. Je suis descendu de voiture et l'ai regardé attentivement en lui demandant :

— A qui est cette Olds ?

— Entre et tu verras, m'a-t-il répondu.

J'ai monté les marches du perron pour entrer dans la salle de séjour et là, j'ai vu qui ? Wilsey Drew, en pantalon corsaire, étendue par terre devant l'énorme cheminée, un sourire boudeur sur ses lèvres roses et ses grands yeux myopes tournés vers la tache confuse que je devais représenter pour elle.

— Bonjour, Troy Ryst, m'a-t-elle dit. Fen et moi avions fait un pari à votre sujet. Il affirmait que vous viendriez et, moi, je disais le contraire.

— Vous avez perdu.

Fenton Kessler s'est approché d'elle avec un sourire plein d'amour.

— Wilsey est un trésor, m'a-t-il dit. J'espère que ça ne t'ennuie pas que je l'aie fait venir ici ? Je suis resté longtemps séparé d'elle et j'ai soudain éprouvé le besoin de la revoir. Tu te rappelles que, le soir de notre arrivée à Norfolk, je suis allé faire les courses au village ? C'est à ce moment-là que je lui ai téléphoné. Assieds-toi, Ryst. Tu veux boire quelque chose ?

— Non, merci. J'ai encore une longue route à faire et il faut que je reparte tout de suite. Je me suis arrêté simplement pour que nous puissions régler nos comptes.

— Comme tu voudras. Tout s'est bien passé ?

— Comme sur des roulettes. Ton frère est expéditif en affaires.

— Je connais bien la manière dont mon frère traite les affaires ! Tu as l'argent ?

— Le voici. Huit mille dollars. Tu peux compter ta part.

J'ai posé l'enveloppe beige sur une table. Wilsey Drew s'est étirée, a bâillé, puis s'est levée pour aller vers la porte d'une des chambres, en disant :

— Excusez-moi : les affaires m'ennuient.

Elle est sortie et Fenton s'est approché de la table pour tirer les billets de l'enveloppe. Il les a comptés un par un, puis il en a pris la moitié pour en faire une pile bien nette. A ce moment-là, Wilsey est revenue, tenant à la main un fusil. Elle l'a tendu à Fenton, qui m'a mis en joue.

— Mais... qu'est-ce qui te prend ? ai-je demandé, haletant.

— Eh bien, voilà : Wilsey et moi avons parlé de toi et nous avons décidé qu'on ne pouvait pas te faire confiance.

— Mais je suis venu, et voici l'argent. J'ai respecté les conditions du marché !

— Tu crois ? a-t-il dit d'un air goguenard, en souriant toujours. Il y a *de* l'argent, mais la question que nous nous posons, Wilsey et moi, c'est de savoir s'il y a bien *tout* l'argent. Nous estimons qu'un type qui nous a déjà refaits de cent dollars est bien capable de nous rouler encore s'il en a l'occasion. Pas vrai, Wilsey ?

— C'est exactement ce que nous avons pensé.

J'avais l'estomac noué, la gorge serrée, mais je me suis efforcé de rire comme si je considérais qu'un pauvre billet de cent dollars ne signifiait pas grand-chose, et j'ai expliqué :

— J'ai doublé ma commission parce que j'ai dû passer une semaine à Saint Louis et que j'ai eu des frais. D'ailleurs, tu es mort, maintenant, mon vieux, et voilà le salaire que tu as touché pour mourir. La moitié de huit mille dollars, c'est tout ce qu'il y a.

— Dans ce cas, a-t-il dit, tu ne vois pas d'inconvénient à ce que Wilsey te fouille ?

— Aucun inconvénient. Je ne connais personne au monde par qui j'aimerais mieux être fouillé.

— Merci, a dit Wilsey. Ça sera plus facile si vous tenez les bras en l'air.

J'ai levé les bras au-dessus de ma tête pendant qu'elle fouillait mes poches et explorait la doublure de mes vêtements d'une main habile, dont j'avais espéré éprouver le toucher d'une façon plus agréable. Elle n'a pas trouvé d'argent, bien sûr, sauf un peu de menue monnaie. Mais, quand elle a terminé ses recherches, elle tenait à la main un objet dont la vue a fait se resserrer encore le nœud qui m'étreignait l'estomac, à l'endroit que visait toujours le canon du fusil. Et cet objet, c'était un anneau portant deux clefs, dont l'une était celle du casier à gants de la Chevrolet.

— Il n'a rien sur lui, a-t-elle dit.

— Je le pensais bien, a répondu Fenton en haussant les épaules sans cesser de sourire. Ce sont des clefs que tu as dans la main, Wilsey ? Tu devrais tenir compagnie un moment à Troy pendant que je vais fouiller sa voiture.

Wilsey a opiné.

— Avec plaisir. Nous n'avons pas encore eu l'occasion de faire vraiment connaissance, n'est-ce pas, Troy ?

Elle s'est approchée de Fenton pour lui tendre les clefs et prendre le fusil. Mais, avant de procéder à cet échange, elle a tiré de sa poche une paire de lunettes roses qu'elle s'est mise sur le nez en disant :

— Comme ça, j'y verrai mieux pour lui tirer dessus si c'est nécessaire.

Kessler lui a adressé un nouveau sourire amoureux avant de sortir, avec les clefs. J'ai bien pensé à sauter sur Wilsey pour lui arracher le fusil des mains, mais, en regardant le doux sourire de ses lèvres roses sous l'éclat des lunettes qui dissimulaient ses beaux yeux myopes, j'y ai renoncé. Je n'ai jamais éprouvé autant de respect pour un soldat coréen derrière sa mitrailleuse que pour cette fille derrière son fusil.

— J'avais rêvé, pour vous et moi, de choses plus agréables, lui ai-je dit.

— Tant pis pour vous, a-t-elle répondu, je les connaîtrai avec Fen.

— Vous feriez bien de vous dépêcher : il y a de grandes chances pour qu'il ne vive pas vieux !

— Vous croyez ? Moi pas, et Fen non plus. Nous estimons qu'un homme ne peut pas mourir deux fois avant d'avoir atteint sa vingt-sixième année. Nous avons l'intention d'aller passer quelques mois ensemble dans le Sud. Avez-vous jamais été à Acapulco ? Ou à Rio ? On dit que la vie y est très agréable. Grâce à vous, nous pourrons voyager en première classe.

Je lui ai dit des injures, mais elle n'en a pas paru offensée. Elle a plissé les lèvres comme pour donner un baiser au moment où Kessler entrait, tenant les clefs d'une main et le petit rouleau de l'autre. Il a jeté les clefs par terre, à mes pieds, et a mis le rouleau dans sa poche, en disant :

— Quelle honte, Troy !

Je me suis traité — intérieurement — de tous les noms.

— Oui, quelle honte ! a répété Wilsey.

Mais Fenton a repris : « Il a été froissé dans ses sentiments, voilà tout. L'ennui avec Troy, c'est que c'est un type fondamentalement simple, un pur. Il n'a encore jamais eu l'expérience de gens de notre espèce. Tu devrais prendre garde à tes fréquentations, Troy.

Il est allé prendre les huit mille dollars sur la table et s'est mis à tripoter un moment les billets d'un air distrait.

— Les bagages sont dans ma voiture, a dit Wilsey. Allons-nous-en, Fen.

— Je me demandais seulement, a-t-il répondu du même air absent, combien de ces billets il serait juste de prendre.

— Prends-les tous, a dit Wilsey.

— Non, je trouve que ce ne serait pas équitable. Après tout, Troy nous a rendu service, il faut le reconnaître. Ça ne nous gênera pas beaucoup de lui laisser un billet de mille. A vrai dire, je l'aime bien, Troy, et je tiens à ce qu'il garde un bon souvenir de moi.

L'attention de Wilsey était distraite. Du moins, c'est ce qu'il m'a semblé, et j'ai jugé que c'était le moment ou jamais de faire quelque chose pour me tirer de là. C'est pourquoi j'ai bondi sur elle pour lui arracher le fusil, mais j'ai glissé, perdu de la vitesse, et elle a fait preuve de réflexes dont je ne l'aurais pas crue capable. Elle m'a flanqué un coup de crosse sur le crâne, et j'ai eu l'impression que ma tête explosait, et que je sombrais dans un profond abîme. Quand je suis revenu à moi, longtemps après je crois, et que j'ai émergé de l'obscurité sinon de la douleur, j'étais seul dans la maison. Le billet de mille pour services rendus se trouvait bien en évidence sur la table, et le couple hors série était parti pour Acapulco ou pour toute autre destination.

Il y a déjà quelque temps que tout ça s'est passé et je n'ai jamais revu ni Wilsey ni Fenton. J'aurais voulu envoyer une carte à celui-ci pour ses vingt-cinq ans, mais, ne sachant pas où l'adresser, je m'en suis abstenu et ça vaut peut-être mieux. Fenton est un type sympathique dans son genre, mais on ne peut pas avoir confiance en ces Kessler et il est préférable qu'ils ne sachent pas où je suis, ni même où je me trouvais récemment. Je me déplace beaucoup, je vais d'une ville à l'autre et, somme toute, je ne mène pas une vie désagréable. La seule chose qui me gêne, c'est cette impression de froid dans le dos que je ressens chaque fois que j'ouvre une porte, ou que je passe d'un endroit clair dans un sombre, ou, tout simplement, que je marche dans la rue le soir. On s'habitue à vivre avec cette impression, bien sûr, mais on ne peut s'empêcher de se demander pour combien de temps encore.

Motive : $ 5 000 000.
Traduction de Denise Hersant.

VARIATIONS SUR UN THÈME

par C.B. Gilford

Dorénavant, je vais noter tout ce que je ressens, tout ce qui éveille en moi des impressions nouvelles. Tout inscrire : ce sera ma devise. Car je connais maintenant ma véritable vocation : je vais devenir l'auteur de romans policiers qu'au fond de mon cœur j'ai toujours souhaité être.

C'est Hugh Dalquin qui m'a révélé à moi-même. Ou plutôt... non : ce n'est pas ainsi que je dois commencer. Quand on veut devenir écrivain, il faut s'habituer à noter les faits d'une façon méthodique, en les accompagnant de dialogues comme dans les pièces de théâtre. Ne serait-ce que pour s'entraîner jusqu'à ce qu'on soit devenu riche et célèbre. Voici, donc, comment les choses se sont passées.

J'ai rencontré Hugh Dalquin par hasard. Mon riche beau-père, Charles Korth, l'éditeur, donne de fréquentes soirées littéraires. Comme toutes sortes de lèche-bottes (la plupart des écrivains me font l'effet de lèche-bottes) assistent à ces réceptions, je m'arrange en général pour les éviter. C'est par inadvertance que je me suis rendu à celle-là. Je montais chez ce vieux Charley pour lui emprunter un peu de fric, et je me suis trouvé au milieu de ses invités avant d'avoir eu le temps de m'en apercevoir.

Une des premières personnes que j'ai vues a été ce Hugh Dalquin. Pas du tout le genre lèche-bottes, celui-là. Un grand type mince, et halé comme quelqu'un qui vit au grand air. Les cheveux en brosse décolorés par le soleil, la mâchoire dure, le nez aquilin. Le genre officier de l'Armée des Indes en retraite. Son complet de tweed n'était pas très bien repassé. Un homme qui a de la personnalité, quoi...

Mais ce qui m'a frappé, ç'a été de voir les femmes s'attrouper autour de ce type ! Des douairières, des créatures fascinantes, des petites jeunes filles douces et encore pures... Toutes.

J'ai pris un martini sur le plateau que me tendait Jennings et j'en ai profité pour lui demander, en désignant l'homme aux cheveux en brosse :

— Qui est-ce ?

— C'est Hugh Dalquin, Monsieur, m'a-t-il répondu. Le meilleur auteur de romans policiers de M. Korth.

Je me suis frayé un chemin dans la petite cohue et suis arrivé près de Hugh Dalquin au moment où il déclarait :

— La littérature, voyez-vous, est composée de deux éléments essentiels : la mort et l'amour. En ce qui me concerne, je préfère laisser les femmes-écrivains traiter de l'amour. Je trouve la mort beaucoup plus passionnante. Somme toute, l'amour, c'est toujours un peu la même rengaine. Tandis que la mort est un événement qui ne se produit qu'une seule fois dans la vie d'un homme !

Voilà ce que j'appelle une parole profonde ! J'aurais bien voulu en entendre davantage, mais cette horde de femmes s'est mise à pépier et Hugh Dalquin n'a pas pu poursuivre son exposé.

Mais je me suis rendu compte qu'il était très

satisfait de se sentir ainsi entouré, tripoté, flatté par toutes ces donzelles, qui lui répétaient à l'envi que ses livres étaient sensationnels et que lui-même était un type remarquable. Dès ce moment, j'ai compris qu'il y avait de grands avantages à être un écrivain de romans policiers.

C'est pourquoi je suis resté à proximité de Dalquin et je l'ai rejoint au moment où il quittait la réception. Je me suis, pour ainsi dire, jeté sur lui et nous sommes descendus ensemble en ascenseur. J'ai réussi à le convaincre de venir prendre un pot avec moi chez Angelo, pour me faire part de toutes les idées qu'il n'avait pas eu l'occasion d'exposer au cours de la réunion.

Nous avons passé le reste de la soirée chez Angelo. M. Dalquin a parlé de la mort, au sujet de laquelle il a des théories vraiment intéressantes.

— La mort violente me fascine, m'a-t-il dit, et, de toutes les morts violentes, la plus passionnante de beaucoup, à mon sens, est le meurtre. Je ne parle pas du banal homicide par imprudence, mais du meurtre bien prémédité, de l'assassinat. C'est pour la victime, une mort tragique, et, pour l'assassin, un jeu dangereux.

Il a développé ce thème pendant plusieurs heures et m'a demandé tout à coup :

— Dites-moi, vous n'êtes pas écrivain, par hasard ?

— C'est-à-dire que... j'ai écrit quelques poèmes, quand j'étais étudiant, ai-je avoué. Des poèmes d'avant-garde, vous savez... C'est ainsi que j'ai fait la connaissance de la fille de Korth et que je l'ai épousée.

Dalquin a souri malicieusement.

— Vous êtes bien le seul poète que j'aie jamais rencontré à avoir fait de la poésie une affaire rentable, a-t-il remarqué. Que faites-vous à présent ?

Je me devais de lui répondre avec sincérité.

— Je vis encore, en quelque sorte, sur cet unique recueil de poèmes.

— Vous n'écrivez plus ?

— Non.

— Pourquoi ne pas essayer d'écrire une histoire criminelle ?

— Sur quel thème ?

— Le meurtre, évidemment.

— Mais je ne connais rien au meurtre, ai-je protesté. Je n'ai jamais tué personne !

— Moi non plus, mon vieux, a-t-il rétorqué en souriant de nouveau.

— Alors, comment pouvez-vous parler d'un crime en connaissance de cause ? Comment pouvez-vous savoir ce que ressent la victime, ou l'assassin lui-même ?

— Par imagination. Voulez-vous que je vous donne le secret ?

— Avec joie ! ai-je répondu.

— Eh bien, le voici : chacun de nous est un meurtrier en puissance. Tous, tant que nous sommes, nous haïssons les autres. Nous les tuerions si nous en avions le courage. Alors, voici comment je procède. Je cherche autour de moi quelqu'un que je déteste, ou que je pourrais détester si je le voulais bien. Mettons que je choisisse un ami. Vous, par exemple. Je vous examine, je vous décortique moralement. Qu'y a-t-il en vous qui me déplaise ? Eh bien, ceci : je dois écrire pour gagner ma vie, alors que vous avez fait un riche mariage et que vous n'avez pas besoin de travailler. Je me monte la tête à cette pensée, jusqu'à en éprouver une colère telle que je serais presque — mais pas tout à fait, notez-le — capable de vous tuer. Je viens de me fournir à moi-même une victime et un assassin : vous et moi, des personnages de chair et de sang, comprenez-vous. L'intrigue est sans importance, elle se déroule d'elle-même. Ce sont les sensations qui comptent.

— La méthode semble bonne.

— Pourquoi n'essayez-vous pas de l'appliquer ? Savez-vous qu'on peut trouver l'argument d'une histoire criminelle chez n'importe quel individu ?

— Chez tous les gens qu'on déteste, voulez-vous dire ?

— Chacun de nous déteste tous les autres. Vous ne le croyez pas ? Réfléchissez un instant. Je vous ai dit pourquoi je pouvais vous haïr. Et vous, pourquoi me haïssez-vous, Gil ?

J'ai réfléchi un instant, comme il me l'avait conseillé. Je me suis mis à transpirer un peu, à cause, sans doute, de tout l'alcool que j'avais ingurgité.

— Je vous hais, en effet, ai-je fini par répondre. Je suis le gendre d'un éditeur. J'ai rencontré quantité d'écrivains : tous des hommes connus, alors que je suis un rien-du-tout. Mais je veux devenir un auteur à succès, un auteur de romans policiers en particulier. C'est pourquoi j'envie tous les écrivains qui se sont fait un nom dans ce genre de littérature. Vous êtes l'un des plus célèbres, monsieur Dalquin, et je vous déteste parce que je suis jaloux de vous.

Il s'est renversé contre le dossier de son siège, battant des mains en signe d'approbation. Le garçon, croyant qu'il l'appelait, est accouru et nous en avons profité pour commander une autre tournée.

C'est la dernière chose dont je me souvienne. Nous sommes-nous dit au revoir chez Angelo ? Ai-je ramené Hugh Dalquin chez lui ou, au contraire, m'a-t-il accompagné chez moi ? Sincèrement, je n'en sais rien. Mais cette rencontre a changé ma vie.

Je vais utiliser sa méthode.

***

Premier thème de mon futur roman : mon beau-père.

J'ai attendu Charles Korth dans sa bibliothèque. Jennings m'avait dit de m'asseoir en affirmant que Korth allait rentrer d'une minute à l'autre. Mais je n'avais pas envie de m'asseoir. J'ai préféré marcher de long en large dans la pièce pour me mettre en train. Au-dehors, il fallait me montrer calme, froid et maître de moi, mais intérieurement je devais parvenir à un état de complète effervescence.

Mon beau-père est arrivé vers six heures. Dès qu'il m'a vu il a souri en me disant bonjour, mais je me suis rendu compte que son sourire était un peu aigre. Korth est un bel homme et il le sait ; il a notamment des cheveux gris-argent dont il se montre très fier. Pour ma part, je n'ai jamais pu supporter un homme vaniteux.

— Voici une visite inattendue, Gil, m'a-t-il dit.

— Oui, sans doute, ai-je répondu.

Il m'a tendu son étui en or pour m'offrir un cigare que j'ai refusé. Lui-même en a allumé un, en me demandant :

— Y a-t-il quelque chose qui vous tracasse ?

— Oui, en effet : mon recueil de poèmes.

Il a paru surpris. Du moins, il a fait semblant de l'être.

— Votre... quoi ?

— Le recueil de poèmes que je vous ai confié pour que vous le publiez.

Il jouait bien la comédie.

— Vous ne voulez tout de même pas parler de ces poèmes que vous m'avez apportés il y a cinq ans ?

— Si, justement, ce sont de ceux-là même que je parle. Ces poèmes que vous m'aviez promis de publier.

Il m'a regardé fixement pendant un long moment, laissant son cigare se consumer.

— Vous devez être ivre, Gil ! a-t-il dit enfin. Je ne vous ai jamais promis de publier ces machins-là !

— Ces *machins*... Voilà comment vous les appelez à présent !

— Oh ! je ne voulais pas vous froisser...

— Mais si, c'est ce que vous vouliez, monsieur Korth. Vous êtes délibérément en train de m'insulter, comme vous le faites d'ailleurs, chaque jour depuis cinq ans. Je ne vous suis pas sympathique, n'est-ce pas, monsieur Korth ?

Il est allé à la cheminée, en mâchonnant son cigare refroidi. Puis il l'a jeté dans le feu et s'est retourné pour me faire face.

— Vraiment, je ne comprends pas du tout ce qui vous prend, a-t-il dit. Si vous m'en voulez à cause de ces vieux poèmes, je le regrette. Quant à savoir si vous m'êtes sympathique..., après tout, je vous ai permis d'épouser ma fille, n'est-il pas vrai ?

— Permis ! (J'ai littéralement explosé à ce mot, mais en moi-même, sans perdre mon sang-froid.) Regardons les choses en face, voulez-vous, monsieur Korth ? Je suis venu vous trouver avec ce recueil de poèmes que vous avez promis de publier. Bien entendu, vous n'aviez pas du tout l'intention de le faire. Vous êtes un éditeur strictement commercial, qui ne comprend rien aux arts. Mais vous avez continué à faire miroiter à mes yeux cette promesse pour que je reste en bons termes avec vous. Vous m'avez présenté à votre fille. Vous avez pris toutes vos dispositions pour acheter un mari à votre fille : voilà ce que vous avez fait.

C'était stupéfiant, absolument stupéfiant : pour la première fois, j'analysais mes relations avec mon beau-père et je les voyais sous leur vrai jour. Au cours de toutes ces années, j'avais prétendu être satisfait et j'avais laissé Korth profiter de moi. J'avais même fait semblant de lui être reconnaissant, d'éprouver de l'affection pour lui. Mais je venais de lui arracher son masque.

— Nierez-vous que vous avez gâché ma vie ? lui ai-je demandé.

Il tremblait ; il avait peur. Et j'ai compris à ce moment-là que la frayeur dont fait montre la future victime sert d'aiguillon à l'assassin. Korth a reculé de quelques pas, en s'agrippant au manteau de la cheminée pour se soutenir.

— Gil, je ne me doutais pas du tout que vous voyiez les choses de cette façon, a-t-il bredouillé. Mais vous vous trompez complètement : je ne vous ai pas acheté. Pourquoi aurais-je voulu vous acheter ? Ma fille est fort jolie et elle héritera de moi une grosse fortune. Elle n'avait absolument pas besoin que je lui achète un mari ! Elle s'est éprise de vous et je l'ai laissée en faire à sa tête, voilà tout. A la vérité, je n'approuvais pas son choix et je continue à penser que vous n'êtes pas...

Il a encore reculé d'un pas.

— Bien entendu, a-t-il ajouté, je pense qu'il serait encore temps de publier ces poèmes, si c'est là ce que vous désirez.

Au même moment j'ai aperçu le tisonnier appuyé contre la cheminée et je me suis rendu compte que rien ne serait plus facile que de le prendre et de m'en servir. Charles Korth est un vieillard, absolument sans défense.

Mais je n'étais pas venu là pour commettre un meurtre : j'étais venu pour voir ce que je ressentirais à l'idée d'en commettre un. Sans répondre à mon beau-père, j'ai quitté la pièce.

***

P. S. sur l'étude du personnage du beau-père.

Les théories de Dalquin sont parfaitement exactes.

Il suffit de regarder autour de soi, d'observer les gens qu'on connaît, et on est sûr d'en trouver qui vous ont fait du tort et qu'on se sent prêt à haïr. Charles Korth en est pour moi un exemple. Il y a incontestablement dans cette situation la trame d'un récit criminel. Peut-être commencerai-je bientôt à l'écrire.

Mais la méthode de Dalquin a un côté dangereux : en se montant la tête on arrive bien à se mettre, si je puis dire, dans la peau du meurtrier. Mais, justement, on s'y met *trop bien* : j'ai réellement voulu tuer mon beau-père.

P. P. S. Si je tuais réellement Charles Korth, ma femme hériterait une grosse fortune.

***

Deuxième thème : Margot.

Le jeudi a toujours été un bon jour pour mes visites à Margot. C'est le jour de sortie de sa domestique et elle ne reçoit jamais le jeudi. Elle me le réserve.

Quand elle a répondu, ce jeudi-là, à mon coup de sonnette, je me suis glissé sans bruit dans l'appartement comme je le fais toujours. Mais, contrairement à mon habitude, je ne l'ai pas prise dans mes bras à peine entré. Je me suis contenté de rester debout devant la porte et de la regarder avec froideur. Elle en a paru étonnée tout d'abord, mais elle s'est reprise et m'a invité à entrer m'asseoir.

Je l'ai laissée passer devant moi. La démarche de Margot est un vrai régal pour les yeux. Je n'étais pas venu pour mon plaisir, mais je l'ai regardée par habitude. Elle portait un chemisier de soie et un de ces pantalons très ajustés qu'elle affectionne. Celui-ci était en velours noir.

— Tu veux boire quelque chose ? a-t-elle demandé en s'asseyant sur le canapé.

— Non, merci.

Je l'ai observée un instant. On ne peut pas dire qu'elle soit plus jolie que Carol, mais c'est le genre de femme avec laquelle on aime à passer un après-midi pluvieux. Elle a de beaux cheveux acajou, des yeux tirant sur le vert, une peau douce...

A sa question : « Qu'est-ce qui ne va pas, Gil ? » j'ai répondu sans détour : « J'ai beaucoup pensé à ma vie, ces derniers temps. »

Elle a eu un petit sourire qui laissait entendre qu'elle se moquait de moi intérieurement.

— Horrible pensée ! a-t-elle remarqué.

— Tu fais de l'esprit ?

Elle a haussé les épaules.

— Eh bien, à quelle conclusion en es-tu arrivé au sujet de ta vie ? Qu'elle est bien remplie, satisfaisante, utile ?

— Non, justement, rien de tout cela. C'est peut-être drôle pour toi, mais figure-toi que, moi, cela me préoccupe.

Elle a souri de nouveau, de son sourire exaspérant, en gloussant :

— Tu es soûl ! De si bonne heure !...

Je n'avais pas l'intention de jouer au plus fin avec elle.

— Écoute, ai-je repris, si je ne suis arrivé à rien dans la vie, c'est ta faute.

Un froncement de sourcils rusé, maintenant.

— Mais, chéri, que puis-je faire de plus ? Je me suis donnée à toi tout entière, comme dit la chanson.

— C'est bon, continue à faire de l'esprit ! Cela prouve simplement que tu es sotte et insensible. Quand tu dis t'être donnée à moi tout entière, tu ne fais allusion qu'au côté physique.

Elle s'est contentée de sourire et j'ai continué :

— Voilà comment tu me comprends, n'est-ce

pas ? Tu ne t'es jamais intéressée à mes tendances artistiques.

— Oh ! c'est vrai, je me rappelle que tu en avais autrefois.

— Tu as bien dit : *autrefois* !... Mais tu t'es chargée d'étouffer ces tendances. Margot, sais-tu ce qui m'a attiré vers toi, au début ? Non, tu ne le sais pas. Tu crois que je cherchais simplement quelque chose à faire le jeudi. Mais je suis venu à toi parce que ton amie, ma femme, ne me comprenait pas. Or, j'avais besoin d'être compris, inspiré. Tous les grands écrivains éprouvent le besoin d'une inspiration. Mais, toi, tu ne t'intéressais qu'aux jeudis, et à rien d'autre. Tu as soufflé la flamme créatrice qui brûlait en moi.

Elle s'est levée et s'est mise à arpenter la pièce en tous sens, de sa démarche onduleuse.

— Gil, c'est vraiment trop drôle ! a-t-elle dit.

Je me suis levé à mon tour.

— Bien sûr, c'est drôle pour toi. Cela montre à quel point tu te soucies de moi !

Quand elle s'est retournée pour me faire face, il y avait de la colère dans ses yeux verts.

— A quoi veux-tu en venir ? A supprimer nos jeudis ? Eh bien, comme tu voudras.

— Bien sûr, cela t'est égal. Cela n'a jamais compté pour toi, de toute façon.

Elle était devenue une vraie tigresse et cela la rendait très séduisante, mais je n'avais pas le temps de me laisser séduire.

— Avant que je ne te mette à la porte, a-t-elle grondé d'un ton hargneux, mettons un peu les choses au point. Je risquais beaucoup en acceptant ces rendez-vous du jeudi. Comme tu as pris bien soin de me le rappeler, ta femme est ma meilleure amie et je n'avais pas particulièrement envie de lui faire de la peine. Je me suis exposée aussi à bien des difficultés avec mon mari.

— C'est ça ! Pense à tout le monde avant de penser à moi ! Maintenant, si tu veux bien remonter par la pensée à l'un de ces premiers jeudis, tu te rappelleras que je t'ai demandé de partir avec moi. Mais as-tu accepté ? Non, bien entendu ! Ton précieux mari...

— Qui me fait vivre. Ce qui est beaucoup plus que tu n'aurais pu faire.

— J'aurais pu devenir un grand écrivain. C'était la chance de ma vie.

Je suis allé à elle et l'ai prise par les épaules. Mes doigts s'enfonçaient dans sa chair tendre. J'ai dû lui faire mal. Je le souhaite. Mais elle ne l'aurait jamais admis.

— Tu as gâché toutes mes chances de réussite en me tenant dans l'esclavage de ces jeudis, ai-je poursuivi. Et maintenant, tu crois que tu peux effacer le passé et t'en tirer comme cela. Non, Margot, il faut payer.

Je crois qu'elle a eu peur à ce moment-là.

— Que veux-tu dire, Gil ? a-t-elle demandé.

Je voulais dire : meurtre, bien entendu. Théoriquement, c'est-à-dire. J'avais alors toutes les raisons du monde pour retirer mes mains de ses épaules, les lui mettre autour du cou et serrer. Ç'aurait été facile et j'avais envie de le faire.

— On ne peut pas tout avoir, lui ai-je dit en m'efforçant de demeurer calme. Tu voulais un foyer respectable, des amis, et tes jeudis avec moi pardessus le marché. Eh bien, non, tu n'auras pas tout cela : j'y veillerai.

J'ai dû la lâcher, sinon j'aurais vraiment pu l'étrangler. Je l'ai repoussée assez violemment et elle est tombée à la renverse, sur le tapis épais. Heureusement, sa tête n'a rien heurté de dur. Elle est restée étendue par terre, n'osant pas se relever. Je lui ai tourné le dos pour sortir.

*
* *

P. S. sur l'étude du personnage de Margot.

Dalquin a raison là encore. Cet homme comprend décidément la vie. Voilà des gens avec lesquels nous vivons constamment, que nous prétendons aimer, avec qui nous passons des moments agréables, et, en réalité, nous les détestons. C'est extraordinaire. Mais ce sont des choses qu'un écrivain doit connaître.

Et je me retrouve devant la même difficulté, plus grande encore que la première fois : celle de faire naître en moi certaines émotions de façon à pouvoir m'en servir quand j'écrirai, et, en même temps, de maîtriser ces émotions. Ai-je voulu tuer Margot Stewart ? Sans aucun doute. Quand j'ai réalisé combien elle m'avait été néfaste, j'ai éprouvé un désir de la tuer bien plus grand que le simple désir que j'avais d'elle.

Oui, il y a un danger. L'écrivain mène une existence périlleuse. Il pourrait bien lui arriver de sauter le pas...

*
* *

Troisième thème : le mari de Margot.

Je n'ai jamais aimé Vince Stewart, et je ne l'aimerais pas, même s'il n'était pas le mari de Margot. Bien entendu, le fait qu'il soit son mari ne me l'a pas précisément rendu plus sympathique.

On sait toujours où trouver Vince dans la journée : à son bureau. Cet homme est un véritable bourreau de travail. Il aime ça. Il a l'air de bien réussir, d'ailleurs : il a déjà gagné beaucoup d'argent et continue à en amasser.

Tout occupé qu'il était, cependant, il ne pouvait faire moins que de recevoir le mari de la meilleure amie de sa femme. Mais il m'a donné l'impression de souhaiter que je ne reste pas trop longtemps, car il n'avait pas de temps à perdre.

— Bonjour, Gil, m'a-t-il dit. Quel bon vent vous amène dans ce repaire du commerce et de la finance ? C'est un territoire qui vous est tout à fait étranger, à ce qu'il me semble ?

Voilà : l'insulte soigneusement pesée, prudemment polie. Ce qu'il disait était parfaitement exact, mais quel besoin avait-il de le dire ? En tout cas, je me suis senti aussitôt libéré de tout scrupule et je lui ai assené tout de go :

— Je viens d'aller voir Margot.

Cette petite phrase l'a rendu attentif, comme je m'y attendais. Je ne sais pas s'il aime vraiment sa femme, ou s'il la considère simplement comme un objet de valeur, comme sa voiture de sport ou l'un des bronzes anciens de sa collection. Mais, que ce soit pour une raison ou une autre, il tient à elle.

— Ah ! vraiment ? a-t-il dit d'un ton circonspect.

Je me suis assis sans qu'il m'y ait invité, pour questionner :

— Vous ne savez pas encore où nous en sommes, n'est-ce pas, Vince ?

Il ne tenait pas en place : le grand homme d'affaires ne se sentait pas du tout sûr de lui.

— Où nous en sommes ?... a-t-il répété avec surprise.

— Vous ignorez sans doute complètement que, depuis quatre ans, Margot et moi sommes... assez intimes ?

Oui, il l'ignorait : c'était parfaitement évident. Le sang a paru se retirer brusquement de son visage halé, ses traits pointus se sont accusés davantage ; il a vieilli soudain de plusieurs années.

— Ce n'est pas une plaisanterie très spirituelle, Gil, a-t-il dit.

— Ce n'est pas une plaisanterie du tout.

Il s'est dirigé vers la fenêtre et s'est plongé dans

la contemplation de la rue. Je n'aurais pas été surpris de le voir se jeter en bas. Son bureau est au quatorzième étage.

— Je l'ai vue tous les jeudis, ai-je poursuivi. Excepté les jours de fête légale, les deux semaines d'été que Margot et vous passez dans le Maine et les deux semaines d'hiver au cours desquelles vous allez aux Bermudes. Et... ah ! c'est vrai, j'oubliais ! Il y a eu un jeudi où vous êtes resté chez vous parce que vous aviez la grippe, et où Margot m'a téléphoné de ne pas venir. Le jeudi est le jour de sortie de la bonne, vous ne le saviez peut-être pas, Vince ?

Il s'est retourné lentement. Il avait réussi à se maîtriser.

— Je ne vous dirai pas si je vous crois ou non, mais je serais curieux de savoir pourquoi vous me racontez cela. Pourquoi me dire...

— Pour deux raisons, ai-je répondu. En voici une : ma liaison avec Margot est maintenant terminée.

— Et vous venez me féliciter, c'est ça ?

Il témoignait ainsi d'un sens de l'humour un peu spécial.

— C'est un peu ça, ai-je admis. Félicitations d'avoir gagné, Vince. Vous ne saviez pas qu'il y avait compétition, mais vous avez gagné tout de même. Seulement, ne vous hâtez pas trop de vous attribuer le mérite de cette victoire. Dans notre ignoble monde, c'est l'amour du lucre qui mène les gens. Celui qui a de l'argent gagne automatiquement. L'art, l'intégrité, rien de tout cela ne compte. Alors, vous avez gagné. Margot est de nouveau toute à vous.

Il n'était plus aussi pâle ; son teint virait même au rouge, sous l'effet de la colère sans doute. Les coupables sont toujours en colère quand on leur fait toucher du doigt leur culpabilité.

— Qu'est-ce que je dois faire à présent ? a-t-il demandé d'un ton furieux. Vous remercier ?

— Oh ! non. Remerciez plutôt votre compte en banque. (Je me suis levé pour lui faire face.) Vous vous êtes servi de ce compte en banque pour gâcher ma vie.

— Gâcher *votre* vie !

— Margot était la seule femme au monde qui me convenait. Elle aurait pu être mon inspiration. J'ai écrit, autrefois, savez-vous. Des poèmes, et même d'assez bons poèmes, que Korth aurait publiés s'il avait été tant soit peu intègre. Mais ce recueil de poèmes que je lui avais confié a été ma dernière œuvre. Par la suite, je me suis épris de Margot. Je voulais l'enlever et elle avait vraiment envie de me suivre, mais elle a eu peur de l'avenir. La vie avec vous était trop facile. Vous ne lui aviez pas apporté l'amour, mais vous lui donniez ce maudit sentiment de sécurité que les femmes apprécient tant.

Nous sommes restés debout un long moment à nous regarder fixement. Je haïssais Vince. Je n'avais encore jamais réalisé à quel point je le haïssais. J'aurais voulu le frapper, lui faire mal. Mais, contrairement à mon beau-père, il n'était pas effrayé : il était furieux. Il se serait défendu.

Mais je n'avais pas peur de lui, moi non plus. Ce n'est pas la peur qui m'a fait tourner les talons pour quitter son bureau, ou, plus exactement, ce n'est pas la peur qu'il m'inspirait, mais celle que j'avais de moi-même, de ce que je voulais lui faire...

***

P. S. sur l'étude du personnage du mari de Margot.

Dalquin a encore raison, bien entendu. Mais, maintenant, je m'y perds un peu. Il me devient de plus en plus difficile de séparer la recherche objective d'émotions, de ces émotions elles-mêmes, telles que je les ressens en fait.

J'ai vraiment voulu m'attaquer à Vince et il aurait lutté, si je l'avais fait. Si je l'avais tué, j'aurais pu faire valoir la légitime défense. Il n'y aurait pas eu de témoin : uniquement ma parole contre le silence d'un mort. N'est-ce pas là un bon moyen de commettre un crime sans courir de risques ? On excite la victime pour l'amener à se battre, et ensuite on plaide la légitime défense.

Mais... voyons. A l'instant, je viens de penser réellement à tuer Vince Stewart. Et je ne veux pas le tuer : je ne veux que décrire le crime.

Ce sera bon de le raconter : les émotions dont le parlerai seront authentiques. Seulement, il faut être prudent.

***

Quatrième thème : ma femme.

Ma femme, Carol, est loin de manquer d'attraits. Je n'aurais pas pu l'épouser — argent ou pas — si elle avait été laide ou même quelconque. Parce qu'en somme, quand on se marie, on est amené à présenter sa femme à tous ses amis et c'est très gênant si on a honte d'elle.

Carol et moi avons eu une conversation intime dans notre chambre à coucher. C'est là que j'ai trouvé Carol en train de brosser ses cheveux devant la glace de sa coiffeuse. Elle passe un temps fou devant cette glace et utilise tout un attirail de crèmes et de produits de beauté. Elle suit aussi un régime, pour garder la ligne : en somme, elle prend grand soin d'elle-même et cela m'agace un peu.

— Quand je t'ai épousée, lui ai-je dit sans ambages, je ne m'étais pas rendu compte qu'il te fallait perdre tellement de temps ni que tu te donnais tant de mal pour te rendre présentable.

Elle m'a jeté, dans le miroir, un coup d'œil timide : Carol n'est pas précisément une femme forte ni énergique.

— Mais tu veux que je sois jolie, que je te fasse honneur, n'est-ce pas ? a-t-elle demandé.

— Bien sûr. Mais tout homme éprouverait un choc à constater, comme c'est le cas pour moi, combien la beauté de sa femme est artificielle. J'ai toujours beaucoup admiré les charmes naturels.

Son visage a pris l'expression peinée qui lui est familière, quand elle m'a répondu d'un ton d'excuse :

— Je regrette, Gil.

— Tu peux le regretter, en effet ! Je suis un garçon très sensible. J'étais parti pour devenir un poète, tu t'en souviens peut-être ? Pour recevoir l'inspiration indispensable aux poètes, j'ai besoin de beauté autour de moi — de beauté naturelle, s'entend.

Cessant de se brosser les cheveux, elle a pivoté sur son siège pour me regarder.

— Et je ne t'ai pas apporté cette inspiration, c'est ça, Gil ?

— Vois ce qui est arrivé, ai-je rétorqué. Rien. Que sont devenues mes grandes aspirations à la poésie ?

Elle ne pouvait répondre à cette question et s'est contentée de répéter :

— Je regrette, Gil.

— Tu t'es acheté un mari, dont tu as, par la suite, étouffé le talent créateur. Es-tu fière de toi, Carol ?

Elle s'est mise à pleurer doucement, sans gémissements ni sanglots à effet dramatique, mais à petites larmes discrètes qui ont coulé lentement le long de ses joues. Je l'avais déjà souvent vue pleurer ainsi. Un autre aurait pu en être affecté, mais cela ne m'a pas ému le moins du monde.

— Mais je t'aime, Gil, a-t-elle murmuré.

— Tu es incapable d'éprouver un véritable amour, un amour ardent, passionné. Tu es trop passive. Tu n'es qu'une petite souris bien tranquille dans ton coin. Or, moi, j'ai soif d'émotions fortes et fougueuses : c'est de cet amour-là qu'un artiste a besoin.

— Et je ne te l'ai pas donné. Je regrette.

— Non, tu ne regrettes rien. Tu as eu ce que tu voulais : un mari brillant, spirituel, raffiné, décoratif. Moi, j'ai joué mon rôle, mais tu n'as pas joué le tien. Je veux que tu comprennes que c'est entièrement ta faute si j'ai été chercher ailleurs l'amour que tu ne me donnais pas.

C'était bien la première fois, j'en suis sûr, que l'idée que je puisse avoir une liaison lui venait à l'esprit. Elle m'a demandé craintivement :

— Oh ! Gil, il y a une autre femme dans ta vie ?

— Oui, depuis des années.

— Est-ce que je la connais ?

— Tu me l'as présentée toi-même : c'est Margot Stewart.

Le visage de Carol était maintenant d'une pâleur de mort.

— Ma meilleure amie !... a-t-elle murmuré, bouleversée.

— Oui, et je dois même dire que cela ajoutait pour moi du piquant à la chose. C'est pourquoi je t'en parle à présent. Je veux que tu saches bien que tu n'es pas parvenue à m'acheter. J'ai pensé que la plus belle revanche que je puisse prendre sur toi était de faire de ta meilleure amie mon amie tout court. Bien entendu, je doute que tu la considères désormais comme ta meilleure amie. Je n'étais pas positivement épris de Margot, mais le fait qu'elle soit ton amie m'a beaucoup stimulé. Et Margot, elle, m'a apporté une certaine dose d'inspiration, de cette inspiration si nécessaire à tous les grands écrivains. Margot était...

Elle m'a interrompu en criant :

— Tais-toi ! Pourquoi me torturer ainsi ? (Elle a enfoui son visage dans ses mains, se griffant le visage avec ses ongles.) Tu ne m'as jamais aimée, n'est-ce pas, Gil ? Pas même au moment de notre mariage ?

— On dirait que tu en es surprise, ai-je répondu. Tu savais pourtant bien ce que tu faisais : tu m'as volontairement pris au piège. Tu m'as poussé au mariage, pour prétendre ensuite que je te devais quelque chose. Eh bien, j'ai fait de toi une honnête femme, mais j'ai payé cela des cinq meilleures années de ma vie. Maintenant, c'est toi qui me dois quelque chose...

J'étais penché au-dessus d'elle, les poings serrés. Je savais trop bien ce qu'elle me devait : je lui avais donné cinq ans de ma vie, elle me devait le reste de la sienne. Elle possédait une fortune personnelle. En tant que mari, j'hériterais d'elle et, alors, je serais libre. Enfin libre !

Je me suis repris juste à temps. J'ai reculé, essayant de maîtriser le tremblement de tous mes membres. J'avais été à deux doigts de commettre ce crime, et que serait-il advenu de moi alors ?

***

P. S. sur l'étude du personnage de l'épouse.

Cette fois, je perds les pédales. En un sens, j'ai réussi au-delà de mes espérances. Je connais les désirs qu'éprouve un assassin : assouvissement d'une haine, vengeance, profit matériel... Et j'ai été tout près de savoir également ce que ressent un meurtrier lorsqu'il vient d'accomplir son acte criminel.

Mais j'ai maintenant des doutes. Que dois-je faire ? Écrire une histoire criminelle, ou commettre un crime ? Cette dernière hypothèse est la plus délicate, je m'en rends bien compte. Pour commettre un crime, il faut tirer très soigneusement ses plans et, même si l'on se montre extrêmement prudent, cela ne va pas sans un certain risque. Y a-t-il un seul de ces méprisables individus qui mérite que je coure ce risque en le tuant ?

Mais une idée vient de me frapper. Le meurtre doit m'apporter deux choses : l'argent et la vengeance. Je me demande si je les obtiendrais aussi bien en écrivant une histoire criminelle. Qu'arriverait-il si, en utilisant les renseignements que je possède maintenant, j'écrivais un livre qui ait un immense succès ? Cela me rapporterait de l'argent, c'est certain. Mais cela me permettrait-il en même temps d'assurer ma vengeance ? Sans doute, si Charles Korth, Margot Stewart, Vince Stewart et ma femme étaient les héros de ce livre. Je les présenterais au monde sous leurs véritables traits et que pourraient-ils faire pour se défendre ? M'intenter un procès en diffamation ? C'est peu probable. Ce faisant, ils attireraient davantage encore l'attention sur eux. Ils ne s'y risqueraient pas.

Oui, je crois que ce serait une bonne idée : les tuer tous les quatre — dans mon livre. Et, dans la vie réelle, les laisser vivre, qu'ils éprouvent remords et regrets, jusqu'à la fin de leur existence.

***

Notes sur ma dernière rencontre avec mes personnages.

Je suis en train d'écrire les faits au fur et à mesure qu'ils se produisent. Je veux noter tout ce qui s'est passé pendant que c'est encore bien frais dans ma mémoire. Mes personnages — y compris mon éditeur de beau-père — ne comprennent guère la manière d'agir des écrivains. Mais M. Dalquin la comprend, lui.

J'ai enfin découvert sa retraite, cet après-midi : il

vit un peu comme un reclus. Mais je l'ai invité à venir chez moi et il a bien voulu accepter. Il comprend pourquoi je suis assis devant mon bureau à écrire et parler tout à la fois.

Je les ai tous convoqués — M. Dalquin aussi — pour leur parler de mon livre. Je tiens à ce que tous me comprennent bien. Je ne vais pas risquer la potence en tuant l'un des quatre, mais ils vont me fournir la trame de mon récit.

Ils sont positivement au supplice. Tous les quatre, je veux dire pas Dalquin, bien entendu. Ce dernier semble très intéressé, et même un peu amusé, par ce qui se passe. Franchement, je crois que lui aussi se réjouit de les voir ainsi au supplice.

— Ce livre va me rendre célèbre, leur dis-je. Ce sera en quelque sorte un combiné des *Plaisirs de l'enfer* et de *Crime et châtiment*. Et il exposera en même temps la véritable psychologie du criminel. Qu'en dites-vous, monsieur Korth ? Bien entendu, je crains de ne pouvoir vous en confier la publication.

— Vous êtes fou, dit-il simplement.

— Tous les génies sont un peu fous.

— Pouvons-nous faire quoi que ce soit pour vous dissuader d'écrire ce livre ?

— Vous voulez parler de chantage ? Non, je pense que ce serait inutile.

Korth ne dit plus rien. Il se contente de regarder fixement le tapis.

Je jette un coup d'œil sur les autres. Vince Stewart semble évoluer dans une sorte de brouillard. Je ne crois pas qu'il se remette jamais de l'infidélité de sa femme. Il ne réalise pas encore très bien ce qui lui est arrivé, mais il le comprendra tout à fait quand les détails en seront publiés dans un best-seller.

Carol n'est guère en meilleure forme que lui. Elle croyait que, lorsqu'on s'est acheté un mari, on le gardait. Maintenant, elle sait à quoi s'en tenir. Elle ne prononce pas une parole. Comme je l'ai dit, elle n'a jamais été très énergique.

Seule, Margot fait montre d'un peu de nerf.

— Tu affirmes que la haine peut conduire au crime, dit-elle. Je souhaiterais que ce soit vrai pour tout le monde. Je voudrais bien ne pas être aussi lâche, ou que Vince, M. Korth ou même Carol ne le soient pas.

— Ce n'est pas de la lâcheté, interrompt M. Dalquin. Mais l'écrivain, comme tous les artistes, éprouve des sentiments exacerbés. La haine de Gil est plus vive que la vôtre. Aucun de vous quatre ne ressent une haine assez violente pour agir sous son empire. Gil ressent vivement les émotions, mais il les idéalise et il va les exhaler dans son œuvre. C'est ainsi que procède l'écrivain, comme l'artiste.

— Croyez-vous que mon livre sera bon, monsieur Dalquin ? demandé-je.

— J'en suis certain.

Cet éloge de Dalquin met un point final à la réunion. Je les congédie tous. Les Stewart rentrent chez eux (je me demande combien de temps ils vont rester ensemble). Korth emmène Carol.

M. Dalquin et moi allons parler de mon livre.

***

Étant moi-même écrivain, je ne puis résister à la tentation d'apporter ma contribution à ce petit manuscrit. Je le rangerai ensuite soigneusement, pour l'utiliser à l'occasion.

Gil n'était qu'un néophyte dans cette histoire de crime. Les écrivains débutants, comme les apprentis assassins, ont généralement tendance à négliger quelque chose.

Après tout, ma réputation en tant que meilleur romancier noir était en jeu. Je ne pouvais tout de même pas me laisser renverser de mon piédestal par l'auteur d'un livre qui aurait été un combiné des *Plaisirs de l'enfer* et de *Crime et châtiment* !

Moi aussi, je suis capable de haïr. Mais, étant sensible à la façon des artistes, comme je l'ai expliqué à Gil, je peux haïr suffisamment pour en venir à tuer pour de bon.

Bien sûr, il me reste à résoudre quelques problèmes : me procurer un alibi, faire disparaître le corps, etc. Mais j'ai de l'expérience et je suis certain de pouvoir régler rapidement ces petits détails.

Notes for a murder story.
Traduction de Denise Hersant.

LA JUSTICE DES HOMMES

par Edward D. Hoch

Le pays était chaud, envahi par les mouches et, dès le premier instant, Doris le prit en aversion. Ils venaient à peine d'arriver de l'aérodrome à l'hôtel que, se tournant vers son mari, elle s'écriait :

— Quel endroit sinistre pour une lune de miel !

Kane Wingate, qui commençait à défaire ses bagages, interrompit sa besogne :

— Je suis désolé, ma chérie. Je crains que tu n'éprouves en ce moment la première des nombreuses déceptions qui attendent une femme de professeur ! Mais nous sommes ici pour deux jours seulement, tu le sais. Juste le temps de...

— Juste le temps que tu fasses une visite au cimetière.

Il alla vers elle et la prit dans ses bras.

— A t'entendre, je me rends bien compte que notre voyage de noces n'est pas du tout ce qu'il devrait être. Je le regrette infiniment, ma chérie.

A trente-huit ans — dix ans de plus que sa femme — Kane était cependant ce qu'on est convenu d'appeler un bon parti. Pour cette raison sans doute, il avait espéré la voir prendre quelque intérêt à son travail qui, pour lui, passait avant tout. Doris avait accepté de faire un détour jusqu'à Puerto Vale pour donner à son mari l'occasion d'aller rendre visite à la tombe de l'écrivain Ramon Mandown. Mais à présent, seuls dans cette chambre d'hôtel sordide et étouffante, ils étaient tous deux conscients d'avoir commis une erreur.

— Allons, dit enfin Doris, je suppose que je devrais me montrer plus raisonnable. Va donc voir ton vieux cimetière pendant que je ferai un tour dans les magasins.

Redevenu joyeux, Kane embrassa sa jeune épouse en promettant de ne pas rester longtemps absent.

— Mandown vivait dans un petit village au sommet de la colline. C'est un trajet d'une heure à peine, en voiture. Je serai de retour pour dîner. Veux-tu que nous nous retrouvions ici vers six heures ?

— Entendu.

***

Ramon Mandown était mort deux ans plus tôt, dans le petit village où il avait passé la plus grande partie de sa vie, entouré de gens qui ne savaient guère ce que représente le prix Nobel de littérature et ne s'en souciaient pas davantage. Mandown était pratiquement inconnu aux États-Unis avant de remporter le prix mais, depuis lors, sa renommée n'avait fait que croître jusqu'à sa mort récente, à l'âge de cinquante-sept ans. Kane Wingate et ses collègues estimaient que le jour n'était plus éloigné où le nom de Mandown serait célèbre dans tous les cercles littéraires américains.

Un mois avant son mariage, Kane avait reçu la visite d'un petit homme chauve qui, le cigare à la bouche et un carnet de chèques en main, venait lui commander, pour la revue qu'il dirigeait, un article de dix mille mots sur Mandown et son œuvre.

— C'est pour le deuxième anniversaire de sa mort. Je veux un article sensationnel, avait-il précisé, avec la photographie du poète sur la couverture de la revue. Je me suis laissé dire que vous aviez étudié son œuvre.

— J'ai fait une série de conférences sur Mandown, avait répondu Kane.

— Dans ce cas, vous êtes parfaitement qualifié pour rédiger cet article.

Le petit homme avait proposé cinq cents dollars à titre d'avance. C'était une offre que Kane ne pouvait se permettre de refuser, d'autant que l'Université l'engageait vivement à publier quelque chose et qu'un livre sur Mandown pourrait facilement lui rapporter quelque cinquante mille dollars.

La rédaction de l'article progressait lentement, et Kane sentait qu'il ne pouvait laisser passer l'occasion d'une visite à la tombe du grand poète. Non qu'il espérât y puiser une inspiration fulgurante, mais une telle visite pourrait constituer un bon point de départ pour son article. *Il y a quelques semaines, étant allé me recueillir sur la tombe de Ramon Mandown...* Une phrase de ce genre donnerait à tout l'article le ton de dignité qui convenait au sujet.

Arrivé dans le petit village, Kane rangea sur la place la voiture qu'il avait louée à Puerto Vale et, arrêtant la première personne qui passait, lui demanda dans un espagnol approximatif :

— La tombe de Ramon Mandown, s'il vous plaît.

L'homme secoua la tête avant de répondre :

— Je ne sais pas, monsieur.

— De quel côté se trouve le cimetière ? insista Kane avec un soupir.

— Sur la colline. Vous le verrez bientôt.

— Merci.

Ce ne devait pas être bien loin. Laissant sa voiture où il l'avait garée, Kane se mit en marche. Il avait apporté son appareil pour prendre une photographie de la tombe avec toutes les plaques commémoratives, les gerbes et les couronnes qui devaient s'y trouver. Mais, en approchant du cimetière, il se rendit compte que celui-ci consistait simplement en une vingtaine de tombes délabrées, envahies par les mauvaises herbes.

— Vous cherchez quelque chose ? demanda en mauvais anglais un homme en manches de chemise qui semblait préposé à la garde du cimetière.

— C'est votre cimetière ? questionna Kane.

— Un cimetière appartient aux morts, répondit l'homme avec un petit gloussement. Je suis seulement chargé de l'entretenir.

Kane jeta un coup d'œil sur les mauvaises herbes, se demandant en quoi consistait l'entretien.

— Je cherche la tombe de Ramon Mandown, reprit-il.

— Il n'est pas enterré ici.

— Alors, où est-il donc ?

— Je ne pourrais pas vous le dire.

— Il vivait pourtant bien dans ce village ?

— Oui.

— Et c'est ici qu'il est mort, il y a deux ans ?

— Deux ans bientôt ; c'était en automne, je crois.

— A-t-on ramené son corps en ville ?

L'homme haussa les épaules sans répondre.

— Mais je ne demande qu'un simple renseignement ! s'écria Kane impatienté. Vous avez bien un maire ici ? Un chef quelconque ?

— C'est moi le chef, dit l'homme, en lissant de la main ses cheveux grisonnants. Mon nom est Juan Vyano, ajouta-t-il, tendant à Kane une main que le contact de ses cheveux avait rendue graisseuse.

— Vous devez donc pouvoir me renseigner, dit

Kane. Je cherche la tombe de Ramon Mandown, le poète.

— Pour quoi faire ?

— Je veux en prendre une photographie.

— La photographie d'une tombe ! répéta l'homme avec un sourire railleur, en se passant de nouveau la main dans les cheveux.

— Mandown était un grand écrivain. Il a remporté le prix Nobel. J'écris un article sur lui.

Juan Vyano haussa les épaules.

— Il n'y a pas de tombe, dit-il simplement.

— Que voulez-vous dire ? s'écria Kane qui commençait à perdre patience. Il doit pourtant bien y en avoir une ! Mandown s'est-il fait incinérer ?

— Non, mais il n'y a pas de tombe à voir. Elle ne porte pas d'inscription.

— Savez-vous qui était Ramon Mandown ?

— Bien sûr. Il était mon ami, notre ami à tous.

— Avez-vous lu ses poèmes ?

— Quelques-uns. Ils sont magnifiques.

— Mandown était une personnalité célèbre dans le monde littéraire. C'est certainement le plus grand homme que votre malheureux village ait jamais vu naître. Et vous me dites que sa tombe ne porte pas la moindre inscription ?

— Je le regrette, mais c'est ainsi.

— Bon. Puis-je voir cette tombe ?

— A quoi cela vous avancera-t-il ?

Kane fit passer d'une épaule à l'autre la courroie de son appareil photographique qui lui paraissait soudain très lourd.

— Et la femme de Mandown, Carla ? Pouvez-vous me conduire chez elle ? demanda-t-il.

Les yeux noirs de Vyano se rétrécirent.

— Comment savez-vous son nom ?

— Il se trouve sur la couverture de tous les livres de Mandown. Cette réponse vous satisfait-elle ?

— Allons, ne vous fâchez pas, dit l'autre d'un ton

plus conciliant. Carla Mandown est morte, ajouta-t-il après un bref silence. Elle aussi.

— Ah ! bon, dit Kane. (Au fond de lui-même, il n'en éprouvait pas de surprise : quelle raison de vivre reste-t-il aux femmes des poètes lorsque ceux-ci ont disparu ?) A-t-il encore de la famille ? Des frères, des sœurs ?

— Personne ici. Je regrette.

— Mais qui pourrait me parler de lui ? Vous dites qu'il était votre ami ?

— C'était un grand homme et il est mort. Il n'y a rien d'autre à en dire.

Clignant des yeux sous le grand soleil, Kane regarda la rue mal pavée du petit village, en contrebas.

— Je ne pense pas qu'il y ait de librairie ici ?

— La plus proche se trouve à Puerto Vale, d'où vous venez.

— Vous savez donc que j'en viens ?

De nouveau, l'homme haussa les épaules.

— C'est à cause de votre voiture, expliqua-t-il. Les voitures viennent toujours de Puerto Vale.

A contrecœur, Kane tendit à l'homme une pièce de monnaie et retourna prendre sa voiture. Quelques minutes plus tard il reprenait la route par laquelle il était venu.

Il se gara dans la rue principale de Puerto Vale et partit à pied à travers la ville, s'attendant à chaque instant à voir sa femme sortir d'une boutique en portant sous le bras quelque produit de l'artisanat indigène destiné à leur maison des États-Unis. Au bout de quelques mètres, il découvrit, au fond d'une ruelle étroite, une petite librairie mal éclairée et d'aspect plutôt minable. Une fois à l'intérieur, il hésitait devant les rayons chargés de livres, se demandant dans quel ordre ceux-ci étaient classés, quand une voix à l'accent indubitablement américain questionna :

— Vous désirez quelque chose ?

Kane, se retournant, se trouva en présence d'un homme entre deux âges, de forte carrure et portant une barbiche noire.

— C'est vous le propriétaire de ce magasin ? demanda-t-il.

L'autre fit un signe de tête affirmatif.

— Mon nom est Harry Green. Vous êtes Américain, je suppose ?

— Oui. Je m'appelle Kane Wingate. Je suis de passage ici pour deux jours et j'ai pensé que vous pourriez peut-être me venir en aide.

— Certainement, répondit l'homme dont la barbe s'agita de haut en bas. Quelqu'un vous a adressé à moi ?

— Non, pas précisément.

— Je crois avoir exactement ce que vous cherchez, déclara Harry Green en se dirigeant vivement vers l'un des rayons de livres, tandis que Kane le regardait avec surprise.

Il revint au bout d'un moment, portant sous le bras un livre volumineux.

— Vous trouverez là de ravissantes illustrations, dit-il.

Et, ouvrant le livre au hasard, il montra à Kane une photographie obscène.

— Ce n'est pas du tout ce que je cherche, dit Kane sèchement. Avez-vous les recueils de poèmes de Ramon Mandown ?

— De qui ? Mandown, dites-vous ? Non, je n'ai pas cela. Il faut vous dire que ma librairie est assez spécialisée.

— Je m'en rends compte ! Et où pourrais-je trouver ce que je cherche ?

— A vrai dire, je ne sais pas. Les œuvres de Mandown ne sont guère lues par ici.

— Je m'en rends compte aussi. Il n'y a même pas d'inscription sur sa tombe.

L'expression d'Harry Green changea.

— Vous cherchez sa tombe ? demanda-t-il.

— Oui. Savez-vous où elle se trouve ?

— Comment le saurais-je ?

— Vous étiez ici au moment de la mort de Mandown ?

— Oui.

— Mais enfin, sacrebleu ! m'expliquerez-vous pourquoi tout le monde semble avoir peur de parler de lui ?

Harry Green baissa les yeux.

— On risque de s'attirer des ennuis lorsqu'il est question de meurtre, répondit-il simplement.

— De *meurtre* ! s'écria Kane.

— Il faut que je m'en aille maintenant. J'en ai déjà trop dit, déclara Green. Il lissa sa barbiche et se dirigea vers le fond de la boutique.

— Attendez un instant !

— C'est l'heure de la fermeture. Allez-vous-en.

Kane était profondément déçu, mais il comprit qu'il ne gagnerait rien à rester là plus longtemps. En sortant, il nota l'adresse de la librairie, pensant qu'une nouvelle conversation avec Harry Green pourrait lui être utile par la suite.

De retour à l'hôtel, il trouva Doris qui se reposait sur son lit.

— Eh bien, tu l'as vu, ce cimetière ? questionna-t-elle en se dressant sur son coude.

— Non, répondit Kane.

Il prit un siège en face du lit et alluma sa première cigarette de la journée.

— N'était-ce pas le but de notre voyage ?

— Mandown est enterré dans une tombe sans inscription. Personne ne veut me dire où se trouve cette tombe et je crois que la raison de ce mystère est que ce grand poète a été assassiné.

— Oh ! Kane !

— C'est vrai. Et il n'est pas impossible que sa

femme ait été assassinée aussi parce qu'elle était au courant de la façon dont son mari est mort.

— Mais comment ce meurtre aurait-il pu demeurer secret pendant près de deux ans ?

— C'est ce que j'ignore. Comment et pourquoi.

— Eh bien, à mon avis, nous aurions mieux fait de ne pas venir ici. Ton voyage était sans objet.

— Sans objet ? Tu ne comprends donc pas que je suis peut-être au bord de la découverte la plus importante de ces dix dernières années ?

Doris se leva pour aller se farder devant l'unique miroir de la chambre.

— Cela peut-il attendre que nous ayons dîné ? questionna-t-elle d'un ton un peu amer.

— Bien sûr, chérie. Tu dois mourir de faim !

Kane la regarda ajuster sa jupe sur ses hanches aux courbes gracieuses, s'émerveillant une fois de plus de la bonne fortune à laquelle il devait cette charmante jeune femme.

Ils allèrent dîner dans un petit restaurant qui, paradoxalement, affichait un menu français. Quand ils en sortirent, la nuit commençait à tomber.

— Quelles distractions nous offre le pays ? demanda Doris.

— Nous pourrions faire un tour sur le port.

— Très alléchant ! J'ai déjà passé des soirées plus amusantes aux...

Elle s'interrompit car deux hommes venaient de sortir de l'ombre et s'approchaient d'eux. Ils étaient vêtus légèrement, à la mode du pays, et portaient des chapeaux de paille. Celui qui marchait en avant avait une main dans sa poche.

— Vous êtes Kane Wingate ? questionna-t-il d'un ton qui n'avait rien d'aimable.

— Oui. Que me voulez-vous ?

— Venez avec nous.

Il voulut saisir le bras de Kane, mais celui-ci le repoussa d'un geste brusque et s'écarta vivement.

L'autre homme, clignant des yeux, tira de sa poche un revolver. C'était un petit automatique qui avait presque l'air d'un joujou.

— Nous appartenons à la police, déclara-t-il. Ne bougez pas, ou je tire.

Derrière lui, Kane entendit sa femme pousser un cri de frayeur.

— C'est bon, dit-il, ne nous emballons pas. Il saisit le bras de Doris et se dirigea, encadré par les deux hommes, vers la voiture qui attendait un peu plus loin. Le policier qu'il avait bousculé marmonnait des injures à son adresse.

Dix minutes plus tard, ils étaient assis sur des bancs très inconfortables dans la pièce nue et mal éclairée qui servait de poste de police. Au bout d'un assez long moment, le chef s'approcha d'eux, suivi d'un de ses adjoints.

— Je m'excuse pour ce qui s'est passé, monsieur Wingate, dit-il en anglais. Mon inspecteur n'aurait pas dû sortir son revolver.

— Pourriez-vous m'expliquer ce que vous nous voulez ? Nous sommes citoyens américains.

— J'espère que vous ne donnez pas à ces paroles le sens d'une menace, répondit le chef de la police avec un sourire en coin. Permettez-moi de me présenter : capitaine Pallato, des forces de sécurité de Puerto Vale. Je ne vous retiendrai que quelques instants.

— Que me voulez-vous ?

— Vous avez rendu visite, cet après-midi, à un homme du nom de Harry Green, un de vos compatriotes, si je ne me trompe ?

Kane se sentit soulagé d'un grand poids.

— Je ne lui ai acheté ni livres ni photographies, s'empressa-t-il de déclarer.

— Les livres pornographiques ne sont qu'une façade, répondit le capitaine Pallato en s'asseyant devant son bureau. Harry Green est un dangereux révolutionnaire.

— Je n'en savais rien, dit Kane, sentant un nouveau frisson de crainte lui courir le long de l'échine.

— Qu'êtes-vous allé faire chez lui ?

— Chercher des renseignements au sujet de livres, aussi curieux que cela puisse paraître ! Comme vous le savez, il tient une librairie.

Le regard du policier se fit plus dur.

— Quels renseignements au juste ? demanda-t-il.

— J'écris actuellement un article sur Ramon Mandown. Je désirais voir sa tombe.

— Il n'est pas enterré dans la boutique d'Harry Green !

Kane poussa un soupir et prit une cigarette dans sa poche. La situation devenait de plus en plus intolérable.

— Non, mais les gens de ce pays montrent bien peu d'empressement à parler de Mandown. J'avais pensé qu'un libraire pourrait m'apprendre quelque chose d'intéressant à son sujet.

— Et c'était le cas ?

Kane alluma sa cigarette sans se presser.

— En partie, répondit-il simplement.

Le capitaine Pallato se leva et posa un de ses pieds chaussés de bottes sur sa chaise.

— Je vais vous donner un bon conseil, monsieur Wingate. Il vaudrait mieux que vous ne retourniez pas à la librairie d'Harry Green : cela pourrait être dangereux pour vous.

— Il peut être dangereux pour moi de traverser la rue ou même de sortir de mon lit le matin.

— C'est vrai. Mais l'ambassade des États-Unis elle-même ne peut pas grand-chose pour un homme mort.

— Allons, reprit Kane, ne jouons pas au plus fin. Je ne m'intéresse pas plus aux livres de Green qu'à ses plans révolutionnaires. Par contre, je m'intéresse beaucoup à Ramon Mandown et au sort qu'il a subi. Avez-vous enquêté sur sa mort, capitaine ?

— Le village est situé hors de mon territoire. Je n'ai pas à m'occuper de ses habitants.

— Très bien, soupira Kane ; peut-être, cependant, pourrez-vous répondre à cette question : quand sa femme est-elle morte ?

— Carla Mandown ? Le même jour que lui. Ils ont été enterrés ensemble.

— Oui, dit Kane à voix haute, comme s'il s'était attendu à cette réponse.

Juan Vyano, pourtant, n'avait pas mentionné ce fait. La tombe des Mandown était cachée, mais quelqu'un devait bien savoir où elle se trouvait et Kane avait l'intention de rester jusqu'à ce qu'il l'apprît.

Le capitaine Pallato les laissa partir en leur recommandant une dernière fois de ne pas retourner à la librairie d'Harry Green. Kane et Doris reprirent en silence le chemin de leur hôtel. Au moment où ils entraient dans la chambre, Doris s'écria :

— Quel pays charmant et hospitalier et comme on s'y fait vite des amis ! Pouvons-nous reprendre l'avion demain ?

— Ce serait certainement possible, ma chérie, mais nous ne le ferons pas. Il faut absolument que je trouve cette tombe.

— Que tu la trouves ? Pour quoi faire ?

— Mandown et sa femme sont morts le même jour. Je pense qu'ils ont été assassinés tous les deux par quelqu'un du village — peut-être par Juan Vyano lui-même. L'examen de leurs cadavres me l'apprendra.

— Tu ne vas tout de même pas...

— Les déterrer ? Je le ferai si c'est nécessaire.

Elle le dévisagea, comme si elle le voyait pour la première fois.

— Kane, es-tu fou ? Nous avons déjà eu, par ta faute, des ennuis avec la police.

— Nous n'aurons pas d'autres ennuis.

— C'est toi qui l'affirmes !

Par la fenêtre ouverte, Kane jeta un coup d'œil au paysage qui s'étendait au-dessous de lui. Il lui trouvait une incontestable beauté et comprenait que la petite ville et ses lumières, ainsi que le pittoresque village situé au sommet de la colline, eussent inspiré à un homme comme Ramon Mandown des poèmes qui faisaient l'admiration du monde entier.

— Nous n'aurons pas d'ennuis, répéta-t-il comme s'il se parlait à lui-même. Mais quel motif peut-on avoir pour tuer un poète ?

***

Le téléphone placé à côté du lit émit un tintement léger, presque hésitant, mais suffisant cependant pour réveiller Kane. Il fallut un moment à celui-ci pour réaliser qu'il était toujours à Puerto Vale, puis, s'éclaircissant la gorge, il saisit l'appareil et dit :

— Allô ?

— Je parle bien à Kane Wingate ?

La voix parut familière à Kane.

— Oui.

— Ici Harry Green. Vous êtes venu chez moi hier.

— En effet, répondit Kane, inquiet à la pensée que le capitaine Pallato pouvait capter la communication. Que désirez-vous ?

— J'ai des nouvelles à vous donner. Concernant la mort de Ramon Mandown.

Kane sentit son pouls battre plus fort.

— De quoi s'agit-il ?

— Je connais un témoin que vous pourrez interroger, pour cent dollars américains.

C'était une grosse somme, mais un véritable témoin pouvait la valoir.

— Où est-il ? demanda Kane.

— Vous le verrez cet après-midi, dans mon magasin.

Kane se rappela l'avertissement du capitaine Pallato. Sans aucun doute, la librairie était surveillée.

— Nous pourrions nous retrouver ailleurs, suggéra-t-il.

La voix d'Harry Green gloussa dans l'appareil.

— On a la trouille de la police, pas vrai ?

— Je ne tiens pas à me trouver mêlé à vos histoires politiques. Rencontrons-nous autre part, insista Kane.

— Très bien. A l'église San Dardo. On la voit de votre fenêtre. Je m'y trouverai, avec le témoin, cet après-midi à deux heures précises.

Au moment où il raccrochait, Kane entendit Doris remuer dans le lit voisin.

— Qui était-ce ? murmura-t-elle dans un demi-sommeil.

— Harry Green, le libraire dont tu m'as entendu parler.

Complètement réveillée, elle se redressa sur son lit :

— Qu'est-ce qu'il voulait ?

— Je dois le rencontrer cet après-midi. Il a des renseignements à me donner au sujet du meurtre de Mandown.

— Tu vas le voir malgré les ordres de la police ?

— Pas chez lui. Nous avons rendez-vous dans une église.

— Je vais avec toi.

— Doris...

— Nous sommes en voyage de noces, ne l'oublie

pas ! Si tu dois aller pourrir dans une cellule de prison, je tiens à t'y accompagner.

Kane comprit que toute discussion serait inutile.

— Bon, répondit-il. La police croira peut-être que nous allons visiter l'église.

Il était près de midi quand ils quittèrent l'hôtel après un léger repas. Dehors, le soleil était chaud, le ciel sans nuages. Il y avait peu de circulation et Kane n'eut pas de peine à repérer l'auto qui les suivait : bien que celle-ci ne portât aucun signe distinctif, la grande antenne placée sur le pare-chocs arrière lui fit comprendre aussitôt qu'il s'agissait d'une voiture de la police. Mais il n'en dit rien à sa femme.

Ils firent en sorte d'arriver à l'église un peu avant deux heures, et Kane aperçut aussitôt Harry Green qui les attendait déjà à l'ombre du porche. Le visage barbu et l'allure générale du libraire avaient, dans ce cadre, quelque chose d'un peu sinistre, et Kane s'attendait presque à le voir tirer de sa poche quelque photographie obscène ou quelque relique dérobée sur l'autel.

***

— C'est votre femme ? demanda Green que la présence de Doris mettait évidemment mal à l'aise.

— Oui, répondit Kane. Doris, je te présente Harry Green.

La jeune femme fit un léger signe de tête, sans pouvoir réprimer une moue de dégoût.

— Où est donc votre témoin ? questionna Kane, impatient, en constatant que le libraire n'était pas accompagné.

— Tout près d'ici, mais vous devez venir seul. Vous êtes surveillé, ajouta Green, après avoir jeté un coup d'œil autour de lui. Laissez votre femme à la porte : la police croira que vous êtes en train de visiter l'église.

— Combien de temps cela demandera-t-il ?

— Cinq ou dix minutes, guère davantage, répondit le libraire avec un haussement d'épaules.

— Bien, décida Kane, comprenant qu'il n'y avait pas d'autre solution. Attends-moi ici, Doris. Fais semblant de t'intéresser à l'architecture de cette église.

— Je n'aime pas cela du tout, Kane, protesta la jeune femme. Je veux aller avec toi.

— Si tu viens, les policiers nous suivront. Ils sont dans cette voiture que tu vois, de l'autre côté de la place.

— Oh ! Kane, tu te compromets de plus en plus !

Il lui serra la main d'un geste qu'il voulait rassurant et suivit Green à l'intérieur de l'église faiblement éclairée. Ensemble, ils parcoururent rapidement la nef latérale où des silhouettes en châle noir se tenaient prosternées dans une attitude recueillie, et arrivèrent bientôt près d'une femme agenouillée, seule, devant une rangée de cierges multicolores.

— Maria, murmura Green.

La femme releva la tête et, à la lueur vacillante des cierges. Kane fut frappé de sa beauté juvénile. Il ne s'attendait pas à se trouver en présence d'une jeune fille, mais, en fait, à quoi s'attendait-il au juste ?

— C'est votre témoin ? demanda-t-il à Green.

— Oui. Son nom est Maria : c'est le seul que vous ayez besoin de connaître. Elle habite le village, dans la maison voisine de celle où vivait Ramon Mandown. Vous avez l'argent ?

Kane tira de sa poche une poignée de billets tout fripés et les glissa dans la main du libraire :

— Où pouvons-nous parler ?

— Ici même, répondit Green après s'être assuré

que personne ne les épiait. Où trouver un endroit plus propice à une conversation comme la nôtre ?

— Dans ce cas, ma femme aurait pu venir aussi.

— Les femmes sont toujours une source de difficultés ou d'ennuis. Même si on les aime au début, la monotonie de l'existence commune risque bien vite de transformer cet amour en haine.

Kane se demanda si c'était à son métier un peu spécial que Green devait cette opinion sur les femmes, mais il ne dit rien. Il s'agenouilla à côté de la jeune fille et vit Green prendre place derrière eux.

— Parlez-moi de Ramon Mandown, murmura-t-il à l'oreille de sa voisine.

Le regard fixé sur l'autel, Maria répondit :

— C'était un homme très bon. Il nous a toujours témoigné beaucoup d'affection, à moi et à mes frères et sœurs. Quand nous étions enfants, il nous donnait souvent des bonbons. Depuis qu'il est mort, j'ai lu ses poèmes et je les trouve très beaux.

— Comment est-il mort, Maria ?

— Je me rappelle parfaitement cette nuit-là, poursuivit la jeune fille sans quitter des yeux l'autel. J'étais sortie et, en revenant à la maison, je les ai vus entrer chez Ramon Mandown.

— Qui cela ?

— Juan Vyano, et beaucoup d'autres. Ils avaient tous l'air en colère.

— Ramon était mort ?

— Non, il était encore en vie à ce moment-là : je l'ai vu sur le seuil de sa porte.

— Combien de personnes y avait-il ?

— Il y avait Vyano et onze autres hommes : je me souviens de les avoir comptés. Hernando, Miller, José, et puis le cordonnier, le barbier, les frères Quan... J'ai oublié qui étaient les autres. Ils étaient entrés depuis un bon moment quand j'ai entendu les coups de feu.

— Des coups de feu ?

Elle fit un signe affirmatif.

— Quand ils ont tué Ramon Mandown.

Vyano et onze autres hommes, médita Kane en regardant fixement les cierges.

— Vous voulez dire que tous l'ont tué ? Tout le village ? questionna-t-il.

— Ceux qui se trouvaient là : Vyano et les autres. J'avais peur de parler. Mais les poèmes de Ramon étaient si beaux... Il fallait que je dise à quelqu'un ce que j'avais vu. Alors, je l'ai raconté à Green, le libraire.

Le témoignage de la jeune fille ne suffisait pas. Kane avait besoin d'autres preuves.

— Savez-vous où ils l'ont enterré ? demanda-t-il.

Elle fit de nouveau un signe affirmatif.

— Voulez-vous m'y conduire ?

— Ce n'était pas dans nos conventions, intervint Green en se penchant vers eux. Il me faut cent dollars de plus pour vous indiquer l'emplacement de la tombe.

Kane n'hésita qu'un moment : il était trop près de connaître la vérité pour s'arrêter en si bon chemin.

— D'accord, dit-il. Nous y allons tout de suite ?

— Non, répondit Green, plus tard, quand la nuit sera tombée. Retrouvons-nous ici. Maria sera avec moi. Maintenant, partez, avant que la police n'ait des soupçons. Et n'amenez pas votre femme ce soir : cela pourrait être dangereux.

Suivi de la jeune fille, il se dirigea vers la sortie de l'église, laissant Kane se demander si, pour le prix qu'il avait payé, il découvrirait réellement la tombe, ou s'il se retrouverait au fond d'un fossé, dépouillé par le libraire et son acolyte de tout l'argent qui lui restait. Il n'était pas assez crédule pour se fier à un homme tel que Green, mais l'histoire racontée par Maria avait l'accent de la vérité.

— Tu as été bien long, lui dit Doris lorsqu'il la rejoignit. Kane chercha du regard la voiture de la police, mais celle-ci avait disparu.

— Je n'ai pas perdu mon temps, répondit-il. J'ai eu une conversation avec une jeune fille qui a pratiquement assisté au meurtre de Mandown. Elle va me montrer sa tombe ce soir.

—, Kane, où cela va-t-il te mener ?

— Je ne m'estimerai satisfait que lorsque j'aurai pu écrire la vérité sur la mort de Mandown.

— Mais si la police te revoit avec Green...

— Elle ne me verra pas. C'est pour cela que nous attendons la nuit. Et, lorsque nous serons dans les collines, Pallato ne pourra pas nous suivre : il m'a dit lui-même que le village se trouvait hors de son territoire. Nous serons en sûreté.

— Je ne t'accompagnerai pas.

— Je ne te le demande pas, ma chérie. Je ne voulais même pas que tu viennes ici cet après-midi. Tu m'attendras à l'hôtel.

— Sois prudent, Kane, je t'en prie !

***

Pas une étoile ne brillait au ciel dans lequel s'amoncelaient de sombres nuages. Serré sur le siège avant de la voiture entre Green et la jeune fille nommée Maria, Kane se demandait pour la première fois si Ramon Mandown valait vraiment toute la peine qu'il se donnait pour lui. Dans la journée il ne s'était guère posé de questions, mais il s'interrogeait à présent sur les mobiles auxquels obéissait le libraire. Il connaissait celui-ci pour un pornographe et un révolutionnaire, ce qui n'était guère fait pour lui inspirer confiance ! En cette sombre nuit, Kane ne pouvait s'empêcher de penser au fossé qui l'attendait peut-être et se félicitait d'avoir laissé à l'hôtel tout l'argent dont il n'avait pas immédiatement besoin.

— Nous approchons, dit tout à coup Green. Vous avez les cent dollars ?

— Bien sûr. Ils sont pour Maria ?

— Ne soyez pas ridicule, répondit le libraire avec un rire mauvais. Elle ne saurait qu'en faire, n'est-ce pas, ma petite fille ?

Maria, apparemment mal à l'aise, se déplaça sur son siège.

— Je veux seulement me rendre utile en faisant connaître la vérité au sujet de Ramon Mandown, déclara-t-elle. Nous y sommes, reprit-elle après un silence.

Green arrêta la voiture au bord de la route. A la lumière des phares, il découvrit, à côté d'une église en ruine, un petit cimetière envahi par le chiendent.

— Mais il y a bien cent ans que personne n'est venu ici ! s'écria-t-il d'un ton choqué.

— C'est bien l'endroit, insista la jeune fille en sautant hors de la voiture.

S'éclairant de leur lampe de poche, Kane et Green la suivirent, le long d'une rangée de tombes délabrées, jusqu'à un petit rectangle de terre devant lequel elle s'arrêta en disant simplement :

— Voilà !

C'était une tombe basse, à demi recouverte d'herbe, avec, posée à même le sol, une plaque portant cette inscription : *Ramon Mandown. Carla Mandown.* Rien d'autre, pas même une date. En lisant ces noms, Kane sentit son cœur battre plus fort.

— Devons-nous les déterrer ? demanda Green.

Ce serait cent dollars de plus, bien entendu... Kane comprit que, quel que fût son désir de connaître la vérité, jamais il ne se résoudrait à violer la sépulture du grand poète. Dans une cinquantaine d'années, peut-être ouvrirait-on la tombe, mais, à présent, c'était impossible.

— Quelqu'un vient, murmura soudain Green en faisant passer sa lampe de poche d'une main dans l'autre.

La puissante lumière d'un projecteur perça l'obscurité, tandis qu'une voix criait :

— Green !

Plongeant la main dans sa poche, le libraire en retira un minuscule pistolet automatique. Mais la lumière l'aveuglait et, avant qu'il eût pu braquer son arme dans la direction d'où venait la voix, le bruit sourd d'un coup de feu retentit dans l'air humide de la nuit. Green bascula en arrière par-dessus une tombe, et Maria se mit à hurler.

Comme la lumière du projecteur se dirigeait vers lui, Kane se jeta à son tour derrière la tombe, cherchant à tâtons dans l'herbe le revolver que le libraire avait lâché dans sa chute. Il distinguait les voix de plusieurs hommes qui discutaient un peu plus loin, sur la route. L'un d'eux était sans aucun doute le capitaine Pallato. Au bout d'un moment de recherches désespérées, les doigts de Kane se refermèrent sur le revolver. Il s'apprêtait à viser l'endroit où brillait la lumière, mais se ravisa. Après tout, il n'était pas un héros et, avec les armes dont ils disposaient, les policiers pouvaient arroser de balles le cimetière tout entier.

Les hurlements de Maria s'étaient mués en sanglots étouffés tandis qu'elle se sauvait en courant à travers les tombes. Kane mit une main sur la poitrine de Green, cherchant le cœur ; mais il ne sentit que le faible battement du sang qui s'écoulait d'une plaie béante. La mort était proche — si elle n'était pas déjà là. Abandonnant le libraire, Kane se lança à la poursuite de la jeune fille. Derrière lui, il entendait les pas de Pallato et de ses hommes qui venaient se rendre compte du résultat de leur tir.

Kane rattrapa Maria dans les bois et la saisit brutalement par le bras pour l'attirer vers lui.

— Je ne veux pas vous faire de mal, dit-il d'une voix rauque, tout en se rendant compte que sa façon d'agir ne concordait guère avec les mots qu'il prononçait.

— Ils l'ont tué, sanglota-t-elle.

— C'est le capitaine Pallato qui l'a tué. Pallato était-il l'un des hommes qui sont allés rendre visite à Mandown le soir de sa mort ?

— Non... non ; c'étaient tous des habitants du village.

— Pouvez-vous me conduire chez Juan Vyano ? demanda Kane.

Il s'aperçut tout à coup qu'il tenait toujours serré dans sa main droite le revolver d'Harry Green ; il mit l'arme dans sa poche : désormais, le libraire n'en aurait plus besoin.

Évitant la grand-route, Maria le mena, à travers d'épaisses broussailles, jusqu'à une petite agglomération que Kane avait déjà remarquée lors de sa précédente visite au village.

— Voici la maison, dit-elle en désignant de la main une lumière toute proche.

— Merci, Maria. Rentrez chez vous maintenant et ne racontez à personne ce que vous avez vu. Vous avez assisté à trop de morts pour votre sécurité !

Kane marcha de long en large devant la maison jusqu'au moment où il vit apparaître Vyano dans la pièce mal éclairée. Alors, il se dirigea vers le perron branlant et frappa à la porte, le revolver à la main.

— Je veux vous parler, dit-il à Vyano qui venait lui ouvrir, et cette arme a pour but d'assurer ma protection.

— Vous n'en avez guère besoin ici, répondit l'autre en s'effaçant pour le laisser entrer.

— J'ai déjà essuyé un coup de feu cette nuit !

— C'est vous que j'ai vu au cimetière et qui m'avez posé tant de questions ?

— Auxquelles vous ne m'avez donné que de fausses réponses ! Vous m'avez dit que la tombe de Mandown ne portait pas d'inscription ; or je viens de la voir...

— Qui vous y a conduit ? demanda Juan Vyano après un moment d'hésitation, en se passant la main dans les cheveux.

— Un Américain appelé Harry Green, répondit Kane, préférant ne pas mentionner le nom de Maria. Il a été suivi au cimetière par un policier, le capitaine Pallato, qui l'a tué sous mes yeux, de sang froid.

Vyano hocha tristement la tête.

— Green était un homme malfaisant. Il a eu le sort qu'il méritait.

— Il pensait que Pallato ne pouvait rien contre lui quand il se trouvait hors de Puerto Vale, dit Kane.

— C'est, au contraire, quand il était à Puerto Vale que Pallato ne pouvait rien contre lui. Le chef de la police n'aurait pas pu le tuer de cette façon sur son propre territoire ; mais, dès que Green a quitté la ville, il a vu l'occasion de faire ce que les tribunaux ne pouvaient ordonner.

— Est-ce la façon dont on rend la justice dans votre pays ?

— C'est la façon de préserver la sécurité publique, répondit Vyano avec un haussement d'épaules. Green pervertissait la jeunesse et corrompait les adultes. Pallato a agi sagement en le tuant.

Kane tenait le revolver d'une main ferme. Vyano et lui étaient debout au milieu de la pièce pauvrement meublée, éclairée seulement par une ampoule nue qui pendait au plafond. Kane fut surpris de voir dans cet intérieur misérable une étagère garnie de volumes de prix, et ne put s'empêcher de se demander si ceux-ci provenaient du stock de Green.

— Et Mandown ? questionna-t-il. Je suppose qu'en ce qui le concerne vous avez agi sagement, vous aussi ?

— Que voulez-vous dire ?

— Ramon Mandown a été assassiné.

— Il vous serait difficile de le prouver.

— Donnez-moi une bêche pour creuser la terre à l'endroit où vous avez déposé son cadavre. Vous savez bien ce que je trouverai : les traces de balles se voient, même sur les squelettes.

— Inutile de creuser la terre, répondit calmement Vyano.

Il changea légèrement de position, et Kane redressa aussitôt son arme.

— Vous reconnaissez qu'ils ont été tués tous les deux ?

— Oui, répondit Vyano à contrecœur.

— Vous étiez chez lui, Vyano, vous et onze autres hommes du village. Était-ce pour prendre avec lui un dernier repas ? Pour entendre les paroles du grand homme une dernière fois avant de le tuer ?

Juan Vyano ferma les yeux un moment. Son visage avait pris une expression de tristesse infinie.

— Vous ne comprenez pas la façon dont nous vivons ici. Vous êtes étranger, vous venez d'un pays différent du nôtre.

— Je comprends que Ramon Mandown avait une âme dont vous étiez incapables de mesurer la grandeur, et que vous l'avez tué pour cette raison.

— Tuer un homme parce qu'il était intelligent et illustre, et parce qu'il exprimait en poèmes la beauté de notre pauvre village ! Est-ce là, croyez-vous, ce que nous avons fait ?

— C'est ce que je ferai savoir au monde en rentrant dans mon pays. C'est ce que j'écrirai dans l'article que je vais publier.

— Vous êtes marié, monsieur ?

— Je suis actuellement en voyage de noces.

— Alors, vous êtes trop jeune pour comprendre. Vous n'avez pas suffisamment l'expérience des passions humaines.

— Je comprends ce qu'est un meurtre. Je comprends que Harry Green a été tué, ce soir, dans un cimetière. Je comprends que Mandown et sa femme sont enterrés dans la même tombe et...

Juan Vyano poussa un profond soupir.

— Pensez-vous vraiment que Ramon Mandown était un grand homme ? demanda-t-il.

— Bien entendu.

— Alors, remettez votre revolver dans votre poche. Je vais vous dire la vérité, et vous ne la publierez jamais.

— Quelle vérité ? questionna Kane, les yeux fixés sur le visage, ravagé par la tristesse, de son interlocuteur.

— La vérité au sujet de la mort de Mandown. Voyez-vous, loin de le haïr pour sa célébrité, nous avons cherché à protéger son nom, nous y étions parvenus, jusqu'au jour où vous êtes venu poser des questions.

— Pourquoi avait-il besoin de votre protection ? demanda Kane — mais il comprit soudain qu'il ne souhaitait pas entendre la réponse.

— Que faire lorsqu'un grand homme commet une faute ? reprit Vyano d'une voix remplie de tristesse. Existe-t-il un homme assez illustre pour se placer au-dessus de la loi ?

— Non.

— Non, bien sûr. Et pourtant, ici, dans ce petit village, nous n'avons pas pu supporter l'idée de voir notre concitoyen le plus célèbre — notre grand homme — exposé à la honte d'un scandale public. Tout comme le capitaine Pallato, nous avons fait ce que nous estimions devoir faire. Justice a été rendue, sans que la renommée de Mandown en ait souffert.

— Dites-moi tout, pria Kane en remettant son revolver dans sa poche.

— Nous n'avons pas assassiné Mandown. Cette nuit-là, nous avons agi, tous les douze, en tant que jurés. Ramon Mandown a été jugé, condamné et exécuté par nous pour le meurtre de sa femme.

The way of justice.
Traduction de Denise Hersant.

AVEC LES AMITIÉS DE SHAKESPEARE

par CLARK HOWARD

Tout commença un lundi matin comme les autres à la Bibliothèque Hartmann, spécialisée dans les documents rares. Le premier courrier de la semaine venait d'arriver. Tout le paquet de lettres et imprimés fut apporté sur le bureau de la secrétaire pour être trié et distribué aux différents services intéressés.

Un des petits tas parvint, peu après neuf heures, au bureau d'Herbert Milner, docteur en philosophie et directeur de la bibliothèque. Comme à son habitude, le Dr Milner s'en occupa immédiatement et disposa le courrier en différentes piles suivant qu'il fallait y répondre, le classer, ou le mettre au panier.

Ce matin-là, le Dr Milner trouva au milieu de la pile une enveloppe blanche écrite à la main et portant au coin gauche la mention « personnelle ». Il l'ouvrit et trouva une seule feuille de papier couverte de la même écriture que l'adresse, une écriture nette et légèrement penchée en arrière, typiquement féminine. Tandis qu'il parcourait la lettre des yeux, une lueur d'intérêt sembla se manifester dans son expression. Milner était un homme âgé ; il avait presque soixante-seize ans et lisait lentement. Arrivé au bas de la page, il en revint au début et relut la lettre entièrement. Quand il fut sûr d'en avoir bien compris le contenu, et seulement alors, il brancha l'interphone et appela son assistant.

— Leonard, voulez-vous venir un moment, je vous prie ?

— Oui, docteur Milner, répondit une voix sans grande personnalité.

Peu après, son bureau n'étant que de l'autre côté du palier, Leonard Inman, assistant du docteur, frappa et entra. C'était un homme de grande taille qui allait sur ses quarante ans ; il travaillait sous les ordres du Dr Milner depuis plus de quinze ans. Il avait, en entrant, comme toujours, l'air craintif. Tout ce qu'il avait pu avoir de confiance en lui, à ses débuts d'assistant, quinze ans auparavant, s'était évanoui sous la férule de son supérieur. Il avait pris cette situation en sortant de l'université ; le Dr Milner avait alors soixante ans et Leonard avait pensé que ce dernier se retirerait au bout de cinq ans et que lui, Inman, deviendrait alors directeur de la Bibliothèque Hartmann. Mais les cinq années s'étaient étirées en dix, les dix en quinze, et Leonard se retrouvait assistant à quarante ans. Assistant ! Qu'il détestait ce mot ! Cela lui faisait l'effet d'une gifle chaque fois qu'on lui appliquait ce titre ; une gifle particulièrement douloureuse quand Milner s'en servait en faisant, d'un air sarcastique, des allusions au fait qu'il vivrait cent dix ans.

— Oui, monsieur... dit Inman debout devant le bureau de son patron.

Milner lui passa la lettre par-dessus le bureau.

— Lisez ceci, Leonard. Qu'en pensez-vous ?

Inman s'assit et lut :

Cher Monsieur,

Je ne suis pas professionnelle, mais je viens d'en-

trer par héritage en possession de ce qui semble être une lettre personnelle écrite par William Shakespeare.

La lettre s'adresse à une personne nommée Anne. Elle est datée (à la fin, pas au début) du 12 novembre 1582 et vient de Warwickshire (je pensais que c'était le nom d'une ville d'Angleterre, mais je n'ai pu la trouver sur la carte).

De toute façon, j'aimerais connaître la valeur de ce document. Pourriez-vous m'aider en ce sens ou pourriez-vous m'indiquer à qui je pourrais m'adresser ?

Sincèrement vôtre

Mademoiselle Diana Arden.

— Eh bien, dit Leonard Inman, c'est très intéressant.

— Croyez-vous qu'il y ait quelque possibilité, Leonard ? demanda le Dr Milner.

— Je crois que cela vaudrait la peine d'enquêter, dit Inman. Si la bibliothèque pouvait acquérir une lettre encore inconnue de Shakespeare, cela augmenterait sûrement son prestige.

— Vous avez raison, Leonard, bien que je ne sois pas tout à fait d'accord avec la façon dont vous l'exprimez. Je suis sûr que vous devez réaliser que la Bibliothèque Hartmann n'a jamais cru devoir commercialiser le fait qu'elle possédait des trésors tel que celui-là l'est peut-être, simplement pour relever son prestige. Nous avons derrière nous cent ans de dignité et de prestige, Leonard. Notre position parmi les musées du monde entier ne fait pas de question.

— Oui, bien sûr, bégaya légèrement Inman, je ne voulais pas vraiment dire cela...

— J'en suis sûr, Leonard, dit le docteur d'un ton protecteur comme s'il s'adressait à un enfant maladroit. Voilà ce que je veux que vous fassiez maintenant : prenez cette lettre et livrez-vous à des recherches approfondies sur les faits dont il y est question. Prenez pour cela le reste de la matinée. Le conseil d'administration se réunit à une heure cet après-midi et je voudrais que vous puissiez convaincre ces messieurs qu'il y a lieu de poursuivre cette affaire de lettre. Pensez-vous pouvoir le faire ?

— Pourquoi, oui, je...

— Bien. J'ai l'intuition, Leonard, que cette lettre pourrait être authentique. J'aimerais obtenir un engagement précis du conseil au cas où j'aurais raison. Alors, faites tout ce que vous pourrez, entendu ?

— Oui, monsieur...

Le Dr Milner reprit la lecture de son courrier et, après une légère hésitation, Leonard Inman retourna silencieusement dans son bureau.

A midi, Leonard avait terminé le court exposé qu'il présenterait aux administrateurs pour les engager à faire poursuivre les recherches sur la lettre de Diana Arden, et il sortit pour déjeuner. Les jours de conseil d'administration, le Dr Milner déjeunait généralement au club avec les administrateurs mais on ne demandait jamais à Leonard de se joindre à eux. Cela ne se faisait pas, avait-il pensé amèrement : un *assistant* ne devait pas frayer avec eux sur un plan social.

Inman se rendit à pied quelques rues plus loin, en bordure du quartier des bureaux, et entra dans le modeste restaurant où il déjeunait habituellement et même, puisqu'il était célibataire, dînait assez souvent en solitaire. Il s'assit à sa place habituelle au bout du comptoir et Max, le propriétaire, vint vers lui.

— Je prendrai votre commande moi-même

aujourd'hui, monsieur Inman, ma serveuse est partie. Elle m'a quitté vendredi sans aucun préavis.

— Pas de chance, dit Inman. Je prendrai le plat du jour, je crois.

Il n'avait pas vraiment faim. Il n'avait jamais faim les jours de conseil mais il savait qu'il lui fallait manger. Pas trop toutefois, se rappela-t-il. Cela faisait plusieurs mois maintenant qu'il souffrait de l'estomac et il craignait un ulcère. Cela ne le surprendrait d'ailleurs pas après avoir passé quinze ans sous l'autorité de Milner. Pourquoi fallait-il que Milner soit si obstiné à ne pas se retirer ? Pourquoi continuait-il, année après année, quand, selon toute logique, il aurait dû s'arrêter depuis dix ans ? Ce n'était pas juste, ruminait Inman intérieurement, qu'un homme aussi vieux s'accroche à la direction de Hartmann et le prive ainsi, lui, Leonard Inman, d'une situation qui lui revenait de droit. Il était parfaitement injuste qu'un homme puisse arrêter ainsi la carrière d'un autre homme sans, apparemment, aucune autre raison que le refus d'un vieillard d'admettre qu'il n'était... qu'un vieillard.

Qu'est-ce qui n'allait pas avec Milner ? La plupart des hommes, surtout les intellectuels, rêvent du jour où ils auront suffisamment de sécurité financière pour pouvoir se consacrer à loisir à leur passion intellectuelle. Et il ne faisait aucun doute que Milner avait cette sécurité financière ; la retraite des directeurs de la bibliothèque était importante. Il n'y avait aucune raison logique pour justifier ce refus persistant de se retirer.

L'assiette de Leonard arriva et, tandis qu'il mangeait, il repensa à tous les moyens détournés que Milner avait employés pendant des années pour persuader les administrateurs que Leonard Inman n'était pas prêt à prendre la direction de la bibliothèque et que si lui, Herbert Milner, se retirait, celle-ci se retrouverait dans un vrai chaos. Ce n'était pas très difficile pour le vieux docteur de les convaincre car il les connaissait bien. Après quinze ans, Inman était considéré par les administrateurs comme un nouveau en quelque sorte. Ils ne le voyaient que six fois environ par an ; et, après tout, qui fait bien attention à un *assistant* ?

Sans aucun doute, pensa Inman, le vieil homme avait encore l'intention de le rendre ridicule à la séance d'aujourd'hui comme il l'avait fait si souvent par le passé. Subtilement, quelquefois même avec l'air de s'excuser, mais arrivant toujours au même résultat. Et Inman, comme d'habitude, accepterait l'insulte comme le bon petit *assistant* qu'il était.

Inman finit son déjeuner et alla à la caisse pour payer.

— Je ne comprends pas cette fille, dit Max. Elle prend ses cliques et ses claques, sans préavis ni rien du tout.

— Elle était peut-être fatiguée, lui dit doucement Inman. Cela arrive aux gens, vous savez ; ils en ont tellement assez qu'il faut qu'ils s'en aillent.

Max sourit.

— Pas vous, pourtant, hein, monsieur Inman ? Je parie que cette bibliothèque est toute votre vie maintenant, n'est-ce pas ?

Inman prit sa monnaie et sortit sans répondre.

***

— Messieurs, dit le Dr Milner en s'adressant aux administrateurs, la bibliothèque a reçu une lettre assez intéressante dont le conseil voudra peut-être voir approfondir le contenu. Mon assistant, M. Inman, en a analysé les termes pour vous la présenter. Leonard...

Inman se leva de sa chaise située près de la porte ;

comme d'habitude on ne lui avait pas demandé de s'asseoir avec eux. Il s'avança vers le bout de la table et ouvrit un dossier.

— J'ai des photocopies de la lettre pour chacun de vous, messieurs, dit-il en faisant passer les documents à la ronde.

Il nota avec satisfaction le regard un peu surpris de Milner. L'idée de faire faire ces photocopies était d'Inman et il n'en avait soufflé mot à Milner avant la réunion. « Que le vieux fou mijote un peu dans son jus », pensa-t-il avec plaisir.

— Comme vous pouvez le voir, messieurs, commença Inman, la lettre est plus une simple demande de renseignements qu'une offre de vente pour un document que la personne dit posséder. Cependant, dans mes études approfondies des archives de la bibliothèque j'ai pu me rendre compte que quelques-unes des pièces les plus rares de notre collection nous étaient parvenues de la même façon, entre autres les lettres de Lincoln et les manuscrits de Poe. Je crois donc que nous devrions considérer cette lettre comme si c'était une offre ferme de vente. (C'était bon, pensa Inman. Il était venu directement au fait, montrant qu'il savait de quoi il parlait et plaçant en avant les intérêts de la bibliothèque. Oui, très bon.) En ce qui concerne l'authenticité du document décrit par l'expéditeur de la lettre, et la question de savoir si la bibliothèque doit engager des frais pour plus amples informations, je crois qu'il y a lieu de considérer trois points intéressants :

D'abord, il est précisé que le document est daté du 12 novembre 1582. Shakespeare est né en 1564, ce qui fait qu'il était âgé de dix-huit ans à l'époque où il aurait pu écrire cette lettre. La chose paraît donc possible chronologiquement.

Deuxièmement, le document est dit être adressé à une certaine Anne. Nous savons, d'après la biographie de Shakespeare, qu'il épousa une femme de quelques années plus âgée que lui, appelée Anne Hathaway, et que ce mariage eut lieu peu avant son dix-neuvième anniversaire. Ce deuxième point paraît donc confirmé par les faits.

Troisièmement, en ce qui concerne le lieu d'origine de la lettre, l'endroit appelé Warwickshire, que l'expéditrice de la lettre n'a pu localiser comme étant une ville d'Angleterre, était, au XVIe siècle, la province dans laquelle se trouvait le hameau de Stratford-on-Avon que tout le monde sait être le village natal de Shakespeare et l'endroit où il habita pendant les vingt premières années de sa vie.

En prenant tous ces points en considération, il semble assez vraisemblable que la lettre décrite par Mlle Arden soit authentique. Et sur cette base, je vous conseille vivement d'accepter de donner les fonds nécessaires à une enquête poussée.

Pendant un moment, le silence régna tandis que les administrateurs pesaient les paroles de Leonard Inman. Le Dr Milner se taisait en attendant la série inévitable de questions qu'ils ne manquaient de poser à chaque demande d'argent. Inman crut apercevoir un pli au coin de la bouche de son directeur, quelque chose qui ressemblait à un sourire en dessous, presque méchant, et il se demanda : « Quel tour me prépare encore ce vieux singe ? »

— Monsieur Inman, dit un des administrateurs, préfet d'une université voisine, les faits que vous nous avez cités sont, pour la plupart, à la disposition de quiconque veut se donner la peine de faire des recherches sur Shakespeare, n'est-il pas vrai ? Ce que je veux dire est qu'il ne serait pas indispensable de posséder une lettre de Shakespeare pour donner les précisions que nous a donnécs Mlle Arden.

— Eh bien, euh... oui, monsieur, c'est vrai, répondit Inman.

— Et n'est-il pas vrai, monsieur... Inman, dit un

autre, directeur d'une galerie d'art, que toutes les lettres et autres documents de Shakespeare ont été découverts en Angleterre ? Y a-t-il jamais eu un document authentique de Shakespeare trouvé en Amérique ?

— Bien, euh... non, monsieur, je ne crois pas, mais...

— Est-ce que vous réalisez, dit le trésorier du groupe, combien nous avons dépensé durant les dix dernières années pour essayer d'identifier des documents qui se sont révélés n'être que des reproductions ou des faux ?

— Euh... non, monsieur, je ne sais pas, bégaya Inman, mal à l'aise.

— Ces recherches ont coûté des sommes folles, continua le trésorier. En ce qui concerne cette prétendue lettre de Shakespeare, nous serons obligés de faire venir par avion un expert de l'institut Smithsonian ; nous devrons prendre une grosse assurance sur le document pendant qu'il est en notre possession au cas où il se révélerait authentique ; il nous faudra appointer quelqu'un pour accompagner le propriétaire du document tandis qu'il nous l'apportera ; eh bien, grand homme...

— Messieurs, dit le Dr Milner, puis-je vous interrompre une minute ?

Toutes les têtes se tournèrent à l'instant vers la tête souriante et ridée du petit docteur. Malgré son antipathie pour Milner, Inman fut soulagé d'être momentanément protégé du tir de barrage déclenché contre lui par les administrateurs. Il resta où il était, l'estomac serré, et écouta Milner qui, comme il s'y attendait, reprit magistralement le contrôle de la situation.

— Naturellement, dit le docteur, je me rends très bien compte des dépenses à engager et aussi du fait que la découverte d'un document authentique de Shakespeare dans ce pays serait sans précédent ; et si je n'étais pas persuadé qu'il y a de bonnes chances que cette lettre soit authentique, je ne vous aurais jamais présenté cette proposition au conseil. A ce sujet, je dois m'excuser pour le caractère incomplet de l'exposé de mon assistant. Voyez-vous, messieurs, un fait très important concernant cette lettre n'a pas été porté à votre connaissance.

Nous y voilà, pensa Inman. Le grand couteau du très estimé docteur est enfoncé dans mon cœur d'*assistant*, et il va maintenant l'y tourner doucement.

— Il s'agit, messieurs, continua Milner, du nom de la personne qui nous a demandé des renseignements, Diana Arden ; et du fait qu'elle nous dit être entrée en possession du document par voie d'héritage. Ces deux faits me poussent à penser que nous pouvons nous trouver en présence d'une pièce authentique. Voyez-vous, messieurs, le nom de jeune fille de la mère de Shakespeare était justement Arden. Il est donc fort possible que cette Diana Arden, bien qu'elle l'ignore probablement elle-même, soit une descendante directe du grand homme.

Des commentaires jaillirent de toute part autour de la table tandis que les administrateurs digéraient cette dernière information et réexaminaient les faits à cette lumière nouvelle. Leonard Inman restait toujours là où il se trouvait pour faire son exposé que Milner avait qualifié d'incomplet. Il se contrôlait pour garder une figure sans expression au moment où il aurait dû être particulièrement embarrassé de voir Milner faire des excuses pour lui. Ce dernier, par contre, était toujours assis dans le fauteuil d'où il avait virtuellement poignardé Inman, ses mains ridées croisées devant lui, arborant le sourire protecteur qu'on lui voyait si souvent. Il n'y avait, bien entendu, rien d'autre à faire pour Inman que de rester là et, comme Shakespeare l'aurait probablement dit, de souffrir les affres de son humiliation.

— Eh bien, docteur Milner, dit le plus âgé des administrateurs, en raison de cette dernière information, je crois que nous pourrions nous montrer favorables à une enquête plus approfondie sur la lettre de Mlle Arden. Je crois, cependant, ajouta-t-il en montrant Inman du doigt, que le conseil préférerait que vous vous occupiez de la chose personnellement plutôt que... eh bien, que d'en charger quelqu'un d'autre...

— Bien sûr, messieurs, dit Milner d'un ton calme. Je comprends très bien. Pouvons-nous maintenant discuter des fonds à allouer ?

— Oui, je crois que c'est le moment. A combien estimez-vous la valeur de ce document s'il se révèle authentique ?

— Eh bien, dit Milner, étant donné que ce document serait découvert en 1964, année où l'on fête le quatrième centenaire de la naissance de Shakespeare, je dirais... (Milner s'arrêta brusquement et regarda vers Inman.) Oh ! vous pouvez disposer, Leonard, dit-il avec le plus grand naturel, avant d'ajouter après une pause étudiée : merci.

Inman ramassa ses papiers et marcha vers la porte d'un air gêné. Ce pouvait n'être qu'une idée, mais il eut l'impression d'entendre l'assemblée pousser comme un soupir de soulagement quand il quitta la pièce.

La lettre présumée avoir été écrite par William Shakespeare à la femme qui avait probablement été son premier amour, datée de 1582 et envoyée du district de Warwickshire, fut officiellement déclarée authentique un mois exactement après la désastreuse performance de Leonard Inman devant le conseil d'administration de la Bibliothèque Hartmann.

Après le dernier rapport à ce sujet, une réunion

eut lieu dans le bureau du Dr Milner à laquelle assistaient ce dernier, l'avocat de la Bibliothèque Hartmann, le trésorier, un expert en documents rares de l'Institut Smithsonian et la personne qui, la première, avait déclenché toute cette affaire, Diana Arden.

Mlle Arden avait à peine trente ans ; c'était une femme assez ordinaire, effacée au point de paraître timide. Son tailleur, son petit chapeau à la mode, la façon dont elle s'asseyait, sa voix presque trop douce, tout lui donnait l'air d'être extrêmement bien élevée. Comme le dit le Dr Milner au trésorier, cette femme avait en fait un air shakespearien.

Inman n'assista pas à la réunion de Mlle Arden et des quatre hommes ; cependant on l'appela à la fin pour servir de témoin à la signature des papiers qui transféraient à la bibliothèque les droits de propriété du document. Quand cette formalité fut terminée, le Dr Milner en souriant prit des mains du trésorier le chèque de cinquante mille dollars et le remit à Mlle Arden qui lui donna à son tour le contenu du portefeuille de cuir doublé de velours qui contenait la lettre de Shakespeare.

— Je pense que vous déposerez ce chèque à la banque aussitôt que possible, chère madame, dit le trésorier d'un ton paternel. C'est un chèque au porteur, vous savez ; n'importe qui peut le toucher, alors faites attention de ne pas le perdre.

— Oui, merci, dit gentiment Diana Arden. Je vais me rendre directement d'ici à la banque. Ne vous inquiétez pas.

— Très heureux de vous connaître, Mlle Arden, dit le Dr Milner, très heureux.

— Merci beaucoup encore, docteur, répondit-elle gentiment.

— Maintenant, si vous voulez bien m'excuser, dit Milner en se frottant les mains avec enthousiasme, il faut que je voie notre imprimeur pour les affiches et les invitations. C'est un moment dont la Bibliothèque Hartmann pourra être fière, que celui où nous serons en mesure de montrer ce trésor au public.

Diana Arden dit au revoir à tout le monde... sauf à Inman, à qui personne n'avait pensé à la présenter... et elle partit.

Inman retourna dans son bureau et regarda par la fenêtre la jeune femme qui partait avec le chèque de cinquante mille dollars dans son sac.

Une heure plus tard, il marcha jusqu'au restaurant de Max et s'assit au comptoir pour commander un café.

— J'ai trouvé une nouvelle serveuse qui commencera la semaine prochaine, lui annonça Max. J'espère que celle-là au moins me donnera un peu de préavis avant de partir. Les femmes, conclut-il en levant les yeux au ciel, on ne peut pas les comprendre !

Inman sourit et ne dit rien. Il but lentement son café, traînant dans l'endroit et trouvant que les minutes passaient avec une lenteur désespérante. Enfin, quand la pendule marqua onze heures, Leonard Inman se leva, paya, dit au revoir à Max et sortit du restaurant.

Il tourna le coin de la rue et attendit en parcourant le carrefour des yeux. Peu après, un coupé s'arrêta près de lui et Leonard se glissa sur le siège du passager.

— Tu as attendu longtemps ?

— Non, dit Inman. J'étais un peu en avance et j'ai pris une tasse de café chez Max.

— Et comment va ce cher Max ?

— Il se plaint toujours que tu l'aies quitté sans donner de préavis, dit Inman bizarrement.

Diana Arden sourit.

— Eh bien, dit-elle, à partir de maintenant le

pauvre Max et le vieux Milner peuvent se consoler mutuellement.

Inman sourit enfin.

— Tu as les billets d'avion et le reste ?

La jeune femme acquiesça.

— Le direct pour Buenos Aires.

Elle conduisit facilement au milieu du trafic peu important du milieu de la journée et se retrouva sur l'autoroute de l'aéroport.

— Crois-tu que la bibliothèque s'apercevra de quelque chose, Len ? demanda-t-elle au bout d'un moment.

— C'est possible, je pense... dit Inman sans avoir l'air de s'en faire. (Maintenant que tout était terminé il se sentait très fatigué.) Il se peut qu'ils s'aperçoivent de la disparition de la page blanche du livre de bord du *Puritan* dont je me suis servi pour donner à la lettre de Shakespeare un air authentique ; ou bien l'encre que j'ai employée n'aura-t-elle plus l'air ancienne quand le document aura été exposé plusieurs mois dans une vitrine... (Il la regarda et vit son expression troublée.) Ne t'inquiète pas cependant, lui dit-il d'un ton rassurant. Il y a toutes chances pour qu'ils ne s'aperçoivent de rien avant des années. Pas avant que Milner ne meure en tout cas et que le directeur ne change. Et Milner vivra probablement jusqu'à cent dix ans. (Il tendit la main et lui caressa le genou.) Allons, Juliette, souris-moi maintenant.

— Tout ce que tu voudras, Roméo, dit-elle.

Et ils continuèrent vers l'aéroport, vers le grand Boeing, vers la liberté.

From the bard, with love.
Traduction de A. Decloux.

JE SUIS MORT, CHÉRIE

par O.H. LESLIE

Le wagon était couché sur la voie. Dans quelques instants les flammes allaient jaillir. Je rampai sous l'amoncellement de tôles tordues, sans me préoccuper des fragments brûlants de verre et de métal, sur lesquels se posaient mes mains et mes genoux.

Enfin, je sentis un souffle d'air frais sur mon visage, et aussitôt je me mis debout. Je brossai tant bien que mal mes vêtements couverts de poussière. Avec un rugissement de bête sauvage, le feu prit derrière moi et je me hâtai de m'éloigner.

Il y avait à peine dix minutes que la première voiture avait quitté les rails dans un tintamarre infernal, entraînant le reste de l'express de Boston contre le remblai, mais déjà la foule était là. Rien n'attire les badauds comme le sang et les jeux de balle, et les tentes du carnaval étaient déjà plantées. Ils braquaient des projecteurs sur cette scène de cauchemar, se lançant des appels, martelant le métal tordu pour atteindre les survivants. Ils étaient vraiment à leur affaire.

Je me sentais plutôt mal en point, mais du moins n'avais-je rien de cassé. Une fois n'est pas coutume :

j'avais eu de la chance ! Dans les derniers mois, j'avais collectionné les catastrophes. Aussi, lorsque j'avais senti le wagon osciller et tanguer dans un bruit d'enfer je m'étais dit : *cette fois, mon vieux, tu es bon, c'est la fin.*

Mais je me trompais. Là-haut, sans doute, quelqu'un avait décidé que je pouvais encore affronter quelques années de tribulations. Les secousses m'avaient projeté contre un sofa de cuir qui s'était renversé sur moi. Lorsque les projectiles meurtriers avaient commencé à tomber du plafond, je me trouvais dans un abri individuel. Tous les autres voyageurs du compartiment — même l'ivrogne en complet voyant qui m'avait payé trois verres pour obtenir le privilège de me raconter sa vie — avaient eu beaucoup moins de chance. Ils étaient au milieu du brasier. A cette pensée, je sentis mon estomac se crisper... Mieux valait ne pas y penser.

Je sentis mes pieds glisser le long d'une pente et je levai les bras pour garder mon équilibre. A quelques mètres plus loin, une pelle à la main, un homme en chemise blanche, mais souillée, me héla.

— Hé ! Monsieur ! ça va ?

— Oui, dis-je, ça va très bien !

— Vous en êtes sorti juste à temps. On monte un poste de secours un peu plus loin. Croyez-vous pouvoir y arriver ?

— Certainement. Où sommes-nous ? Comment s'appelle cette ville ?

— Nous sommes juste à la sortie de Hopkins Falls. De la ville nous avons entendu le bruit de la catastrophe. On aurait dit une bombe.

Il partit en courant. Son visage était blanc sous l'éclat des projecteurs. Je me dirigeai vers le poste de secours, et un jeune gars en uniforme blanc couvert de taches me soutint pour entrer dans la tente. Une matrone était assise devant un bureau un classeur à la main. On eût dit qu'elle s'apprêtait à tenir le rôle de juge dans une exposition d'horticulture. Elle me demanda mon nom.

— Je ne sais plus, dis-je. Je m'appuyai sur le bureau, feignant un étourdissement. Pour quelque raison mal définie, je répugnais à donner mon nom à cette mémère glaciale.

— Jerry ! glapit-elle.

L'employé en blanc prit mon bras et sourit.

— Ça a l'air d'aller, mon vieux. Vous pouvez vous vanter d'avoir eu de la chance.

— Oui, dis-je faiblement, j'ai eu de la chance !

Un personnage ventru, en veste à carreaux, pénétra dans la tente.

— Nous organisons un hôpital provisoire en ville, dit-il, si vous avez des cas graves, embarquez-les dans le camion de Jake. Lincoln City envoie son ambulance.

L'employé me conduisit à l'extérieur et, pour la première fois, j'aperçus les rangées de morts et de blessés étendus sur le sol. Cette vue ne fit aucun bien à mon estomac.

— Écoutez-moi, je veux m'en aller d'ici...

— Certainement, Monsieur. Des voitures et des camions vont arriver. Nous sommes à quatre cents mètres à peine de la ville.

— Je vais marcher, dis-je, je me sens parfaitement bien, je vous assure. Cela ne me vaut rien de rester traîner ici.

Il haussa les épaules :

— Comme vous voulez...

Il m'indiqua le chemin, et je dirigeai mes pas de ce côté. La chance me favorisa une fois encore. Une antique Ford approchait. Une tête barbue surgit de la portière et m'offrit une place à ses côtés. J'acceptai. L'homme me harcelait de questions sur la catastrophe, mais je feignis d'être trop commotionné pour répondre, et il finit par se taire.

Ce n'était pas une ville bien importante. Il y avait

une grappe de maisons qui s'épaulaient mutuellement pour ne pas tomber, et la seule enseigne lumineuse de l'endroit était justement celle que je cherchais. Une série de lampes électriques épelaient le mot HOTEL. Je m'extirpai de la Ford et fis un signe d'adieu au barbu, puis je parcourus des yeux la grand-rue. Ce genre de bourg méritait le respect. C'était la terre d'élection pour les agneaux bien gras, qui permettaient aux individus de mon acabit d'exercer leurs talents dans le maniement de la tondeuse. Je faillis tirer respectueusement mon chapeau. Cette pensée me réconforta ; je ris et poussai la porte de l'hôtel.

Il me fallut un certain temps pour découvrir le préposé aux entrées, dissimulé derrière les plants de caoutchouc du hall. C'était un personnage filiforme, qui portait un gilet à l'ancienne mode dont les emmanchures s'enfonçaient dans ses étroites épaules. Il me regarda curieusement, et fit pivoter le registre dans ma direction ; je ne pus réprimer un gloussement en voyant la page vide ; ce n'était pas exactement à ce genre d'établissement qu'aurait pu s'intéresser Conrad Hilton, le propriétaire de la chaîne du même nom. Lorsque je demandai une chambre avec salle de bain, le concierge faillit avaler son dentier. Il avait dû me prendre pour un frère de misère. Mon complet veston de chez les frères Brooks était couvert de débris divers. Je m'inscrivis sur le registre sous le nom de Benedict Arnold, et me rendis à la chambre miteuse, au deuxième étage.

Les ressorts du lit antique émirent un soupir rouillé lorsque je les accablai de mon poids. Mais leurs plaintes me laissèrent indifférent. Le sommeil me frappa comme un direct au menton.

***

Je me réveillai avec une douleur à la hanche. J'y portai la main, craignant une fracture. Ce n'était heureusement que mon portefeuille dans la poche de mon pantalon. Je me redressai sur mon séant et tirai le portefeuille.

Il contenait cent cinquante dollars. Je rangeai les billets un par un sur le lit, dans le clair rayon de soleil qui filtrait à travers la fenêtre poudreuse, et les recomptai de nouveau. Cent cinquante dollars, ce n'était pas mal. J'avais le temps de voir venir.

Je décrochai le téléphone intérieur. Il me fallut attendre cinq minutes pour obtenir une réponse. Je demandai du café, des toasts et les journaux, pensant que si l'on accédait à deux de mes trois exigences, je pourrais m'estimer heureux. Puis je m'étendis sur le dos, tirai une cigarette du paquet écrasé qui se trouvait dans ma poche et fumai dans un silence propice à la réflexion.

Une demi-heure plus tard, le jeune homme au gilet entra dans la chambre avec des toasts spongieux, du café anémique et un exemplaire du journal local — qui comportait en tout quatre pages. Je ne me plaignis pas du service. (Pourquoi augmenter le confort du prochain client ?) Mais le garçon attend toujours mon pourboire.

Puis je pris le journal. La catastrophe de chemin de fer tenait toute la page ; jamais on n'avait vu pareil événement dans la bourgade, depuis que le cochon avait mangé un bébé. Je négligeai la prose du William Allen White local, truffée de lignes à l'encre rouge, pour me précipiter sur la liste des victimes. Elle n'était pas complète, mais j'y trouvai ce que je cherchais. Je n'aurais pas échangé pour tout l'or du monde le plaisir de voir ce nom à cette place.

Je débarrassai le lit des papiers qui l'encombraient et je saisis de nouveau le téléphone. Cette fois, mon jeune ami était à son poste. Je lui dis que je voulais faire un appel à longue distance — ce qui parut l'impressionner — et il me mit en liaison avec l'opératrice.

— Je voudrais téléphoner à Mme Walter Gorse, dis-je, 1240 Lafayette Street à Boston...

Je donnai le numéro de téléphone de l'hôtel, et les ondes électriques se mirent à parcourir le pays. Les sons riches que le récepteur faisait parvenir à mon oreille me donnaient l'impression d'avoir retrouvé ma place dans l'humanité ; c'était bon de savoir que, là-bas, la civilisation existait toujours. Finalement, l'opératrice me donna la communication et une voix féminine dit :

— Allô ?

— Allô Myrna ?

— Qui est là ?

— Écoute, Myrna, y a-t-il quelqu'un près de toi ?

— Comment ? Je n'entends pas !

— Y a-t-il quelqu'un près de toi, dis-je avec impatience. Es-tu seule ?

— Oui. Qui est à l'appareil ?

— C'est moi, Walter.

Elle fit un *ahhh* de surprise et je ne pus m'empêcher de sourire.

— WALTER !

— C'est cela, dis-je, surprise ?

— Walter ! Dieu soit loué ! J'ai appris la nouvelle à la radio. Je ne savais pas si tu étais vivant ou mort...

— Je suis mort, chérie. Ne t'en fais pas pour cela.

— Comment ?

Je me rapprochai du téléphone.

— Myrna, écoute-moi très attentivement. On a commis une erreur ici. Une très grosse erreur, et nous allons en tirer profit. Comprends-tu ?

— Non !

— Écoute-moi bien et tu comprendras. Je suis

inscrit sur la liste des victimes. On me croit mort. Comprends-tu ce que je dis ? *On m'a porté mort* !

— Comment ?

— Tu es bouchée, ma parole ! On a fait une erreur. On a identifié l'un des cadavres sous mon nom. Ce n'est peut-être pas tout à fait une erreur. J'ai échangé mon portefeuille avec celui d'un autre avant de m'extraire de mon wagon. Il a été brûlé au point d'être méconnaissable. Jamais on ne pourra réellement l'identifier.

— Mais pourquoi toutes ces complications, Walter, pourquoi ?

J'ai lu quelque part que les femmes possèdent 80 p. 100 de la fortune du pays. Il y a de quoi vous faire rêver. Je lui expliquai tout, par le menu, comme un mari est obligé de le faire, la plupart du temps, pour sa femme.

— Quelle est la seule chose de valeur que nous possédions ? demandai-je.

— Je ne comprends pas ce que tu veux dire !

— Tu sais bien, cette police d'assurance que je viens de souscrire. Vingt-cinq mille dollars... Vingt-cinq mille dollars, plus d'argent que nous ne pourrions en économiser pendant toute notre vie...

— Mais je ne pourrai pas toucher cette somme puisque tu es vivant !

Je regardai le cadran du téléphone : si Myrna avait été devant moi, je l'aurais étranglée.

— Mais je vais rester mort, Myrna, comprends-tu ? Tu vas prendre le deuil. Ensuite tu toucheras le chèque de vingt-cinq mille dollars de la compagnie d'assurances. Tu déposeras cet argent en banque. Nous attendrons un moment, après quoi, nous quitterons la ville. Toi, moi et l'argent. Comprends-tu maintenant ?

— Oui, dit-elle, après une pause qui me parut interminable. Je comprends, Walter.

— Très bien. Je te rappellerai bientôt.

— Bien Walter. Je ne sais pas si nous devrions faire une chose pareille. Mais c'est toujours toi qui...

— Au revoir Myrna !

Je raccrochai. Puis je saisis mon oreiller et l'étreignis comme un gosse fou de joie. Vingt-cinq mille dollars. La chance me souriait enfin. Ce n'était pas trop tôt !

***

Les cent cinquante dollars durèrent une semaine. Ils me payèrent un nouveau costume au grand magasin local, ma chambre, ma pension, et un billet de chemin de fer pour Boston.

Je fis également l'emplette d'une valise en carton bon marché, pensant qu'un voyageur muni d'une valise se remarque moins dans une foule. Un vendredi matin, je mis l'annuaire téléphonique local, la Bible et une paire de serviettes dans la valise, et je descendis. Je réglai ma note et dis au revoir à mon ami au gilet.

— Au revoir, monsieur Arnold, dit-il.

Durant tout le trajet à la gare, je ne cessai pas un instant de rire.

En gare de Boston, je pénétrai dans une cabine téléphonique et j'appelai ma chère vieille Myrna.

— Tu es seule ? murmurai-je.

— Qui est à l'appareil ?

— Walter. Je t'avais dit que je te rappellerais.

— Où es-tu ?

— A la gare. Je viens d'arriver. Que s'est-il passé ?

Je pus l'entendre avaler péniblement sa salive.

— Ils m'ont fait parvenir ton... le corps. Les funérailles ont eu lieu mardi.

— Magnifique ! dis-je. Beaucoup de monde ?

— Non, pas trop. Sandy et Jane n'ont pas pu venir. Mais Doris et Tom étaient là. Maman voulait prendre l'avion, mais je lui ai télégraphié de ne pas se déranger. Tout cela paraît stupide.

— Tu ne lui as rien dit ? demandai-je inquiet.

— Bien sûr que non. Que vas-tu faire maintenant ?

— Je n'en sais rien moi-même. Je suis fauché. Je n'ai même pas de quoi me payer une chambre d'hôtel.

— Mais tu ne peux pas venir ici...

Elle devenait intelligente, tout d'un coup.

— Je sais que je ne peux pas rentrer à la maison, Myrna. Mais il faut que je mange. C'est une loi de la nature. Alors je vais te dire ce qu'il faudra faire. Tu glisseras deux cents dollars dans une enveloppe que tu adresseras à John Nolan, aux bons soins de l'hôtel Montgomery. As-tu compris le nom ?

— Oui, John Nolan.

— N'écris pas ce nom ; tu es capable de t'en souvenir. John Nolan au Montgomery. Je vais m'y rendre ce matin. N'essaie pas de me joindre. Ce serait courir au-devant des ennuis. Compris ?

— Mais si l'on te reconnaît ?

— Rien à craindre. Le Montgomery n'est pas fréquenté par les gens de notre classe. Essaie de m'envoyer la somme en petites coupures, c'est entendu ?

— C'est entendu.

Je raccrochai. Je me dirigeai ensuite vers le kiosque à journaux, achetai des cigarettes et un journal avec mes dernières pièces de monnaie et pénétrai enfin dans la salle d'attente. Je choisis le siège le plus moelleux que je pus découvrir et je glissai sous lui mon maigre bagage. C'est là que je passai la nuit, dans l'attente d'un train que je ne prendrais jamais.

Je me réveillai les côtes en long, mais néanmoins en meilleure forme. Je me rendis aux toilettes de la gare, et me lavai le mieux possible. En dépit de mes joues mal rasées et de mon costume froissé, le miroir me renvoya l'image d'un personnage dont l'apparence était meilleure que celle de la plupart des farceurs de la ville. Cela me faisait toujours du bien de savoir que j'étais beau garçon. Si j'avais un physique avantageux, c'est que dame Nature l'avait voulu. Ce qui me manquait, c'était les espèces sonnantes et trébuchantes pour compléter le tableau. Cette lacune était pratiquement comblée.

Je quittai la gare pour entrer dans une belle journée ensoleillée. Mon humeur était à l'unisson. Vous savez ce que c'est. Il y a des jours où tout marche comme sur des roulettes.

Je me dirigeai à pied vers le Montgomery. Bien sûr, c'était un établissement au-dessus de mes moyens. C'était un immeuble en grès blanc, de dix-huit étages, aux lignes nettes, entouré d'un rideau d'arbres régulièrement espacés. L'auvent s'avançait de quatre mètres dans la rue, et le portier avait l'air d'un général constellé de décorations. Que c'était bon de marcher sur le tapis lie-de-vin qui menait à la salle de réception luxueuse, sachant qu'à l'intérieur m'attendaient de l'argent, une chambre et une douche chaude.

Je m'avançai vers le bureau de réception avec la nonchalance d'un millionnaire blasé, en grattant ma joue mal rasée d'un index désinvolte. Ni mon complet froissé, ni ma barbe de la veille, ne me causaient le moindre souci. J'avais vu dans des endroits sélects, des richards déambuler sans complexe, au lendemain de nuits d'orgie, dans des tenues impossibles. Je me contentai d'abaisser sur le préposé une paupière condescendante et je lui décochai mon meilleur sourire à la Douglas Fairbanks junior.

— Je voudrais une chambre, dis-je, quelque chose de convenable.

L'homme aux yeux de merlan frit fut-il impressionné, ne le fut-il pas ? Je ne saurais le dire. Quoi qu'il en soit, il me donna quelque chose au dixième étage, et laissa tomber sa paume sur un timbre.

— Vous devez avoir du courrier au nom de M. John Nolan.

Il se dirigea vers le pigeonnier d'un air dubitatif. Je retenais mon souffle. Il s'échappa en un soupir de soulagement lorsqu'il revint avec une épaisse enveloppe.

La chambre était bien. Un peu décevante, peut-être. J'avais toujours pensé qu'un hôtel de cet ordre était meublé avec une débauche de luxe. Or la chambre était gentille et confortable, sans plus. Et la vue n'était pas fameuse. Elle me plut davantage après la douche et un coup de rasoir, lorsque je m'étendis sur le lit vaste et moelleux. J'ouvris l'enveloppe, allumai une cigarette et comptai l'argent.

Elle contenait deux cent quarante dollars et un billet sur lequel je lus : *Désolée c'est tout ce que j'ai pu me procurer.*

Je fronçai les sourcils... Bah, cela n'avait pas d'importance ! Il y en avait suffisamment pour quelques jours. Puis l'agent d'assurances viendrait voir Myrna, et deux cent quarante dollars ne représenteraient plus que l'argent pour les taxis.

Je demeurai au Montgomery près de deux semaines. Je m'aperçus qu'aucun des millionnaires qui habitaient ce palace n'était ni plus beau, ni plus intelligent que moi. Une seule chose nous séparait : l'argent. J'allais combler ce fossé.

Vint le moment d'appeler Myrna.

— Allô ! chérie, ici Walter. Peux-tu parler ?

— Oui je peux parler, comment vas-tu ?

— Magnifiquement, sauf que tu me manques.

— C'est gentil, dit-elle, plutôt sèchement.

— Que s'est-il passé ? Ont-ils payé ?

— Pourquoi parler bas Walter ? Oui ils ont payé, rubis sur l'ongle, la semaine dernière.

Je fermai les yeux. Je vis en imagination toutes les choses que je désirais depuis ma naissance.

— Bien ! maintenant, écoute-moi attentivement. Voici comment nous allons procéder. Tu iras à la Banque Nationale des Industries Chimiques, dans Clover Street. Tu sais, près de la voûte. Tu ouvriras un compte commun au nom de John Nolan. Tu comprends ?

— Mais Walter...

— Laisse-moi finir, veux-tu ? Tu ouvres le compte, et tu prends tous les formulaires à remplir. Ensuite tu les envoies ici à mon hôtel. Compris ?

— Je comprends.

— Parfait. Fais cette démarche aujourd'hui même, ce matin. Ensuite je te ferai connaître le reste du plan.

— Oui Walter !

Je souris et replaçai le récepteur sur son support.

La chère vieille Myrna se débrouilla fort bien. Je trouvai l'enveloppe sous ma porte le lendemain matin. Je remplis la demande, signai d'un large paraphe, mis la feuille dans une enveloppe que je postai à l'adresse de Myrna et je rappelai celle-ci le lendemain, pour m'assurer qu'elle avait bien reçu mon envoi. Elle l'avait reçu.

Un jour plus tard, je touchai mon chéquier.

La Banque Nationale des Industries Chimiques ouvrait ses portes à neuf heures. Le lendemain du jour où j'avais reçu mon chéquier je me trouvais à dix heures devant la banque, vêtu du costume le plus beau que j'avais pu me procurer avec ma réserve qui, on le devine, s'épuisait rapidement. Je voulais avoir le physique du rôle : celui de l'homme qui se trouve soudain à court d'argent de poche.

Mes talons claquaient sur les dalles de marbre lorsque je traversai la salle pour me diriger vers la caisse portant les initiales : M.N.O. L'uniforme bleu foncé du garde de la banque passa dans mon champ visuel. L'homme semblait gras et indolent.

Je m'avançai devant le guichet derrière lequel se tenait un jeune homme aux cheveux pâles. Je commençai une phrase, puis je me souvins que je devais remplir une formule de retrait de fonds. Je m'éloignai avec un sourire d'excuse et me dirigeai vers le comptoir revêtu de verre au centre de la pièce. J'ouvris le chéquier, traçai le numéro en travers de la feuille blanche puis je rédigeai la somme : *trois mille dollars*. Je n'allais pas tout retirer d'un coup. J'étais plus avisé que cela. Tout cet argent aussi vite sorti que rentré — rien de tel pour attirer l'attention. J'allais plutôt le grignoter petit à petit.

Je revins au guichet et je dus attendre pendant qu'un jeune garçon en blouson de cuir encaissait un misérable chèque de dix dollars. Puis je poussai la formule de retrait et le chèque vers le jeune caissier.

Il leva les yeux.

— Monsieur Nolan ?

— C'est moi.

Il sourit.

— Une minute je vous prie.

Il s'écarta du guichet et se dirigea vers le téléphone. Je ne me sentis pas inquiet. Trois mille dollars c'est une somme. Les caissiers de banque sont des gens prudents.

Il revint, toujours souriant.

— Vous n'aimeriez pas mieux un chèque sur une autre banque ? C'est beaucoup d'argent liquide pour porter sur soi.

Pour toi peut-être, pensai-je.

— Je préfère en espèces, dis-je.

— Comment les voulez-vous ?

— Aucune importance. En coupures de cinq

cents, de cent, de cinquante, et quelques-uns de vingt dollars. Mais vraiment cela m'est égal !

— Très bien, Monsieur.

Le « Monsieur » sonnait bien.

Il compta les billets avec habileté. Je l'admirais. Je pensais que ce garçon ferait son chemin dans le monde de la banque. J'étais de bonne humeur.

— Voilà, Monsieur !

— Merci ! Je glissai l'argent dans mon portefeuille, mais il refusa de se fermer. C'était un gentil petit problème. Le caissier m'adressa un sourire compréhensif. Je prélevai quelques-unes des coupures de vingt dollars que je fourrai dans ma poche. Puis je sortis avec une nonchalance calculée.

***

Les deux lascars qui m'arrêtèrent à la porte avaient quinze centimètres de moins que moi. Mais à la façon dont ils tenaient leurs bras, je compris qu'ils compensaient ce déficit de taille par la possession d'armes à feu. L'un d'eux me saisit par le coude, tandis que l'autre disait :

— John Nolan ?

— Oui. Que signifie ?

— Vous allez nous accompagner, monsieur Nolan.

— Pourquoi cela ?

L'autre répondit :

— L'attorney de district désire vous parler, monsieur Nolan.

On se serait cru au cinéma. Pendant une minute, j'éprouvai la tentation de les bousculer et de me jeter dans la porte à tambour, mais mes genoux se liquéfièrent soudain et je ne trouvai rien de mieux à leur répondre que :

— C'est entendu. Puisque vous le voulez !

Ce fut dans le bureau de l'attorney de district que je trouvai Myrna. Elle me regarda comme si je descendais d'une autre planète. Elle était en grand deuil, ce qui n'arrangeait en rien sa silhouette étriquée.

L'homme assis derrière le bureau dit :

— Vous le reconnaissez, madame Gorse ?

— Non, non, je ne l'ai jamais vu de ma vie, dit-elle. Puis elle se mit à pleurer.

Je rejetai mes épaules en arrière et jouai les durs.

— C'est bon, dis-je, je vois que ça n'a pas marché. Mais vous ne pouvez pas me pendre pour avoir tenté ma chance !

— Peut-être bien. Mais vous feriez mieux de nous raconter votre histoire, dit l'attorney de district.

C'est ce que je fis. Je leur racontai ma rencontre avec l'homme au complet tapageur. L'homme qui buvait trop, qui parlait trop, et qui m'avait raconté sa vie parce que j'avais un visage sympathique. L'homme qui m'avait mis au courant de toutes ses difficultés financières, qui m'avait parlé de sa femme, la sotte et docile Myrna, et de la seule chose de valeur qu'il possédât au monde : sa police d'assurance.

Puis je leur parlai de la catastrophe de chemin de fer, de l'incendie, et de l'idée qui surgit dans mon esprit en arrivant au minable hôtel de Hopkins Falls. C'était une bonne idée que j'avais bien réalisée. Myrna n'avait pas deviné que la voix qui lui parlait au téléphone n'était pas celle de son mari. Elle n'était pas très futée et j'avais écouté son mari pendant assez longtemps pour connaître sa façon de s'exprimer.

— Vous étiez trop sûr de vous, Nolan, dit l'attorney de district. Vous avez sous-estimé la compagnie d'assurance. Elle a insisté pour que les recherches d'identification soient menées jusqu'à l'examen des dents. Lorsqu'on a eu la certitude que le cadavre brûlé était bien celui de Walter Gorse, et que nous avons fait part à Mme Gorse des raisons qui motivaient cette certitude, elle nous a téléphoné. Nous lui avons prescrit de poursuivre les tractations avec vous jusqu'au moment où l'argent serait en votre possession. Nous vous avions repéré dès le début.

— Vous êtes malin, ricanai-je.

Il était intelligent, c'est entendu, mais il avait un nez en forme de patate et les dents protubérantes ; au moins j'étais plus beau garçon que lui.

I'm dead, honey.
Traduction de Pierre Billon.

LE TÉMOIN AUX TROIS VISAGES

par TOM MCPHERSON

Shubert regarda la conduite intérieure rose coquillage déraper légèrement en faisant une embardée au bout de Front Street et stopper à moins de trente centimètres de l'arrêt de l'autobus. Il sourit et chercha sa montre.

Huit heures vingt-huit. A la minute près, Lewie. A l'heure exacte et au même endroit, chaque matin, sauf dimanche, durant les huit derniers jours. Eh bien, à partir d'aujourd'hui, Lew, c'est fini.

Shubert ajusta ses gants de peau de chamois, puis fouilla dans la boîte à gants de sa voiture et en sortit un pic à glace. Il se baissa et glissa l'objet dans la large manche de son pardessus. Il savait que Lew devait maintenant avoir fini de fermer méthodiquement les quatre portières de sa conduite intérieure rose et être sur le point de traverser Front Street.

Pendant que Lew suivait avec précaution son chemin, en évitant les plaques de glace du trottoir, Shubert remit en marche son moteur. Puis il se glissa à bas de son siège et alla se pencher sur le capot, faisant mine d'en vérifier la fermeture.

Au moment où Lew passa derrière lui, il se redressa et, pivotant avec aisance sur ses talons, d'un seul mouvement, il leva son bras gauche au-dessus de l'épaule de Lew et lui pressa son poing ganté sur la bouche tandis que, de sa main droite, il lui plantait le pic à glace dans le dos. Puis il appuya davantage encore son poing sur la bouche. Et après une brève lutte silencieuse, l'homme s'affaissa mollement contre lui. Il poussa alors le corps sur le trottoir, à l'écart de sa voiture, et courut vivement vers la portière.

Il vit l'apparition au moment où il empoignait le volant.

Elle se tenait immobile au coin de la rue, à moins de cinq mètres de lui, un pied dans le caniveau, l'autre sur le trottoir. Un étrange visage tricoté le regardait, coiffé d'une casquette de policier. Des anneaux écarlates encerclaient des pupilles brunes et brillantes. Sur chaque joue bleu sombre, trois larges triangles pourpres pointaient vers le nez et la bouche. Un rond écarlate aussi entourait les deux narines, un autre les lèvres. L'apparition mesurait un peu plus d'un mètre soixante et était vêtue d'un lourd manteau bleu sous lequel dépassaient de longs bas rouges jusqu'aux snow-boots trop grands.

Elle s'exclama : « Mon Dieu ! » et, d'un bond, remonta sur le trottoir, tournant le dos à Shubert. Le dos ? Et pourtant non. Car ce dos semblait avoir la même expression, à la seule différence que ce visage-là n'avait pas d'yeux. Les mêmes cercles écarlates l'ornaient mais ils se détachaient sur un fond bleu uni. Shubert s'efforçait de descendre de son siège tandis que l'apparition s'enfuyait dans une petite rue en trébuchant.

Il jura contre lui pour ce moment de panique qui le paralysait. Puis il contourna en courant les pieds de Lew et atteignit le coin de la rue quand un bruit de voix haut perchées le fit de nouveau sursauter.

Des groupes d'enfants, riant et discutant, convergeaient en direction de l'angle diamétralement opposé. Il les regarda un instant, déconcerté. Puis il bondit vers sa voiture, démarra et descendit en trombe Front Street dans la direction de l'autoroute.

— Mon Dieu, mon Dieu ! murmurait Elaine Wrigley tout en courant le long de Venable Street. Son visage était couvert de sueur sous le masque de ski en laine tricotée et les snow-boots trop grands la faisaient trébucher. Son manteau encombrant la gênait autant que la terreur pour courir. Et dans cette course éperdue elle n'avait plus rien de la silhouette qui lui avait valu un jour d'un danseur aux larges épaules, le surnom d'*Elfe* Wrigley.

Elle avançait à pas pesants dans une partie de la rue qui n'avait pas encore été déblayée quand, soudain, elle glissa sur la glace et tomba, avec plus de peur encore que de mal. Elle se redressa sur les mains et les genoux et essaya de se remettre sur pieds, mais ceux-ci glissaient malgré elle. En sanglotant, elle remuait bras et jambes comme un animal à quatre pattes sur une roue, et se retrouva de nouveau à plat ventre. A ce moment-là, elle sentit de fortes mains la prendre sous les bras.

— Eh bien, Elfe Wrigley. Nous avons eu trois jours pour fêter le Nouvel An, hein ? Allons, doucement. Hop là ! Bravo !

Elle regarda avec gratitude les yeux inquiets d'Henry Landru et murmura, vaguement consciente que ce qu'elle disait devait paraître inintelligible :

— Il a tué Lew. C'est horrible. Il l'a poignardé. Je le sais. Oh ! Henry !

Le chef Landru, passant son bras gauche autour de ses épaules, la soutint ainsi jusqu'au poste de police. Il la fit asseoir au seul bureau qui s'y trouvait et ouvrit le tiroir du bas. Il en sortit une bouteille de whisky dont il versa deux doigts dans une tasse en papier. Il lui fallut ses deux mains pour mettre la tasse dans la main d'Elaine.

— Là, buvez ça. C'est contre le règlement, mais vous n'êtes pas un vrai flic.

Il la vit alternativement boire et frissonner. Il savait qu'il ne lui faudrait que quelques secondes pour reprendre possession d'elle-même. La main libre de la jeune femme tâtonna pour prendre le masque de ski inca qu'elle avait, en arrivant, laissé tomber sur le bureau et ses doigts cherchèrent à s'enfoncer dans les plis peu profonds de la laine. Landru avait près d'un mètre quatre-vingt-dix-huit et ses cheveux blond clair coupés court contrastaient avec ceux d'Elaine, teints en roux et mis à mal par le masque de ski. Elle se força à boire d'un seul coup ce qui restait de whisky et regarda Henry Landru.

— L'individu a frappé Lew avec quelque chose qui ressemblait à un pic à glace. Juste devant le magasin de Lew. Une chose horrible. Je ne suis pas flic. Je ne retournerai jamais plus à ce carrefour.

Lentement, Landru poussa la bouteille de whisky sur le bureau.

— Attendez ici, Elaine. Et ne bougez pas de ce fauteuil jusqu'à mon retour.

Il se rua ensuite vers la porte et prit la direction de Front Street.

Elaine se versa un autre whisky dans la tasse en papier et le but à petits coups. Elle se disait et se répétait qu'elle ne serait plus jamais agent de carrefour. Elle n'avait pas besoin de ce travail, surtout pour le peu qu'il était payé. Elle se sentait malheureuse et embarrassée à ce carrefour et, durant les premiers jours, elle avait souffert horriblement du froid. L'inconfort dû à l'hiver s'était trouvé cependant atténué quand elle avait pu disposer du lourd manteau de police appartenant à son frère et du masque de ski brodé, provenant de la douzaine qui avait été faite pour un récent jeu de Toussaint à l'école. Mais le malaise moral avait persisté.

Chaque fois qu'elle était sur le point de démissionner, elle pensait de nouveau à la raison qui lui avait fait accepter ce travail. Elle ressentait encore l'horreur qu'elle avait éprouvée en apprenant que son mari était accusé d'homicide par imprudence. Deux fois seulement, elle avait vu Hal ivre. La première, lors d'une réédition de l'enterrement de sa vie de garçon. La seconde, le jour où les Pirates avaient réussi l'impossible en battant les Yankees au championnat du monde. Ce soir-là, Hal était rentré ivre à la maison. Les élèves de classe de huitième quittaient l'école après une partie de base-ball. Hal avait heurté un groupe avec la voiture, tuant un garçon de treize ans et une fille de quatorze.

La nuit même, Harold Wrigley s'était pendu dans sa cellule à la prison, et, deux jours plus tard, Elaine perdait le bébé qu'elle attendait. Elle avait survécu au drame, mais sans savoir comment. Elle arrêta toute activité, et jamais on ne put la convaincre de retourner aux séances de danse hebdomadaires. Puis Landru lui dit qu'il ne pouvait pas trouver assez de femmes pour être gardes aux carrefours de la ville. Les jeunes avaient leur nouvelle maison ou préféraient aller à leur club. Quant à celles dont les enfants étaient grands, elles demandaient des situations à plein temps. Henry s'abstint de souligner que protéger à un carrefour des enfants sortant de l'école pouvait être une forme de thérapeutique. Mais Elaine le comprit de cette façon.

L'horreur de ce souvenir lui avait, un instant, fait oublier celle du meurtre. Mais ses pensées retournèrent à celui-ci et elle se mit à trembler. La lourde porte du poste de police, rendue plus lourde encore par les innombrables couches de triste peinture verte, s'ouvrit brusquement et son frère entra. Landru le suivait. Elaine courut se jeter dans les bras de Paul qui lui tint la tête contre sa poitrine tandis qu'elle sanglotait. Mais bientôt, elle releva la tête et se tourna vers Landru.

— Est-ce que Lew...

Mais elle ne put achever la question.

— Il est mort. Il devait même, à mon avis, l'être avant que vous ne vous sauviez, Elaine. Vous avez vu à l'œuvre un tueur à gages et cette sorte d'homme ne laisse jamais un travail à moitié fait.

Il s'assit lourdement sur l'angle du bureau. Ils ne demandaient pas : « Pourquoi Lew ? », car dans un sens, ils étaient tous embarrassés. Aussi Henry Landru expliqua :

— Lew était serré de près par des types qui le faisaient chanter sous prétexte de le protéger contre un gang qui rançonnait tous les débits de boissons du pays. Lew tenait la police au courant par mon intermédiaire, mais il prétendait pouvoir négocier avec les gangsters à un tarif moindre. On décida que Lew pouvait être en danger si on lui donnait un garde du corps et de son côté il répétait qu'il avait eu les gangsters. Ce sera plus facile d'apprendre la chose au commissariat principal qu'à la femme de Lew, conclut-il en décrochant le téléphone.

Shubert poussa un soupir de soulagement. Il avait atteint l'autoroute sans être poursuivi et savait qu'il pourrait facilement se glisser dans le trafic matinal. *Bon sang !* se dit-il. *Pourquoi n'ai-je pas pensé aux vacances de Noël ? Ou bien Phil m'aurait-il trompé ? J'ai surveillé cette rue pendant plus d'une semaine et je choisis juste, pour travailler, le jour où les enfants rentrent à l'école, avec, au carrefour, une femme-flic qui se trouve au bon moment pour me voir. Dieu sait qui est cette poupée-là. Tu baisses, Shubert, tu baisses ! Je connais chaque pavé de cette rue verglacée. Tous les matins je regarde l'homme à abattre garer cette voiture rose à 8 h 28 et traverser la rue en direction de sa boutique. La loi lui interdit d'ouvrir avant neuf heures. Alors il vient tôt et ouvre à neuf heures pile. Il n'y a jamais aucun client avant neuf heures et demie ou même dix. Et pas une seule autre boutique pouilleuse de cette rue n'ouvre avant cela. Pendant une semaine, j'ai passé là une heure chaque matin avec pratiquement personne autour de moi. Et je choisis juste le jour où on rouvre l'école !*

— Il y a peut-être une chose en notre faveur..., dit Landru. Chose incroyable, il peut se passer n'importe quoi dans notre rue principale sans que personne ne le remarque, mais nous sommes aussi sûrs que personne non plus ne se rend compte qu'Elaine a vu le meurtrier. Les maîtres d'école vont demander à leurs élèves si l'un d'eux a vu ce qui est arrivé à Lew. Nous ne leur avons pas parlé d'Elaine et, comme elle n'avait pas encore pris son poste, on peut à coup sûr parier que les enfants ne l'auront pas remarquée.

— Mais l'assassin sait que je l'ai vu. Pour lui, je suis un témoin.

— Peut-être ne le reverrons-nous jamais, Elaine. Peut-être est-il déjà à cinquante kilomètres d'ici, avec l'intention de ne revenir jamais. Et que l'Association des chefs de la police me pardonne, je souhaite qu'il soit loin et coure toujours.

Et elle comprit qu'il le pensait réellement rien qu'à la façon dont il la regardait. Mais elle pensait : *Je suis plus qu'un témoin. Je représente pour lui une menace qu'il doit faire disparaître.*

Et pendant ce temps Landru se disait lui aussi : *Je n'ai pas le droit de tenir à l'écart la police du comté. Mais je ne peux pas leur parler d'Elaine, sinon les journaux vont s'emparer de la chose. Nom d'un chien ! Une garde de carrefour devant une école et un garde de nuit ! Tous les deux flics, en somme. Elaine sera désignée tout de suite.*

Mais Paul, lui, parlait tout haut.

— On fera un assez bon dessin d'après la description d'Elaine et en moins de deux jours on en enverra des exemplaires dans chaque service du comté. Sur cent assassins sept seulement en réchappent. Il sera repris.

Elaine se pencha vers lui et lui serra fort le bras.

— Paul, accompagne-moi à la maison maintenant, s'il te plaît ?

Landru se dirigea vers la porte où leurs manteaux étaient tous pendus à des crochets galvanisés vissés dans le lambris.

— Mettez ça, Elaine, dit-il en tendant à la jeune femme son pardessus, au lieu du lourd manteau bleu pendu à côté de sa propre capote d'uniforme, content de surcroît que Paul fût en civil. Et, Elaine, ajouta-t-il, ne portez jamais plus ce masque, où que ce soit, cet hiver.

Paul s'attendait à ce qu'Elaine protestât de se voir obligée de sortir sans le chaud manteau bleu. Quand elle passa ses bras dans le pardessus que Landru lui tendait, il laissa soudain ses mâchoires se détendre. Et Landru pensa : *Il a l'esprit un peu lourd mais il comprend tout de même.*

— Naturellement ! dit Paul. Le type ne voudrait pas d'un témoin vivant. C'est pourquoi vous ne tenez pas à parler d'Elaine.

Landru revenait en voiture des obsèques de Lew. Il avait ordonné à Elaine de n'assister ni au service ni à l'enterrement. Il pensait que ce serait facile de repérer les étrangers au cimetière. Mais il fut effaré par le nombre de parents arrivés de loin et d'êtres jeunes que la curiosité malsaine avait poussés en dépit de la température. Il tourna dans Front Street en se demandant s'il allait rentrer chez lui faire chauffer un pâté de dindon ou bien aller manger un sandwich chez Guido.

Quand il ne fut plus qu'à une soixantaine de mètres du croisement de Venable Street, il aperçut une silhouette vêtue d'un manteau bleu se diriger vers le poste qu'occupait d'habitude Elaine. Cette silhouette portait le masque de ski.

Landru avait ralenti difficilement la marche de sa voiture au tournant. Il se gara et regarda, incrédule, la casquette de police posée juste au niveau du masque, le lourd manteau bleu, — celui que Paul avait acheté dans l'espoir qu'il obtiendrait la place que Landru avait eue — et les bas rouges sous le manteau. Il étudia les gestes du garde au moment où la circulation était arrêtée pour laisser passer un groupe d'enfants. *Si quelqu'un prend ça pour une femme,* se dit Landru, *c'est qu'il est trop jeune pour pouvoir remarquer la différence, ou trop vieux pour s'en soucier.*

D'un air las, Landru détourna son regard et se mit à examiner les voitures garées des deux côtés de Front Street. D'abord rapidement, puis l'une après l'autre. Il sauta celles qu'il connaissait, mais s'attarda en particulier sur deux panneaux publicitaires qui ne lui étaient pas familiers. Il examina les portes arrière à plusieurs reprises, surveillant certains mouvements intérieurs. Finalement, il descendit de sa propre voiture et marcha vers le garde du carrefour.

— Paul, j'espère que vous portez votre gilet pare-balles.

— Bonjour, Henry. Rassurez-vous, j'ai mon revolver.

— Et alors ? Ce n'est pas suffisant.

Paul souriait-il ? On ne pouvait deviner son visage sous ce masque de fantôme. Il fit signe à quelques enfants d'une école maternelle qui marchaient en désordre.

— Du calme, Henry. Vous avez vu cette voiture de fleuriste devant le Monoprix ?

Landru l'avait vue et s'en était inquiété. C'était la camionnette à panneaux publicitaires garée dans Front Street, son arrière dépassant d'un mètre le tournant, et commandant, par sa position, le carrefour et la plupart des voitures garées dans les parages.

— Wrigley, un de nos cousins se tient à l'intérieur, expliqua Paul. Vous le connaissez. Il fait partie de la police de Millbank. Je me suis dit que vous ne diriez rien si je le chargeais de s'occuper de ce qui pourrait se passer derrière moi.

Landru faisait les cent pas comme pour se réchauffer les pieds, mais en réalité il ne cessait de regarder à la fois les piétons et les véhicules. Les enfants avaient disparu. Habituellement, peu sortaient à l'heure du déjeuner, beaucoup restant prendre leur repas à l'école, et ceux qui rentraient chez eux flânaient rarement à midi de la même façon qu'à trois heures.

— Allons-nous-en, Paul. Rester là à ne rien faire, c'est le meilleur moyen de nous faire remarquer.

— O.K. Je passe devant la voiture de Bud pour lui signaler que nous autres gardiens sexy de carrefours avons cessé le travail pour aller prendre un rapide déjeuner.

Shubert regarda l'agent portant la plaque d'or entrer dans le restaurant, puis il mit en route le moteur de sa conduite intérieure en location. Il allait partir vers Venable Street pour descendre Front Street dans la direction où le garde avait disparu quand il aperçut le gibier qu'il poursuivait tourner le coin de la rue à pied et marcher à l'opposé de Venable Street, approchant de l'endroit où il était garé.

Shubert ouvrit la boîte à gants et en sortit un automatique à canon court prolongé par un silencieux. Il descendit la vitre de sa portière et surveilla attentivement toutes les directions. Une femme seule montait Venable Street, vers Front Street. *Pas de témoin cette fois,* se dit Shubert. *J'attendrai que cette poupée-là soit passée.*

La poupée en question ne passa pas. Elle s'arrêta devant le garde du carrefour et se mit à lui parler. Elle semblait faire tous les frais de la conversation et aussi, pensa Shubert, remettre le garde à sa place. Quelque mère qui n'était pas contente de la dame-flic. Peut-être son fils n'avait-il pas été personnellement escorté pour traverser la rue. Puis la femme se tourna, passa son bras sous celui du garde et tous deux continuèrent de descendre Venable Street. Shubert poussa un juron. Il vit l'homme et la femme marcher côte à côte et quelque chose le força à comparer leur allure. Il siffla entre ses dents. Puis, soigneusement, remit l'automatique dans la boîte à gants.

Un piège ! Avec un appât aux pieds plats ! Voilà pourquoi les journaux n'ont pas parlé de témoin, se dit-il. *Elle n'a pas pu donner aux flics une description de moi valable, et ils veulent m'avoir de cette façon-là.*

Il fit tourner le moteur, puis l'arrêta et, brusquement, tourna la tête pour regarder encore une fois la femme s'en aller avec le policier. C'était elle !

La première fois qu'il l'avait vue, elle s'était détournée en courant. Mais ces quelques secondes avaient suffi pour qu'il pût maintenant reconnaître sa taille, son allure, ses mouvements. Il sortit une carte routière et fit mine de la lire tout en surveillant le couple dans le rétroviseur. Il les vit entrer dans l'avant-dernière maison. Il remit alors le moteur en route, parvint à tourner la voiture sur place et, lentement, passa devant cette maison. Une plaque de fer forgé indiquait : « 24 Wrigley ».

Shubert sortit de la ville et prit la direction de

l'autoroute. *Mme Wrigley, 24 Venable Street,* marmonnait-il, *nous allons bientôt avoir le plaisir de nous rencontrer.*

Landru sortit du café Paradino en soupirant d'un air las. Peut-être l'assassin continuait-il de courir. Du moins personne n'était venu se renseigner sur les gardes de carrefours dans aucun bar ou restaurant de la ville. Il n'aurait pas vu passer Paul si celui-ci, en tournant le coin de la rue, n'avait émis toute une série de coups de klaxon. Il portait son uniforme vert olive.

— Je croyais que vous vous étiez fait donner quelques nuits de congé pour rester près d'Elaine ? dit Landru.

— Oui. Mais mon remplaçant a téléphoné qu'il était malade. Je pensais que je n'aurais pas à traîner ici ce soir maintenant que la police du comté est sur l'affaire.

— La police du comté !

— Évidemment. Ils ont envoyé chercher Elaine. Pour qu'elle regarde quelques photos d'identité judiciaire, à ce qu'ils ont dit. Mais... Henry, qu'est-ce qu'il y a ? s'inquiéta-t-il, la voix soudain rauque.

Landru montait à côté de lui.

— Faites demi-tour en vitesse et allez chez vous. Dites-moi... Allez, dépêchez-vous ! Dites-moi tout maintenant au sujet de la police du comté.

Les vitesses et les pneus crièrent tandis que Paul obéissait à l'ordre donné. Puis il expliqua :

— Tout ce que je sais c'est qu'Elaine a reçu un coup de téléphone du commissariat principal parce qu'ils veulent lui soumettre quelques photos. Ils ont dit qu'ils viendraient la chercher dans une voiture civile.

— Oh ! Bon Dieu, non ! Elaine était-elle encore à la maison quand vous êtes parti ?

— Oui.

Elaine entendit le coup de klaxon. On l'avait

prévenue qu'un agent l'attendrait de l'autre côté de la rue dans une voiture noire sans marque extérieure. Mme Wrigley reconnaîtrait-elle cette voiture ? Non ? Eh bien ! ce serait une conduite intérieure noire à deux portes et l'agent, qui resterait au volant, signalerait sa présence par un coup de klaxon. Un seul. Non, vraiment ils ne pensaient pas que l'assassin pût être là à surveiller la maison, mais ils ne tenaient pas à éveiller la curiosité des voisins. Elaine avait répondu qu'elle comprenait cela.

Elle regarda par la fenêtre et aperçut une conduite intérieure noire à deux portes garée devant l'école. Elle remarqua la fumée qui sortait du tuyau d'échappement. « Fumée », avait-elle toujours coutume de dire. « Vapeur », corrigeait chaque fois Paul. De toute façon, cela prouvait que le moteur tournait. Elle ne pouvait pas voir le visage du chauffeur mais distinguait la coiffure réglementaire. Elle mit son manteau, éteignit les lampes et sortit.

Elle traversa la rue devant la voiture et ouvrit la portière, ressentant comme une brève déception, une sorte d'affront à sa vanité féminine, que l'homme ne se fût pas penché pour la lui ouvrir. De sa main gauche, elle ramena les plis de son manteau autour d'elle et mit un pied dans la voiture pour monter. Le chauffeur regardait devant lui, légèrement sur la gauche, et laissait voir un profil indistinct. Sa casquette était penchée sur l'extrême droite de sa tête et il portait un costume civil. Elaine sentit des gouttes de sueur perler sur son front. Lentement, elle retira son pied tout en regardant furtivement l'homme et en essayant de trouver quelque chose de familier à son visage.

Et, tout à coup, il se pencha en travers du siège et saisit Elaine par le poignet. Le souffle coupé, elle ne put crier. Sans la lâcher, Shubert sortit de la voiture et son poids la fit presque tomber à genoux.

Il brandit devant ses yeux un couteau de chasse et se mit à parler d'une voix glacée.

— Ce couteau ne fait aucun bruit par lui-même, mais c'est vous qui en ferez si je dois m'en servir. Alors, montez donc dans la voiture gentiment. Je veux simplement vous parler.

Il lâcha son poignet pour aussitôt lui saisir le bras au-dessus du coude. Il avait ainsi plus de force pour l'obliger à aller vers la portière ouverte. Mais, soudain, Elaine poussa un cri aigu.

— Le pas du Kentucky !

Si elle avait crié « A l'aide ! », Shubert lui eut sûrement donné un coup de couteau. L'étrange appel le stupéfia. Il hésita. Au moment où la terreur faisait partiellement place au défi, l'étreinte de l'homme sur le haut de son bras droit avait éveillé chez elle le souvenir d'un certain pas de quadrille appelé « Le pas du Kentucky ». Et elle avait crié les mots sans le vouloir.

Shubert marmonna un « Quoi ? » perplexe.

Alors Elaine, rapidement, leva sa main, celle du bras qu'il tenait, et saisit l'avant-bras de l'homme. Au lieu de lui résister elle avança sur lui, en appuyant lourdement son talon sur le bout de son pied. Il grogna et repoussa ce pied. De nouveau, elle recula volontairement puis lança son bras en avant, en lui lâchant l'avant-bras. Shubert, plié en deux, s'affala contre l'aile arrière de la voiture.

Mais ses réflexes furent malgré tout plus rapides que ceux d'Elaine. Il rebondit sur l'aile de la voiture et se précipita du côté de la portière ouverte avant qu'elle ait pu retrouver son équilibre. Trop tard, elle réalisa qu'il lui coupait ainsi toute retraite vers chez elle. Elle jeta un regard épouvanté de l'autre côté, où se trouvait l'école, et se mit à courir dans cette direction-là.

De larges marches de pierre conduisaient à plusieurs portes qui formaient l'entrée principale. Elaine savait ces portes-là fermées. A gauche, d'autres marches descendaient vers le sous-sol. Elle s'élança vers l'unique porte. *Mon Dieu*, pensait-elle, *pourvu que le concierge ne soit pas encore sorti pour aller dîner*. Elle agrippa la poignée de cuivre et tira. La porte s'ouvrit horriblement lentement par un système pneumatique. Elaine s'attendait à chaque seconde à entendre les pas de l'homme, à sentir ses doigts d'acier ou le froid de son couteau. Mais pourtant, elle entra. Elle essaya de repousser la porte pour la fermer, mais ce fut encore plus désespérément lent. Elle se retourna et courut vers l'intérieur du sous-sol avant que la porte ne fût complètement refermée.

Shubert, pendant ce temps, restait indécis entre la voiture et l'entrée de l'école. Il surveillait. La porte du sous-sol n'était fermée qu'au loquet. Il se força à allumer une cigarette, se servant de ses mains réunies en coupelle afin de regarder les fenêtres de l'autre côté de la rue. *Ça va, poupée*, dit-il entre ses dents, *tu n'as pas fait le bon choix en prenant ce chemin-là*. Il retourna à la voiture et ouvrit la boîte à gants d'où il sortit l'automatique muni d'un silencieux qu'il serra sous son bras droit. Il repoussa la portière sans la fermer complètement et, de nouveau, surveilla Venable Street. Puis, au bout d'un moment, il gagna à grandes enjambées la porte du sous-sol.

La voiture de Paul prit le tournant de Venable Street sur l'aile. Landru en sauta au moment où elle se rangeait le long du trottoir. Ni l'un ni l'autre ne regardèrent de l'autre côté de la rue. Landru monta le perron en courant et secouait déjà la porte fermée quand Paul le rejoignit avec la clef. Ils comprirent avant d'être entrés qu'Elaine ne se trouvait pas là. Ou bien si elle y était...

Paul visita les cinq pièces nerveusement. Landru se tenait le dos contre la porte ouverte, en se grattant vigoureusement la tête. Soudain, il décrocha le téléphone et demanda à la standardiste de lui passer de toute urgence le commissariat principal.

Au burau des affaires criminelles, on fut furieux d'apprendre pour la première fois qu'il y avait eu un témoin du drame. Landru hurla :

— Bon, ça va, je me suis trompé. Demain, je m'en expliquerai. Mais, pour l'instant, ce qui compte, c'est de sauver la vie de ce témoin. Il faut des barrages sur les routes immédiatement !

Paul avait cessé de fouiller l'appartement. Quand Landru raccrocha, il se mouilla les lèvres et prit un air suppliant.

— Ne pouvons-nous rien faire, de toute façon, pour aider ?

— Si. Nous allons sonner à toutes les portes. Si quelqu'un a vu Elaine monter dans la voiture de l'assassin, nous pourrons peut-être découvrir quelle direction cette voiture a prise. Cela peut n'être pas d'un grand secours, mais c'est tout de même faire quelque chose. Vous commencez vers Front Street. Moi, je verrai la maison du coin, à côté de celle-ci, puis les deux maisons aux angles les plus éloignés.

Ils se retrouvèrent dans la rue avant qu'Henry ait fini d'expliquer. Paul se dirigea rapidement vers la droite tandis que Landru, sautant par-dessus la clôture basse métallique de la maison de gauche, allait sonner à la porte.

Elaine descendit en courant l'escalier du sous-sol. Au-dessus de sa tête, de faibles ampoules électriques révélaient plusieurs portes sombres. En dépit de sa peur, elle se rendait compte qu'il lui fallait une cachette qui eût plus d'une issue. Elle s'arrêta à la première porte et regarda à l'intérieur. C'était une salle de classe. Une seule porte. *Il faut absolument que j'en trouve une avec deux*, se disait-elle. Elle s'arrêta et écouta. Aucun bruit de poursuite.

Sur la pointe des pieds, elle suivit le couloir. Brusquement, elle s'immobilisa de nouveau en entendant le bruit d'une lourde table que l'on tirait sur le sol. *Il doit bloquer la porte de la rue...* Elle reprit sa course dans le corridor. *Si je pouvais seulement me tenir hors de son atteinte jusqu'à ce que le concierge revienne... Si je pouvais me tenir entre lui et la porte de la rue...*

Elle s'arrêta de courir et s'appuya contre le mur pour enlever ses chaussures. Elle venait de trébucher deux fois. Et, en dépit de tous ses efforts, elle savait bien que ses talons de cuir devaient faire du bruit. Elle jeta un coup d'œil derrière elle et aperçut la silhouette imprécise de l'homme se mouvoir lentement au bout du couloir. Elle retint un cri. Dans sa main droite, il y avait un revolver. Saisissant ses chaussures, elle courut, pieds nus, jusqu'à la prochaine porte et lut avec difficulté le mot « Bibliothèque ». Elle se souvint alors qu'il existait une autre porte donnant sur cette bibliothèque à une dizaine de mètres de là. Elle n'était pas venue dans cette école depuis trois ans, mais elle se souvenait de certains détails. En face, de l'autre côté du couloir, se trouvait une sorte de pièce de débarras avec des portes aussi à l'autre bout.

Elle se rappelait que les deux portes de cette pièce faisaient face à celles de la bibliothèque. Elle s'élança dans celle-ci, longea le mur le plus près d'elle jusqu'à ce qu'elle arrivât au compteur électrique. Elle savait que l'interrupteur à l'extérieur du coffret contrôlait toutes ou presque toutes les lumières du sous-sol. Emily, la petite jeune fille de troisième qui s'était chargée de guider ce jour-là Mme Wrigley à travers l'école, lui avait expliqué que d'un seul geste on pouvait plonger le sous-sol entier dans l'obscurité. Et Emily avait fait ce geste, laissant à Mme Wrigley le soin d'expliquer la chose aux professeurs et aux parents stupéfaits. Elaine tendit la main vers le compteur. Les ampoules du couloir s'éteignirent.

Elle courut alors sans bruit vers la porte la plus éloignée et traversa le couloir pour entrer dans la bibliothèque. A l'intérieur de celle-ci elle se retourna et écouta. Des souliers de cuir crissaient doucement et Elaine estima que son poursuivant devait se trouver à peu près entre la première porte de la bibliothèque et celle de la chambre de débarras. Elle prit ses deux chaussures, les balança un instant au bout de son bras puis les envoya tomber au milieu de cette dernière pièce.

Elle entendit l'homme s'arrêter, puis se remettre à marcher très lentement. *J'espère qu'il ne sait pas qu'il existe des portes où il se trouve en ce moment*, pensa Elaine. Sur la pointe des pieds elle suivait le mur de la bibliothèque longeant le couloir, terrifiée d'avoir ainsi à se rapprocher de lui, bien qu'elle en fût séparée par le mur. Si le bruit produit par la chute des chaussures dans la pièce d'à côté incitait l'homme à y entrer, il lui faudrait alors courir de toutes ses forces pour pouvoir gagner la porte qui donnait accès à la rue. A mi-chemin du mur, elle s'arrêta. Elle n'entendait pas l'homme bouger. Peut-être était-ce parce que son cœur battait trop fort.

Et soudain, elle ne put retenir un sanglot.

Landru n'obtint aucune réponse bien qu'il eût sonné trois fois. Il redescendit le perron de la maison et comme il allait traverser le carrefour, il regarda machinalement à sa droite afin de voir s'il venait des voitures. Il entrevit à ce moment-là comme un clignotement de lumière dans l'école. N'étaient-ce pas celles du sous-sol qui venaient de s'éteindre ? Son regard se porta sur la seule voiture garée devant la porte d'entrée. Il s'empressa d'aller voir de plus près la plaque minéralogique. Les premiers chiffres lui apprirent que cette conduite intérieure noire appartenait à une agence de location. Il sortit son revolver et courut vers l'entrée du sous-sol. Il tira la lourde porte et se heurta aussitôt à quelque chose placé à l'intérieur.

Quand Shubert entendit le sanglot il s'arrêta. Il se trouvait entre la première porte de la bibliothèque et celle de l'autre pièce et il comprit que ce sanglot venait de quelque part sur sa droite. Il pivota sur ses talons et lentement traversa le couloir, sa main gauche étendue devant lui comme fait un enfant qui joue à colin-maillard.

Tout à coup, il sentit sous sa main quelque chose qu'il n'identifia pas tout de suite. Cela paraissait trop lisse pour être encore le mur. Alors quoi ? Finalement il pensa à du verre ou du bois. Une porte, sans doute. Il tâtonna pour trouver la poignée, puis lentement tourna celle-ci. Au même moment il perçut un bruit de pieds nus sur le carrelage du couloir. Il leva son revolver prêt à tirer dans la direction de ce bruit, puis changea d'avis. En tirant sans être plus certain de sa cible il risquait de faire du bruit en brisant une vitre ou n'importe quoi d'autre. Ses yeux maintenant s'habituaient à l'obscurité. Il vit la tache grise que faisait une porte ouverte à l'autre bout de la pièce.

Il rebroussa chemin vers la première porte de la bibliothèque et la ferma. Puis il traversa le couloir vers la pièce de débarras, chercha la poignée de la porte et ferma celle-ci aussi. Ensuite il attendit, espérant un autre sanglot ou un autre bruit de pas. Il n'entendit rien. Alors, lentement il descendit le couloir, laissant glisser sa main gauche sur le mur dans l'espoir de trouver une autre ouverture. Il était sûr à présent que la pièce devait en comporter une à sa gauche.

Brusquement, il s'arrêta pour écouter. Il lui semblait avoir entendu quelqu'un respirer, mais il n'était pas sûr de la direction. Il fouilla dans la poche de son veston, en tira une pochette d'allumettes. D'une poche intérieure il sortit une note d'hôtel pliée et, ouvrant la pochette d'allumettes, il en tint le rabat de carton contre le papier. Il savait qu'en maintenant l'ensemble de façon à ce que ce papier se trouve entre ses yeux et les allumettes, il obtiendrait, en enflammant celles-ci, un effet de torche sans risquer un éblouissement qui diminuerait sa visibilité. Il cala son automatique entre ses dents, craqua une allumette pour mettre le feu aux autres, et reprit son arme dans sa main droite.

A six mètres de lui il aperçut alors le visage de monstre. *Cette fille, quelle idiote !* Il laissa tomber sa torche et fit feu sur le masque de ski. Du verre vola en éclats. Shubert ramassa les allumettes qui brûlaient encore pour éclairer l'endroit où il venait de tirer. Le visage était toujours là. Il tira de nouveau. Le visage continua de le regarder. A ce moment-là, une voiture passa dans Venable Street. Ses phares balayèrent les soupiraux du sous-sol, éclairant la pièce. Il y avait partout des visages !

Shubert poussa un cri et, jetant les allumettes enflammées à la face qui se touvait le plus près de lui, il tira sauvagement jusqu'à ce que l'automatique fût vide. Puis il le lança dans la même direction et se mit à courir devant lui à l'aveuglette. *C'est une ruse !* se disait-il. Une ruse ! Il se heurta au mur, rebondit et tomba au milieu d'objets à la fois durs et légers. Il jouait des pieds et des mains pour se dégager quand, du plafond, tomba une lumière éblouissante.

Landru et Paul se tenaient près du compteur électrique, leurs revolvers braqués. Du sang coulait de la bouche de Shubert tandis qu'à genoux, il essayait de se protéger les yeux de la lumière. Landru ramassa l'automatique vide. Shubert, retirant ses mains de ses yeux, regarda le désordre autour de lui. Il se trouvait au milieu de quatre mannequins de taille normale représentant des enfants de chœur. Une demi-douzaine d'autres étaient éparpillés à travers la pièce. Sur certains se voyaient les trous produits par les coups de feu qu'il avait tirés. Et comme s'ils eussent été destinés à une représentation de Noël en plein air, ils portaient tous des masques de ski inca.

— Tu te sens le courage d'entrer, Elaine ? cria Paul. Viens donc voir le vilain oiseau.

Elaine entra en hésitant, soutenue par le gardien de l'école. Elle regarda Shubert en hochant la tête pour montrer qu'elle le reconnaissait, et frissonna.

— Quels garnements ! dit le gardien. Le principal leur a fait apporter ici les mannequins aujourd'hui, après les cours. Ils auront sans doute trouvé drôle de leur mettre ces masques du jeu de Toussaint de la classe de sixième.

— On ne peut que les en remercier, murmura Elaine.

3-faced witness.
Traduction de Simone Millot-Jacquin.

LA VEUVE D'ÉPHÈSE

par MARGARET MANNERS

J'avais besoin de deux choses pour reconstituer la trame de cette affaire : d'un petit complément d'information et de beaucoup de loisir. A l'heure actuelle, je dispose de l'un et de l'autre, et je peux la voir du dehors (peut-être devrais-je dire « du dedans »). Elle ne manque pas de romanesque. Je peux même imaginer ce que ressentait Mme Ella Gainer, cet après-midi-là, dans son appartement luxueux et tranquille de l'Hôtel de la Renaissance alors qu'elle attendait l'homme qui, peut-être, répondrait à ses vœux, l'homme qui lui ferait retrouver la paix et le bonheur.

Bien que les faits ne soient pas si anciens, j'ai l'impression que tout cela s'est passé dans un autre monde. Avec le recul du temps, je me vois avec l'optique du spectateur regardant évoluer un acteur. On trouve moins pénible d'observer son propre comportement d'une manière objective, quitte à ne parler de soi qu'à la troisième personne. Et c'est bien ce que je vais faire ici.

Ainsi donc, *il* avait du chic, mais ignorait un tas de choses dont j'ai actuellement connaissance. Il était trop sûr de lui. Il s'imaginait connaître toutes les facettes d'Ella Gainer.

Ella Gainer, elle, ne se faisait pas d'idées sur elle-même ; elle n'était pas femme à se bercer d'illusions — du moins, pas sur le chapitre des frivolités. Elle n'essayait pas de se donner une personnalité d'emprunt ni une autre apparence. Ce n'était certes pas que l'argent lui manquât pour ce faire, mais elle n'éprouvait pas le moins du monde le besoin ni l'envie de confier à des visagistes poudrés et pommadés le soin de lui « créer » une nouvelle tête. Elle dépensait beaucoup pour ses toilettes, mais leur sobre élégance n'attirait pas les regards masculins par une ligne provocante. Sa silhouette, bien que sculpturale, n'était pas de celles qui affolent les hommes. Et son visage pourtant agréable avec un soupçon de poudre et de rouge à lèvres n'éveillait que passagèrement l'intérêt. Une femme du monde, au demeurant, une dame dans toute l'acception du terme. Car le seul trait qui la distinguât vraiment était l'assurance de son maintien, la tranquille aisance qui lui était naturelle et lui valait, partout où elle se rendait, la déférence empressée de la gent hôtelière. Du premier coup d'œil les chasseurs d'hôtels savent reconnaître la classe et la véritable opulence. Dès l'instant où Mme Gainer était descendue à l'Hôtel de la Renaissance, ils avaient jaugé l'arrivante et adopté envers elle une attitude pleine d'égards.

Autant qu'*il* pût en juger, Ella n'entretenait qu'une seule illusion. Secrètement elle prêtait foi à ce mythe énorme, à cette imposture universelle qui leurre tant de femmes : elle croyait à *l'amour*. Mais seul comptait à ses yeux l'Amour avec un grand A, l'amour chanté par des poètes comme Browning. Dédaigneuse des amours médiocres, elle aussi aurait pu résumer ses vœux profonds en un *Aime-moi du Grand Amour à l'exclusion de tout autre*. Un tel amour était l'unique chose au monde à laquelle elle aspirait, car lui seul pouvait faire son salut.

Il avait déjà obtenu pas mal de renseignements sur Mme Gainer. Les chasseurs d'un hôtel se révèlent d'excellents informateurs doués de vives facultés d'observation qu'il est fort utile d'encourager. Par ailleurs, il estimait en savoir long sur son compte, et cela même l'égara. Elle était femme, une femme normalement constituée, une veuve à la fois riche et, en un sens, affamée. Tout cela rendait Ella Gainer suprêmement désirable ; elle remplissait toutes les conditions requises pour devenir l'objet des visées essentielles d'un homme comme *lui*.

Dans l'après-midi de ce jour-là, vu l'importance de l'enjeu (c'était sa destinée qui allait encore se jouer à pile ou face), elle apporta un soin particulier à sa toilette, sans toutefois donner dans une trompeuse recherche car elle ne voulait pas être sa propre dupe. Elle ne désirait pas être aimée pour un décolleté audacieux ou pour le caractère suggestif d'une robe-fourreau qui lui aurait collé aux hanches. Elle voulait être aimée pour elle-même. Et son appréciable compte en banque lui compliquait les choses. Eh oui, elle n'était pas exempte de soucis ni d'appréhensions. Une riche veuve peut-elle jamais être sûre d'un homme ?

Elle se sentait nerveuse tout en espérant avec ferveur que la soirée précédente l'avait mise au seuil d'une réalisation de ses vœux les plus profonds ; qu'elle avait enfin trouvé celui qu'elle avait tant attendu. Elle entretenait l'espoir qu'*il* éprouvait encore envers elle les mêmes sentiments que la veille. L'espoir que...

***

Il arriva avec exactitude au rendez-vous. Ella Gainer paraissait calme. Aussi calme, pensait-elle, que doit l'être une femme bien élevée recevant l'homme qui l'a demandée en mariage et a murmuré à sa bien-aimée des mots d'amour, promesse d'une vie nouvelle.

A première vue *il* lui parut encore merveilleux avec sa haute taille, son aspect viril et charmeur... Pas aussi charmeur que la veille toutefois, et plutôt sérieux. Le type de l'homme imposant et dominateur en qui une femme esseulée pouvait trouver un solide appui.

Il s'assit et accepta le verre qu'elle lui offrait. Pour elle-même elle ne servit qu'un peu de sherry. Souriante, elle se tenait là dans sa robe nettement élégante, sans bijou d'aucune sorte. Elle n'avait d'ailleurs jamais porté aucun bijou et ne voyait nulle obligation de le faire maintenant. Elle n'avait donc sur sa personne aucun bracelet avec lequel elle pût jouer pour occuper ses doigts. A cet effet, elle se contentait du joli petit mouchoir de batiste qu'elle tenait à la main.

Il dégusta en connaisseur le contenu de son verre. Son hôtesse demeura en attente, estimant qu'en pareil cas l'initiative appartenait à l'homme. Ce n'était pas à elle de remettre d'emblée la question sur le tapis.

— Cet appartement est magnifique, dit-il. Vous baignez dans le confort, Ella.

— Le fait est, répondit-elle, que de nos jours, les grands hôtels ne sont plus affreusement impersonnels. Les décorateurs font preuve d'imagination et s'ingénient à rendre l'ambiance fort agréable.

Elle tourmenta son petit mouchoir et adressa un sourire au visiteur, se creusant la cervelle afin de trouver un digne sujet de conversation, persuadée qu'*il* n'en viendrait pas directement au fait. Elle eût aimé lui parler de choses intéressantes et susceptibles de lui donner un aperçu de son esprit tout en lui dévoilant un coin de son cœur. Elle *n'était pas* une femme banale et ne voulait pas lui paraître telle.

Son honnêteté foncière lui fit aiguiller l'entretien sur le sujet autour duquel ses pensées avaient gravité pendant son attente.

— Vous ne devineriez jamais, dit-elle, à quoi j'ai pensé cet après-midi. Je me suis souvenue d'une histoire puisée dans l'œuvre de Pétrone...

Plusieurs secondes furent nécessaires à l'interlocuteur pour situer l'auteur latin, et il ne dissimula point sa surprise. Puis il leva cyniquement un sourcil, se rappelant qu'après les révélations de la nuit dernière il ne devait plus s'étonner de rien. Pourtant Ella Gainer ne semblait pas femme à priser ce genre littéraire, tout raffiné qu'en fût le style.

— Le *Satiricon* ? fit-il, s'efforçant de paraître plus lettré qu'il ne l'était. Seigneur ! *vous* avez vraiment lu *ça* ?

— Bien sûr que non ! répondit-elle gênée pour elle-même et pour lui, et désespérément anxieuse de lui fournir une explication capable de dissiper une fausse impression. Voyez-vous, reprit-elle, Jeff, feu mon mari...

Il se demanda s'il n'allait pas couper court à ces propos oiseux pour aller droit au but : parler affaires. Son mari qui l'avait laissée veuve avec tout cet argent, c'était de l'histoire ancienne. Qu'elle eût le front de reparler du défunt à l'heure présente le dépassait. Certes, la veille, elle était un peu grise et, depuis lors, elle avait peut-être tout oublié. Curieux, il la laissa poursuivre cette conversation stupide à propos d'un livre qu'à son sens, aucune femme convenable ne devait lire.

— ... Jeff lisait un jour cet ouvrage et il riait tellement que je lui en demandai la raison. Il me lut alors l'histoire de la veuve d'Éphèse. Très courte. A peine quelques paragraphes.

— Probablement un extrait licencieux ?

Il ne s'en souvenait plus, mais le titre lui semblait prometteur.

— Oh ! non ! dit-elle, apparemment confuse. Non, pas du tout !

Tandis qu'il sirotait son gin, envisageant un avenir *très* confortable, Ella lui conta l'épisode qu'un jour son mari lui avait lu.

Il écouta sans grand intérêt. Si l'anecdote n'était pas grivoise, pourquoi y prêter la moindre attention ? Si par contre elle l'était, Ella Gainer ne pourrait la raconter d'une manière adéquate. Il se divertit par un silencieux commentaire, presque ininterrompu.

L'héroïne de cette histoire antique était une aimante et chaste épouse dont le mari venait de mourir. Profondément affligée, la veuve accompagna le corps du défunt au caveau et resta là à le pleurer, se laissant dépérir de chagrin et d'inanition. Sa fidèle servante vint spontanément l'y rejoindre afin de partager ce sort funeste. *(Un peu fort tout de même de la part d'une servante,* songea-t-il. *Qu'eût fait alors cette créature ancillaire, s'il s'était agi de son propre époux ? Il est vrai qu'à cette époque lointaine la domesticité se composait d'esclaves vivant sous l'entière dépendance de leurs maîtres. Les serviteurs étaient comme les parents pauvres, récoltant leur part des maux mais exclus des réjouissances.)*

Or il advint *(l'auditeur goûta ce passage)* qu'un jeune et beau militaire fut appelé à monter la garde devant les cadavres de criminels exécutés aux environs. En ce temps-là, on les crucifiait. Le garde avait pour devoir d'empêcher que les familles ne viennent déclouer les corps et les emporter aux fins de leur assurer une sépulture décente. *(Encore une hérésie,* pensa-t-il. *Comme si, de son vivant, l'un quelconque de ces condamnés se fût soucié de son sort* post mortem *!)*

Le fin du fin résidait en ce que, jusqu'alors

inconsolable, la chaste veuve éplorée s'éprit du beau militaire. Sa servante vit d'ailleurs la chose d'un très bon œil *(dame ! On pouvait facilement le comprendre. La survivance de la maîtresse assurait par le fait même celle de la servante).*

Mais un garde ne peut en même temps sacrifier à Vénus et demeurer vigilant à son poste. Quand le soldat retourna devant les croix macabres, l'un des corps manquait. Fait très grave, car le garde qui « perdait » un cadavre le payait de sa propre vie.

Le soldat s'en fut donc retrouver la veuve dans la souterraine retraite et lui déclara que c'en était fait de lui. Puis il tira son glaive : il n'attendrait pas la disgrâce, il allait se tuer là, sous les yeux de la veuve, non sans avoir dit à celle-ci qu'elle pourrait ranger sa dépouille auprès du corps de son mari afin de les veiller tous les deux à la fois.

Horrifiée, la veuve, qui l'aimait déjà autant qu'elle avait aimé son mari, sauva la vie du garde en lui livrant le corps du défunt pour remplacer celui qui manquait sur l'une des croix. Ainsi tout était pour le mieux dans le meilleur des mondes *(la moralité de l'histoire semblait être : un tiens vaut mieux que deux tu l'as eu).*

Le visiteur ne put s'empêcher de se demander pourquoi Ella Gainer la lui avait narrée. Elle paraissait ne pas le savoir elle-même, comme si elle en avait oublié la raison.

— Plutôt écœurant, commenta-t-il avec une absolue conviction.

Il trouvait effarant qu'Ella Gainer eût le toupet de lui conter une histoire de ce goût-là après ce qu'elle avait fait à son propre mari. Bien qu'à peu près dénué de scrupules, *il* avait, *lui,* le sens de la mesure.

— Moi, je la trouve assez belle, cette histoire, dit-elle d'un ton chagrin, comme s'il l'avait désappointée. Mais la plupart des belles histoires comportent une faille. C'est le cas de celle-ci.

— Ah ! et laquelle donc ?

— Vous ne voyez vraiment pas ? Pourtant cela saute aux yeux : l'idée de la substitution aurait dû venir du soldat et non de la veuve. Il aurait dû se sauver la vie pour son salut à elle, sachant qu'elle n'aurait pu survivre à la nouvelle perte d'un grand amour.

— Avez-vous fait part de cette réflexion à votre mari après la lecture ?

— Oui. Il m'a dit que je l'étonnais ; que la plupart des gens voyaient en cette légende l'illustration brutale de l'inconstance féminine. Puis il m'a déclaré : *« Je désire qu'après ma mort tu sois circonspecte, ma chère, car on pourrait abuser d'un tempérament comme le tien. »*

Il y eut un long silence.

Enfin il dit sans ambages :

— Vous ne m'étonnez pas moins. Il vous faut un sacré courage pour me tenir de tels propos à présent. Quand vous est-il venu pour la première fois à l'idée que l'aimante veuve d'Éphèse avait peut-être assassiné son mari ?

— Quoi ? fit-elle. Jamais je n'ai pensé une chose pareille. Cela... cela gâterait toute l'histoire.

— Je ne sais trop. Tout considéré, il semble que cela puisse vous être venu à l'esprit. Hum ! la veuve d'Éphèse... Si nous envisagions maintenant une variante à ce thème antique ? Dans notre version actualisée, ce sera *moi* qui aurai la vie sauve grâce à la dépouille du mari.

Elle avait toujours les mains fort occupées par son petit mouchoir.

— Je ne vous suis pas du tout, dit-elle.

— Non ? Moi, je suis sûr du contraire, dit-il avec une assurance froide jusqu'à la dureté. Avez-vous souvenance de ce qui s'est passé entre nous la nuit dernière ?

— Je ne vous comprends plus... répondit-elle avec désespoir. Hier soir, vous m'avez demandée en mariage et j'ai accepté de vous épouser. Vous prétendiez m'aimer.

Il sourit.

— Vous rappelez-vous ce qui s'est passé ensuite ?

Elle évita son regard.

— Nous sommes allés en divers endroits, dit-elle. Nous étions très gais. Nous avions bu du champagne. J'ai même peur d'en avoir pris un peu trop. Un rien de champagne me tourne la tête.

— Ça, railla-t-il, c'est l'euphémisme le plus colossal du siècle. Permettez-moi de vous rafraîchir la mémoire. Au cours de notre joyeuse soirée romantique, vous vous êtes laissée aller aux confidences. Vous m'avez confessé l'assassinat de votre mari. Alors que votre Jeff chéri était malade, vous lui avez fait absorber une substance qui a causé sa mort... et vous n'avez jamais été soupçonnée.

Elle s'humecta les lèvres avant de protester, comme récitant une leçon :

— Ce n'est pas vrai. Il est impossible que je vous aie tenu pareil langage.

— Vous ne vous en souvenez peut-être pas, mais il n'empêche que vous l'avez fait. Étant donné les circonstances, il est évident que je ne peux vous épouser.

Elle le regarda avec une infinie tristesse. Puis elle se leva et dit très dignement :

— Soit. Je comprends. Votre bel amour pour moi n'existait qu'en paroles. Je ne vous retiens donc pas. Je vous en prie, allez-vous-en. Je préfère ne jamais vous revoir.

— Vous ne manquez pas de cran, reconnut-il. Mais c'est inutile, Ella. Je partirai quand bon me semblera, quand tout aura été réglé entre nous.

Vous pouvez donc vous rasseoir. La mise au point des détails prendra peut-être un certain temps...

Il traversa la pièce pour se servir un autre verre.

— ... Voyez-vous, Ella, reprit-il, j'étais prêt à faire le saut, à m'unir à vous par les liens du mariage, bien que vous ne soyez pas du tout mon genre. Je m'étais préparé à un tel sacrifice afin de pouvoir disposer de votre fortune...

Il revint s'asseoir et s'installa bien à l'aise.

— ... Croyez-moi, vous feriez mieux de prendre un siège, dit-il, car je crains que la suite de ces débats ne vous soit dure à entendre.

— Je vous laisse encore une dernière chance, dit-elle sans élever la voix. Sortez immédiatement et j'oublierai tout.

— Ne faites donc pas la bête ! riposta-t-il avec irritation. Je ne veux, ni vous épouser, ni m'en aller ainsi. Du reste, au point où nous en sommes, je n'ai même plus à convoler. Je puis manger le gâteau sans me lier pour la vie à celle qui me le sert, si vous voyez ce que je veux dire. La conjoncture actuelle m'offre tous les avantages et m'épargne les inconvénients. Il est heureux pour moi que le champagne vous fasse cet effet-là. Tout ce qu'il nous reste à faire est de déterminer la manière dont vous vous acquitterez envers moi. Et aussi longtemps que vous me paierez suivant nos conventions, votre secret sera bien gardé.

— Mais c'est du chantage !

La juste indignation d'Ella Gainer l'amusa.

— A tout prendre, c'est moins grave que l'assassinat.

— Vous ne pouvez... Je n'ai pas...

— Soyez tout simplement raisonnable, lui conseilla-t-il. Si vous l'êtes, je n'aurai pas à rapporter votre confession à la police. J'imagine qu'une enquête exhumerait pas mal de choses en même temps que le corps de Jeffrey Gainer.

Elle se détourna de lui comme d'une bête immonde.

— Très bien, finissons-en, coupa-t-elle en s'approchant vivement d'un secrétaire, près d'une des hautes fenêtres. J'ai ici un objet de grande valeur. Je vais vous le montrer.

Elle ouvrit un tiroir du meuble et il cueillit au vol le serpentin brillant qu'elle jeta vers lui. Une lueur de convoitise s'alluma dans les yeux de l'homme. Il éleva le collier vers la lumière, puis le posa en travers de ses genoux, regardant étinceler les diamants sur le tissu foncé de son vêtement.

— Ça vaut certainement une fortune, admit-il finalement. Mais très peu pour moi. Je ne suis pas idiot. Non et non ! Ni chèques ni bijoux : rien que de l'argent liquide. Si je tentais de vendre ça, on me questionnerait. Et en admettant même qu'on ne me pose aucune question, je me verrais contraint de céder l'objet au tiers de sa valeur. Non, Ella, ce n'est pas du tout ce que je veux.

— Restez où vous êtes ! Et pas un geste !

Il leva les yeux et vit qu'elle n'avait pas pris qu'un collier dans le tiroir du secrétaire. Le canon d'un revolver était maintenant braqué sur lui.

Le sang du maître chanteur reflua de son visage, son cœur lui parut cesser de battre.

— Hé ! attendez... Vous ne pouvez me faire ça. Bon Dieu ! Vous ne pouvez me tuer à mon tour. Vous ne pouvez... On entendrait le coup de feu... Il vous serait impossible d'expliquer la présence d'un mort dans l'appartement...

— Je m'efforce de ne pas enfreindre la loi, déclara-t-elle avec calme. Et lorsque cela m'arrive pourtant, je tente par tous moyens de rentrer dans la légalité. Restez assis !

Consterné, il la vit décrocher le combiné du téléphone.

— Allô... Ici Mme Gainer. Passez-moi la direction, je vous prie.

— Savez-vous bien ce que vous faites ? N'oubliez pas que je peux vous envoyer à la chaise électrique.

— Croyez-vous ? fit-elle. Vous êtes joliment dans l'erreur.

Elle parla ensuite dans le micro :

— Monsieur Malverton ? Je vous appelle d'urgence pour vous prier de vous rendre seul et immédiatement à mon appartement.

Elle raccrocha sans faire par ailleurs le moindre mouvement. Le revolver était toujours pointé dans la même direction... et tenu par une main remarquablement ferme.

L'homme ainsi menacé était furieux ; mais cela n'excluait pas la frayeur. Il se demanda si Ella Gainer était au courant d'un détail qu'il ignorait. Peut-être que, après tout ce temps, on ne trouverait plus trace de poison dans les restes de son mari. Cependant, même alors... Ne ferait-elle rien pour éviter le scandale ? Considérant sa fortune, il l'avait crue disposée à payer cher pour continuer à vivre en paix...

— Cessez de faire l'idiote, dit-il. Je ne vous saignerai pas à blanc. Vous êtes parfaitement en situation de m'allouer une petite rente sans diminuer sensiblement vos revenus, n'est-ce pas ? Nous pouvons fixer un chiffre. Je me contenterai de...

Elle secoua la tête.

— Tout à l'heure, je vous ai laissé une chance de vous en tirer. A présent il est trop tard.

L'homme se sentait maintenant trempé de sueur : il avait la frousse. Allait-elle le tuer séance tenante et raconter au directeur de l'hôtel une fable quelconque ?... C'était donc ça ! Une tentative de vol ! Elle prétendrait que son visiteur avait voulu s'emparer du collier ! Voilà pourquoi...

D'un mouvement de recul il fit tomber sur le tapis le bijou qui scintillait de mille feux.

Deux coups secs furent frappés à la porte.

— Entrez, monsieur Malverton, dit Mme Gainer.

L'aimable sourire professionnel se figea sur les lèvres du directeur lorsque du seuil, son regard embrassa la scène.

— Que... que signifie... ? balbutia-t-il.

Mais reprenant aussitôt une contenance en rapport avec la fortune et la respectabilité de sa cliente — même si l'honorable Mme Gainer jouait du revolver — il ajouta :

— Que se passe-t-il, madame ? En quoi puis-je vous être utile ?

Et il prit soin de fermer la porte pour pénétrer dans la pièce en évitant la ligne de tir.

— Ce qui arrive est infiniment désagréable et vous m'en voyez navrée, dit-elle. Mais j'ai pensé qu'en l'occurrence vous pouviez m'être de quelque secours. Monsieur Malverton, connaissez-vous cet homme ?

— Non, à vrai dire. Mais il vient assez souvent à l'hôtel. Il fréquente le restaurant et le bar.

— En effet, dit-elle d'un air farouche. C'est dans un de ces endroits que j'ai fait sa connaissance. Il se montrait agréable causeur et j'ai eu tort de l'écouter... Une femme seule doit faire très attention. Or cet individu vient de monter ici pour me faire une offre étrange : il voulait me vendre ce collier. J'ai trouvé la chose d'autant plus bizarre qu'il demandait pour ce bijou un prix beaucoup trop bas.

M. Malverton se baissa pour ramasser le collier et poussa une exclamation de surprise.

— J'appelle immédiatement la police, madame Gainer. Je suis à peu près sûr qu'il s'agit du collier volé tout récemment à une cliente de l'hôtel, une certaine Mme Clifton. Une affaire qui a fait du bruit dans l'établissement...

L'homme assis émergea enfin de sa stupeur.

— A quoi joue-t-on, ici ? jeta-t-il. Je n'ai jamais tenté de vous vendre ce collier, madame Gainer. C'est vous qui me l'avez donné !

— Oh ! certainement pas, répliqua-t-elle d'un ton empreint de pitié amusée. Ce collier ne m'appartient nullement. *Tout le monde* sait bien que je ne porte *jamais* aucun bijou. Si j'en avais envie, je pourrais certes m'en offrir. Mais ces ornements ne m'ont jamais tentée. En outre, pourquoi aurais-je, *moi*, fait pareil cadeau *à un homme* ?

— Ma conviction est faite, madame Gainer. Je vais appeler la police, dit le directeur en se dirigeant vers le téléphone.

— Un instant ! s'écria, de sa chaise, l'homme qui allait jouer son va-tout. Écoutez donc ! Cette femme a assassiné son mari et je suis parfaitement au courant. Aussi a-t-elle voulu acheter mon silence en me donnant ce collier. Appelez donc la police. Je... je dénoncerai cette criminelle impunie !

— Oh ! fit la veuve, apparemment choquée. Vraiment ! Je me dois de répondre à pareille outrance. Je sais que je n'ai pas à me défendre d'une accusation aussi ridicule, mais cela pourrait nous faire gagner du temps... Ah ! combien je m'en veux d'avoir lié conversation avec un inconnu !

Elle ouvrit un autre tiroir du secrétaire et en sortit une liasse de papiers retenus par un lien élastique.

— Un moment, je vous prie... Voyons, oui, c'est bien cela, dit-elle en tendant au directeur un document retiré de la liasse. Voici la lettre que m'a adressée en son temps le Gouvernement pour m'informer que mon mari, le major Jeffrey Gainer, avait été tué au combat en France, lors du débarquement de Normandie.

M. Malverton, embarrassé, eut un geste évasif signifiant que la parole de Mme Gainer lui suffisait.

— Je vous saurais gré de la lire tout haut, monsieur Malverton, de façon à convaincre ce diffamateur qu'il perdrait son temps et celui de la police en portant contre moi une accusation aussi absurde.

Le directeur lut donc le message officiel : *Nous avons le pénible devoir de vous informer...* Et il décrocha le combiné sans plus attendre.

***

Et voilà. La police m'emmena. Je fus jugé et condamné pour le vol du collier de diamants.

Mais cette affaire me restait partiellement obscure. Et ne pouvoir l'élucider à fond me rendait fou. Assis dans ma cellule, je me torturais les méninges à force de vouloir découvrir la vraie mentalité de cette femme. Quel avait été le cours de ses pensées après mon arrestation ?

Or, un jour, je reçus une lettre anonyme. Le censeur du courrier à la prison l'avait probablement laissée passer par inadvertance, croyant qu'elle émanait d'un de ces illuminés consacrant leur vie à apporter « la lumière » aux âmes damnées que l'on a mises à l'ombre. Dès les premiers mots lus, j'en identifiai l'expéditrice.

Je crois profondément à la toute-puissance de l'amour, disait l'épître. *J'ai foi en ses vertus curatives. Il peut effacer le mal et s'avère parfois seul capable de guérir quelqu'un d'une manie délictueuse. Mais l'on doit se garder de l'amour lorsqu'il n'est qu'un masque dissimulant une cruauté destructive bien pire que le vol. Même quand le grand amour n'est plus, son influence protectrice demeure agissante. J'ai toujours usé du test que Mon Amour m'a légué. Et des expériences malheureuses m'ont révélé combien de laids mobiles l'amour peut cacher sous son nom.*

Après ça, il ne me fallut pas longtemps pour comprendre toute l'affaire. Je savais dès lors comment le collier était venu aux mains d'Ella Gainer, ce collier dont elle s'était servie pour me faire épingler. Enfin je voyais assez clair en elle pour comprendre la raison de son attitude.

Quand la police m'eut arrêté, elle dut se sentir à nouveau triste et solitaire parce qu'une fois de plus un prétendant s'était révélé défaillant et indigne. Pour elle, tout était à recommencer ; à recommencer dans l'espoir tenace qu'un jour ou l'autre, quelque part, elle rencontrerait enfin l'homme qui l'aimerait comme elle voulait être aimée : d'un amour égal à celui dont Jeffrey Gainer avait brûlé pour elle. Lorsqu'elle évoquait son époux, ses souvenirs étaient-ils empreints de gratitude envers le disparu ? En conscience, remerciait-elle « Son Amour » de lui assurer une protection d'outre-tombe ?

J'ignore les paroles exactes qu'il a pu prononcer avant de s'embarquer pour la bataille de France, mais je les imagine sans peine : *Écoute, ma chère. Si je me fais tuer au combat — ce pourrait être mon sort — il te viendra tôt ou tard l'envie de te remarier. Mais tu devras mettre l'homme à l'épreuve. Un homme vraiment épris acceptera n'importe quoi et te protégera. Dis-lui que tu m'as assassiné. Si malgré cela il veut encore t'épouser, tu seras sûre qu'il t'aime vraiment.*

Je sais maintenant que Mme Gainer différait quelque peu des autres femmes. Toute femme a besoin d'amour, mais Ella Gainer en avait particulièrement besoin pour une raison d'ordre pathologique : elle était kleptomane. D'où l'allusion, dans sa lettre, à une « manie délictueuse ». L'amour compréhensif de Jeffrey l'avait guérie de cette obsession humiliante. Mais quand, devenue veuve, elle eut à lutter contre de nouvelles impulsions kleptomaniaques, elle comprit que le seul remède consistait à unir son existence à celle d'un homme qui l'aimât comme l'avait aimée son mari. Elle se mit donc à la recherche du compagnon idéal.

Nombreux furent sans doute les candidats. La plupart d'entre eux se rétractèrent poliment après avoir entendu sa « confession ». Bien tristement elle les avait laissés partir. La malchance voulut que, à l'époque où j'entrai en scène, Ella Gainer eût cédé à une nouvelle tentation morbide en dérobant le collier de Mme Clifton. Elle dut éprouver un soulagement profond en me voyant arrêté et emmené en un lieu d'où je ne pourrais plus nuire à aucune femme. Et elle dut être non moins contente de savoir que le joyau — qu'elle ne pouvait ni ne désirait porter — allait être restitué à sa propriétaire.

Il est néanmoins une chose que je discerne et qu'elle ne voit pas. Je suppose devoir cette clairvoyance au fait que je suis homme et non aveuglé par le besoin de Grand Amour qui mène Ella. Jeffrey Gainer, ce mari aimant et plein de sollicitude, avait légué à sa veuve un test propre à rebuter n'importe quel homme au monde. Jeffrey Gainer avait voulu s'assurer qu'Ella ne se remarierait jamais, qu'aucun autre homme ne jouirait de sa femme et de sa fortune. Sans doute l'aimait-il de tout son être. Mais cet amour apparemment sublime ne l'avait pas empêché d'être un peu comme le chien du jardinier...

Comment se fait-il qu'Ella n'ait pas soupçonné les intentions secrètes de son mari, qu'elle n'ait pas mesuré la portée occulte de ce legs fallacieusement destiné à la nantir d'une preuve d'amour de la part du candidat au mariage ? Comment ne lui était-il pas tombé sous le sens qu'aucun homme en pleine possession de ses facultés mentales n'épouserait la veuve qui, de son propre aveu, a empoisonné son époux ? Elle était obnubilée par le respect dû aux dernières volontés du disparu — elle était bien la femme à ça — et par l'inébranlable conviction que Jeff avait été animé par le seul désir d'assister sa veuve par-delà le trépas. Qu'il avait réellement aimé sa compagne.

Et dire que je suis bouclé ici... J'aurais voulu lui rendre la monnaie de sa pièce. A un certain moment, j'ai même songé à lui écrire pour lui dévoiler les véritables mobiles qui avaient poussé son mari à lui léguer le principe du « test infaillible ». Mais je me suis ravisé. Parce que, à supposer que je le fasse et qu'elle me croie, elle ne s'estimerait plus moralement tenue à mettre en fuite une nouvelle série de prétendants en les soumettant à une épreuve plus qu'éliminatoire. Et je suis sûr qu'ainsi placé sous de meilleurs auspices, son remariage n'eût pas tardé.

Après tout, elle l'aurait vraiment trop belle par rapport à moi. Car voici comment je vois les choses. Je suis en prison. Pourquoi ne le serait-elle pas aussi ? Dans la luxueuse réclusion dont son mari a emporté la clef dans l'autre monde. Je ferai donc en sorte que, à l'encontre de la veuve d'Éphèse, Ella Gainer ne trouve plus jamais d'amoureux.

Widow of Ephesus.
Traduction de Jean Laustenne.

PEINTURE AU SANG

par JOHN MURRAY

Vous avez probablement vu les toiles de Louis Fedj. Leur valeur est montée en flèche depuis sa mort regrettable et sensationnelle ; à lui seul, son autoportrait, représentant l'artiste tel qu'il était, vigoureux, la barbe fournie, le cou gras, est évalué à dix mille dollars.

Mais Louis Fedj n'avait pas toujours campé un personnage aussi viril, aussi important. Il avait été pas si longtemps auparavant un timide petit jeune homme à lunettes et à cheveux jaunâtres, qui se contentait d'exposer ses œuvres le long des grilles du parc de Greenwich Village. C'est alors qu'il avait été découvert par une veuve très maternelle, qui avait organisé sa première exposition dans une galerie du quartier. Cette exposition fut une réussite et, dès ce moment, Louis fut transformé. La vie des grands peintres semblait l'influencer plus encore que leurs œuvres. Il devint un composé des artistes qu'il aimait le mieux : aussi sensuel que Gauguin, aussi rabelaisien que Van Gogh, aussi ardent que Toulouse-Lautrec. Il acquit un rire bruyant, une barbe rougeoyante, un appétit de Gargantua, un goût immodéré pour le whisky, un tempérament explosif et la réputation d'un sensuel. Parfois, il lui arrivait de peindre.

Pendant sept ans, Louis grandit en importance et en réputation. Son œuvre fut exposée dans deux galeries, à Paris et à Londres, un acteur de cinéma fort connu collectionna ses tableaux et l'artiste eut l'honneur d'une rétrospective de trois jours sur les murs blancs du Musée d'Art Moderne. Son style « se congela » ; il « se réalisa » en de violentes explosions de bleu, de rouge et de vert pomme. Il faisait tomber des tubes des couleurs crues qu'il attaquait sauvagement au couteau. L'effet produit était souvent saisissant ; même les gens habituellement sûrs de leurs opinions et de leurs goûts n'étaient pas certains d'aimer les tableaux de Louis Fedj.

On était généralement d'accord pour dire qu'un nouveau grand peintre était en train de naître et la prédiction se fût peut-être réalisée si la malchance n'était intervenue. Elle se produisit timidement, sans qu'on s'en aperçût ou presque, sous la forme d'une annonce modeste dans l'un des plus importants quotidiens de la ville :

M. Auguste Bougère, célèbre critique d'art français, fait désormais partie de l'équipe du Herald.

Tous ceux qui connaissaient les milieux artistiques connaissaient Auguste Bougère. On disait qu'il avait été l'ami intime et le conseiller de Picasso. On racontait qu'il avait dirigé la carrière de bien des contemporains très connus. Petit, gesticulant, les yeux brûlants, il était réputé sur les deux continents pour son regard acéré de critique et pour sa langue plus acérée encore. Dans la louange, il était magnifique ; dans le dédain, accablant.

Par un lourd après-midi d'été, Louis Fedj s'éveilla avec son habituelle et formidable gueule de bois et connut son premier échantillon de la prose cinglante de Bougère. Une demi-douzaine des toiles les moins importantes de Louis étaient alors exposées dans une galerie privée de la 57e Rue et, en ouvrant son journal du matin à la page de la chronique des arts, Louis eut la surprise de découvrir que le critique d'importation du *Herald* y avait fait une visite la veille. Il fut encore plus surpris en lisant les premières phrases du compte rendu d'Auguste Bougère.

Le mot qui convient aux tableaux signés de M. Louis Fedj est peut-être « explosif ». Mais on ne peut que se demander à quelle source M. Fedj a puisé son inspiration. J'ai l'impression, quant à moi, que ses matières combustibles se composent pour la plupart d'œufs mollets, de bananes trop mûres et de plusieurs autres comestibles peu ragoûtants. Cette régurgitation en couleur d'aliments gâtés, informes, sans substance, sans émotion, ne peut sérieusement passer pour autre chose qu'un cauchemar indigeste...

Louis Fedj en lisant ces phrases mordantes se sentit envahi par une rage meurtrière. Il s'habilla rapidement, avala son petit déjeuner et se rua hors de son atelier pour foncer tout droit aux bureaux du *New York Herald*. L'équipe du journal ne devait jamais oublier le spectacle de ce personnage barbu et déchaîné, piaffant dans la salle de rédaction. Pour s'en débarrasser, un secrétaire intimidé lui donna l'adresse personnelle de M. Bougère.

Fedj trouva le Français en robe de chambre de soie brochée, dégustant sa tasse de café de l'après-midi. Il ne parut que modérément surpris de l'intrusion de Louis et écouta, avec un demi-sourire amusé sur son petit visage éveillé, le peintre vitupérer ses facultés intellectuelles, son aspect physique et son origine suspecte. Ce sourire était exaspérant ; à un moment, Louis, dans sa colère, attrapa le col chatoyant de la robe de chambre et le froissa comme s'il avait l'intention d'étrangler sur place le critique. M. Bougère réussit à éloigner toute idée de violence en parlant calmement, en un anglais détestable mais apaisant, et Louis Fedj, grommelant, fit demi-tour et s'en fut.

Il eut tôt fait d'oublier l'incident, plongé qu'il était dans son travail. Mais M. Auguste Bougère, lui, malgré son apparente placidité, n'avait pas oublié et il était peu probable qu'il oubliât jamais.

Un mois plus tard, le critique frappait pour la seconde fois.

Sa chronique, cette fois-ci, ne concernait pas directement Louis Fedj ; il parlait de l'exposition d'un Hongrois exilé. Mais le troisième paragraphe disait :

... Pourtant, alors que les toiles, pour la plupart, témoignaient d'une intense et sincère émotion, plusieurs tableaux m'ont rappelé la technique explosive que Louis Fedj, dans ses œuvres, a portée à un degré de perfection d'un goût douteux. C'est bien dommage, car ce peintre mérite un meilleur sort. Mieux vaudrait pour lui abandonner les couleurs de nourritures avariées et les configurations fuligineuses si caractéristiques des pinceaux de M. Fedj pour se concentrer sur des aspects artistiques plus féconds...

Devant cette nouvelle attaque violente, sortie de la plume trempée dans l'acide de M. Bougère, Louis beugla comme un taureau blessé. Cette fois, les pensées meurtrières que nourrissait son cœur faillirent lui passer dans les mains. Il était convaincu qu'un artiste ne pouvait se laisser entraver par les conventions qui régissent le reste de l'humanité et il était persuadé que le monde ne se porterait pas plus mal pour avoir perdu un insignifiant petit critique. Mais, si des idées de meurtre s'agitaient dans l'esprit de Louis Fedj quand il entra en trombe, cet après-midi-là, dans l'immeuble d'Auguste Bougère, elles ne devaient pas connaître de réalisation.

M. Bougère était absent ; il se trouvait à Chicago pour une exposition dont il devait faire le compte rendu dans le journal qui l'employait. Louis dut se contenter de glisser sous la porte du Français une note rédigée en termes des plus grossiers.

Six semaines plus tard, Fedj présentait une grande exposition dans une galerie importante et il voyait approcher l'événement avec inquiétude. Les directeurs de la galerie, habituellement enthousiastes pour toute exposition de Louis Fedj, se montraient également nerveux. Depuis la double attaque de M. Bougère la vente des tableaux du peintre avait sensiblement baissé.

A son habitude, Louis n'assista pas à l'inauguration : il en passa le temps dans une taverne voisine. Ce fut seulement le lendemain matin qu'il connut son sort en apprenant que le célèbre critique d'art du *Herald* avait eu la bonté de rendre visite à son exposition et la méchanceté d'en rendre compte.

M. Louis Fedj a dû courir les magasins. Les nourritures avariées qui servent d'inspiration à son œuvre se sont remarquablement diversifiées. On reconnaît dans ses tableaux une magnifique variété de produits alimentaires, jamais vus encore dans ses précédentes œuvres. Parmi eux, on remarque quelque chose qui pourrait être un cantaloup trop mûr, des tranches de bacon desséchées, une coloquinte, quelques œufs pochés et d'autres ingrédients difficilement identifiables. On regrette d'avoir à dire que le résultat n'est guère appétissant...

Si Auguste Bougère avait souhaité décapiter la carrière de Louis Fedj, il n'eût pu choisir lame mieux trempée ni plus acérée. L'image de nourritures avariées s'accrocha à l'œuvre de Louis comme un œuf pourri lancé sur un politicien. Les collectionneurs qui avaient accroché ses tableaux chez eux se mirent à se plaindre d'une vague odeur désagréable dégagée par les toiles. En deux semaines, la vente de ses nouvelles œuvres tomba à zéro. Les amis de Louis, si loyaux dans le succès, furent tout à coup curieusement absorbés par d'autres préoccupations, d'autres amitiés. Un contrat, signé par un Texan, propriétaire de puits de pétrole, qui voulait avoir un Fedj dans son salon, fut brusquement résilié. Trois projets d'expositions dans trois musées différents furent abandonnés. Et les galeries qui exposaient régulièrement Fedj témoignaient d'une subite répugnance à renouveler leurs accords.

Moins de trois mois après, silencieusement, pathétiquement, la carrière de Louis Fedj semblait s'être interrompue.

Suivit une période de sombre dépression. Durant près d'un an, Louis passa son temps à gaspiller l'argent que lui avait valu sa renommée première. Il y parvint sans peine. Il retrouva momentanément quelques-uns de ses amis perdus qui ne demandaient pas mieux que de l'aider à vider des bouteilles de whisky. D'une certaine manière, pendant les premiers six mois, il prit même un certain plaisir à sa dégradation. Mais bientôt, il fut à court d'argent.

Si Louis Fedj avait été fait d'une pâte plus molle, le coup qu'il avait subi eût pu lui être fatal. Mais on doit dire à sa louange qu'il ne refusait pas de se battre. Sans bruit, sans éclat, il revint au Village et se procura un logement modeste. Lentement, consciencieusement, il reprit sa palette et ses toiles. Il vivait simplement, de ce qu'il gagnait en peignant des couvertures scabreuses pour des magazines à sensation. Il ne buvait plus une goutte d'alcool. Il redevint semblable au Louis Fedj de naguère, au jeune homme plein d'ardeur, de talent, de volonté et de confiance en son destin.

Cette discipline volontaire se prolongea pendant près de huit mois. A la fin de cette période, Louis avait achevé une quarantaine de tableaux. Il savait, du plus profond de lui-même, qu'ils étaient les meilleurs de toute sa carrière. Et il sentait que sa propre existence dépendait de leur succès.

Le directeur de la galerie était visiblement mal à l'aise quand il accorda un entretien à son ancienne grande vedette. La publicité désastreuse qui continuait de s'attacher au nom de Louis Fedj l'inquiétait. Même quand Louis lui eut montré ses toiles, il demeura hésitant. Puis en y regardant de plus près, il se rendit compte que la signature était l'unique point commun entre ces tableaux et ceux qui avaient fait s'abattre la hache étincelante d'Auguste Bougère. Les tons étaient frais et vibrants ; on sentait une grande solidité de forme et de contenu émotionnel ; objets et personnages étaient reconnaissables : ballerines au cou flexible, arlequins, acrobates, chanteurs des rues, jongleurs, Polynésiens couleur chocolat, scènes de la rue, ponts, plantes étranges. De toute évidence, il s'agissait d'une nouvelle tendance chez Louis Fedj, et cela semblait bien valoir une exposition.

On finit par tomber d'accord et bientôt on commença à parler d'un retour de Fedj. Les vieux amis firent leur réapparition. Le nom de Louis se retrouva plus fréquemment dans les chroniques artistiques, où l'on s'interrogeait sur sa nouvelle manière. Un seul critique demeurait douloureusement silencieux : M. Auguste Bougère.

Quand arriva le jour de l'exposition, Louis Fedj, qui avait renoncé à bien d'autres de ses habitudes anciennes, rompit avec son dédain de naguère pour les grandes premières et se rendit à la galerie. Il faisait nerveusement les cent pas, regardait les visiteurs entrer l'un après l'autre, serrait respectueusement la main de clients importants et, d'une façon générale, se comportait comme le plus modeste des artistes. Rôdant à travers la galerie, il entendit les commentaires admiratifs que suscitaient ses nouvelles toiles et un peu de son ancienne assurance lui revint. Son dos se redressa ; son pas se fit plus assuré ; il lui arriva même de rire aux éclats. Une heure après l'ouverture des portes, il ressemblait au Louis Fedj d'antan.

C'est alors qu'Auguste Bougère franchit le seuil.

En voyant le Français entrer à grands pas dans la galerie, les mains au fond de ses poches, vif sur ses courtes pattes, Louis sentit son pouls s'accélérer. Il suivit des yeux le critique du *Herald* qui s'arrêtait devant les tableaux, jambes écartées, pointant en avant son nez aquilin tandis que ses yeux brillants semblaient traverser les couches de peinture étalées sur la toile. Sa présence inspira aux autres visiteurs une respectueuse déférence ; ils s'écartèrent pour lui permettre d'examiner en toute tranquillité les œuvres de Louis Fedj.

Lentement, comme en transe, Louis s'approcha.

— Monsieur Bougère ?

— Oui, quoi ?

D'un brusque mouvement, le petit homme fit virer sa grosse tête pour dévisager Louis.

— Je... Je voulais vous remercier d'être venu ce soir.

— Aha ?

Le Français paraissait perplexe. Puis ses lèvres s'écartèrent sur un sourire canin.

— Ah ! oui, bien sûr. Vous n'aviez pas, euh, exposé depuis un certain temps ?

— Non.

— Alors, ces toiles sont nouvelles ?

— Oui.

— Je vois.

Il fonça vers la porte, entraînant Louis à sa suite.

— Mon style a quelque peu changé, dit Louis d'un ton hésitant. Je me suis beaucoup inspiré des impressionnistes. L'utilisation des couleurs pures...

— Quoi ? fit M. Bougère.

— Les couleurs. Cette toile, par exemple. Je l'intitule *Les cyclistes...*

— Charmant, dit le critique.

— Vraiment, vous trouvez ?

— Mais oui.

Le sourire s'élargit.

— A la façon dont est charmant un dessin d'enfant. Ce qu'on pourrait appeler...

Il chercha désespérément l'expression adéquate et finit par dire, en français :

— *Le charme de l'innocence...*

Louis parut hésiter.

— Il est exact que j'ai recherché une certaine qualité d'innocence...

— Mais vous avez réussi, dit Bougère avec un sourire suave. Ce que j'ai vu est tout à fait innocent. De goût, d'émotion, de forme, de signification...

— Comment ?

— Allons, monsieur Fedj, parlons franchement. Ces tableaux, ce sont de petites plaisanteries de votre part. Pour un livre d'images destiné aux enfants, peut-être ; pour les amateurs d'art... (Il secoua la tête.) Vous et moi, nous savons à quoi nous en tenir, n'est-ce pas ?

— Mais, bon Dieu, qu'est-ce que vous me racontez ?

— Je vous en prie, dit M. Bougère d'un air offensé, inutile d'élever la voix. Nous sommes dans un lieu public.

— Vous n'avez même pas *regardé* ces toiles et encore moins *examiné...*

— Est-il besoin d'examiner les dessins des pages humoristiques ?

La réponse de Louis s'étrangla dans sa gorge. Sa poitrine s'enflait, les yeux lui sortaient de la tête ; son visage devint écarlate, de la racine des cheveux à la ligne de sa barbe. A ce moment-là, Louis Fedj eut été capable de se laisser aller en public à quelque violence mais, avant d'avoir dû affronter le danger, M. Auguste Bougère avait tourné les talons et se dirigeait d'un pas décidé vers la sortie.

— Attendez ! cria Louis d'une voix grinçante. Où allez-vous ?

— Il va être onze heures, répondit aimablement Bougère. Il faut que je rentre chez moi pour préparer mon article. Vous comprenez. Excusez-moi.

— Mais vous êtes injuste ! Vous n'avez rien vu !

— Bonsoir, monsieur Fedj.

Une minute entière s'écoula avant que Louis prît pleinement conscience de ce que signifiait le brusque départ du critique. Quand il l'eut compris, ses pieds l'entraînèrent d'eux-mêmes vers la porte. Une fois dehors, il jeta de tous côtés des regards affolés pour tenter d'apercevoir le dos du Français. Il ne le vit nulle part.

Louis passa alors à l'action sans s'être accordé une seconde de réflexion. Il courut au coin de la rue, sauta dans un taxi et jeta au chauffeur l'adresse de l'immeuble qu'habitait M. Bougère, dans Central Park South. Il se rongea les ongles jusqu'au moment où le taxi s'arrêta devant l'auvent qui abritait l'entrée.

Il n'y avait pas de portier en vue et le petit ascenseur fonctionnait automatiquement. Louis appuya sur le bouton marqué douze.

En répondant au coup de sonnette, Auguste Bougère commença :

— Vous êtes en avance...

Puis il fronça les sourcils :

— Monsieur Fedj ? Je vous avais pris pour le garçon de courses du *Herald*.

— Il faut que je vous parle, dit Louis. Puis-je entrer ?

— Un autre jour, peut-être. Ce soir, j'ai du travail.

— Rien qu'un instant...

— Je regrette.

Mais, dans l'état où il était, Louis Fedj ne pouvait accepter un refus. Il maintint la porte ouverte jusqu'au moment où il vit naître l'inquiétude dans les yeux brillants de M. Bougère. Mais les traits du Français se détendirent, un sourire amusé courut même sur ses lèvres et il haussa les épaules.

— Très bien, dit-il. Mais rien qu'un instant, car j'attends ce jeune homme du journal. Vous comprenez ?

Louis pénétra dans l'appartement. Il était garni d'un mobilier encombrant, de meubles anciens aux formes tourmentées. Sur la table de travail aux sculptures tarabiscotées, la machine à écrire en métal gris détonait. Une feuille de papier vierge y était engagée et Louis Fedj y attacha son regard, tandis que son souffle se précipitait.

— Qu'est-ce que vous vous prépariez à écrire ? demanda-t-il en se retournant d'un bloc vers le critique. Il faut me le dire, Bougère ! Qu'alliez-vous écrire, à propos de mes toiles !

Le Français tendit ses mains ouvertes.

— Je ne saurais dire. J'attends l'inspiration.

— Vous êtes un menteur ! Vous savez fort bien ce que vous allez écrire. Ce que vous m'avez dit... Votre discours sur l'innocence...

— Ce n'était pas mauvais, hein ? dit-il en souriant de toutes ses dents.

— Je ne peux pas vous laisser faire. La dernière fois, Bougère, vous m'avez démoli...

Le Français fit entendre une sorte de gloussement.

— Mais si, vous le savez très bien ! cria Louis, plein de rage. Ce que vous avez écrit... Cette histoire d'aliments avariés ! Ça m'a démoli !

— Je ne suis qu'un modeste critique...

— Il faut que je sache ! Qu'allez-vous dire ?

M. Bougère haussa ses épaules étroites et passa devant le peintre pour aller retrouver sa machine à écrire. Ses doigts effleurèrent les touches, tandis qu'il penchait la tête de côté en regardant son visiteur.

— Je vais écrire la vérité, monsieur Fedj. Il n'y a là rien de... comment dites-vous ? personnel. Mais je trouve que vous êtes un mauvais peintre. Un *très* mauvais peintre.

Il sourit, comme s'il s'attendait à ce que l'autre trouvât sa candeur charmante. Son destin se joua sur l'amplitude de ce sourire car Louis Fedj eut peut-être agi différemment si la cruelle remarque eut été accompagnée d'un froncement de sourcils. Mais le sourire constituait une suprême insulte ; il ne permettait à Louis d'autre solution que celle qu'il adopta. Il bondit à la gorge du Français. Agressé, M. Bougère émit un petit cri mais réussit à se dégager. Il se précipita à l'autre bout de la pièce en criant quelque chose en français, tandis que Louis Fedj le suivait. Finalement, Louis parvint à l'acculer dans un coin. Ses mains se refermèrent sur le maigre cou du critique, qui gargouilla en levant au plafond des yeux blancs. Louis rejeta en arrière la grosse tête qui alla cogner, avec un bruit bien agréable, contre le papier fleuri. Bougère gémit et Louis lui rejeta de nouveau la tête en arrière. Bougère gémit encore, prit une expression hébétée et tenta une faible ruade. Le troisième choc de la tête contre le mur fut concluant ; le critique poussa une plainte prolongée et s'affaissa. Quand Louis le lâcha, il glissa contre le mur et s'écroula sur le sol en une masse pitoyable.

Louis se pencha sur lui, avec un calme admirable en un pareil moment. Il souleva le poignet maigre mais ne put trouver le pouls. Il plaça sa paume à plat face à la bouche du critique mais il ne sentit pas le moindre souffle.

Il se redressa, songeant avec beaucoup de sens pratique à ce qu'il allait faire ensuite. Il était près de onze heures trente ; le garçon de courses du

Herald n'allait pas tarder à arriver pour emporter la copie de M. Bougère, destinée à la première édition du lendemain. S'il trouvait Louis dans la place...

Il se dirigea vers la porte. Puis il se retourna, les yeux fixés sur la feuille vierge engagée dans la machine à écrire de M. Auguste Bougère.

Il sourit et approcha une chaise.

Pendant un moment, il posa sur le papier blanc un regard vide. Après tout, il était peintre ; pas écrivain.

Il se mit néanmoins au travail.

C'est pour moi un réel plaisir de signaler que M. Louis Fedj après un an d'absence, a fait sa rentrée avec ce qu'il faut considérer comme la plus belle exposition d'art impressionniste que l'on ait vue dans ce pays depuis des années. Alors que j'avais vivement critiqué les œuvres précédentes de M. Fedj, je veux être le premier à reconnaître mon erreur, pour n'avoir pas su voir la profondeur d'émotion et la brillante technique dont M. Fedj est capable. L'exposition d'hier soir a sans aucun doute représenté pour moi l'une des expériences les plus passionnantes de ma carrière, une expérience que j'aurais certainement été fier de partager avec mon excellent ami, M. Pablo Picasso...

Louis Fedj continua d'écrire. C'était une agréable tâche que de rédiger le compte rendu de sa propre exposition et il s'y adonna si pleinement qu'il en oublia la rapidité avec laquelle l'aiguille des minutes avançait vers minuit. Quand il en arriva à la conclusion, il était minuit moins trois.

Il se leva vivement et écrasa sur les touches ses doigts noircis pour brouiller les empreintes. Non qu'il pensât que la mort de M. Bougère susciterait une enquête ; on considérerait certainement qu'il s'agissait d'un accident quelconque. Il abaissa son regard vers le défunt, dont l'expression était aussi suffisante que jamais.

Après quoi, il alla vers la porte.

Il prit l'ascenseur jusqu'au deuxième étage et descendit par l'escalier jusqu'au rez-de-chaussée. Mais ses précautions étaient superflues ; il n'y avait toujours pas de portier dans les parages. Il alla jusqu'au coin de la rue, fit signe à un taxi et rentra chez lui.

Il dormit fort bien, d'un sommeil sans rêves.

***

Louis Fedj s'éveilla à neuf heures. Le soleil était éclatant et il avait au cœur une impression de matin de Noël. Il lui fallut un instant pour identifier cette bienheureuse sensation, puis il se rappela les événements de la soirée précédente et songea aussitôt à ce qu'il pouvait s'attendre à trouver dans la première édition du *New York Herald*.

Il s'habilla rapidement, sans se donner la peine de prendre un bain. Il se prépara un café filtre et le mit sur la cuisinière. Puis il ouvrit la porte de son appartement pour aller jusqu'au kiosque à journaux, à deux rues de là.

Il rencontra les deux hommes qui montaient l'escalier et leur sourit. Son sourire s'attarda même après qu'il se fut rendu compte de leur évidente profession. L'un des deux, le teint gris, les sourcils en broussaille, lui dit :

— Je suis le lieutenant Burrows, monsieur Fedj. Brigade criminelle. Et voici le lieutenant Smiley. Nous aimerions que vous nous accompagniez.

— Mais certainement, répondit Louis en fermant à demi les yeux. Puis-je vous demander pourquoi ?

— C'est au sujet de M. Bou... (Le policier trébucha sur le nom.) Au sujet du critique d'art du *Herald*. Il semble qu'il soit mort cette nuit.

— Ah ! vraiment ?

Louis ne simulait pas la surprise ; il avait simplement l'air intéressé.

— Eh bien, je ne vois guère comment je pourrais vous aider. Je l'ai vu quelques instants seulement à la galerie et il était parfaitement...

— Un instant, intervint le second policier. J'ai l'impression que vous ne nous avez pas bien compris, monsieur Fedj. Nous vous arrêtons sous l'inculpation d'homicide et vous devez avoir une idée de vos droits. Nous sommes censés vous avertir que tout ce que vous direz à partir de maintenant peut être enregistré par écrit et utilisé...

— Qu'est-ce que vous me chantez là ? gronda Louis. Quel homicide ?

— Je crois qu'il vaut mieux que vous attendiez de connaître toute l'histoire, dit Burrows.

Louis attendit mais ce fut seulement une heure plus tard, dans les bureaux d'un commissariat, qu'on le mit au courant.

— Le gosse du *Herald* est arrivé chez Bougère vers minuit dix, dit Burrows. Il venait chercher son compte rendu pour l'édition du matin. C'est lui qui a trouvé le corps. Il nous a appelés et nous nous sommes rendus à l'appartement ; les types du *Herald* sont arrivés un peu après. C'est à ce moment-là qu'ils ont remarqué le compte rendu...

— Le compte rendu ?

— Oui. Il semble qu'ils aient trouvé ce compte rendu sur la machine à écrire du Français, mais ils l'ont jugé très bizarre. Vous comprenez, ce Bougère était peut-être un as, comme critique, mais c'était un piètre linguiste. Le journal avait un traducteur qui attendait sa copie.

Bouche bée, Louis le regarda.

— Un traducteur ?

— Mais oui, Bougère écrivait en français tous ses

comptes rendus. Or, celui que nous avons trouvé... était en anglais, monsieur Fedj.

Il prit sur son bureau un exemplaire du *Herald*.

— Et rédigé, de toute évidence, par l'un de vos plus fervents admirateurs.

Louis ne pouvait détacher les yeux du journal.

— Ce compte rendu, demanda-t-il d'une voix sans timbre, ils l'ont publié ?

— Voyez vous-même.

Louis tourna hâtivement les pages. Au-dessus de la chronique de M. Bougère, un chapeau en italique disait :

En raison de la mort subite de M. Auguste Bougère, le Herald *a confié l'article de ce jour à Frederick Mostyn, critique d'art de l'*Associated News Service.

Louis, alors, lut le compte rendu :

A la Galerie Calhoun, hier soir, Louis Fedj exposait une série d'œuvres nouvelles qui prouvent de toute évidence qu'il s'agit là d'un artiste appelé à un très intéressant avenir...

One critic too many.
Traduction de Renée Tesnière.

LES ASSASSINS N'ONT PAS D'AILES

par ARTHUR PORGES

Je commençais à croire qu'enfin le lieutenant Ader n'avait plus de cas compliqués à résoudre. Il ne m'avait pas dérangé depuis près de six mois. En fait depuis l'affaire du « cercle dans la poussière ».

Mais j'aurais dû le savoir ; ce n'était qu'un moment de répit. Le territoire sous sa juridiction, principalement la ville d'Arden, ne peut être calme pour longtemps. Ce n'est pas que cela m'ennuyât beaucoup ; en fait j'aime jouer au détective. D'ailleurs, qui n'aime pas cela ?

Cependant ce qu'on attendait de moi était différent ; car au lieu de me demander d'aider à trouver un meurtrier, on attendait plutôt de moi que j'en innocente un, pourrait-on dire.

J'ai l'habitude d'être appelé par Ader. En tant que seul expert assez bien qualifié en médecine de laboratoire, je suis patron du service de pathologie à l'hôpital Pasteur qui dessert toute la région, je travaille pour des tas de villes et bourgs du coin. Vous voyez, ils n'ont pas confiance en leurs médecins légistes locaux : la plupart d'entre eux ne sont que des chevaux de la politique et n'exercent plus depuis longtemps. Aussi lorsqu'ils ont besoin d'une autopsie sérieuse, surtout de celles dont leur homme préfère ne pas s'occuper (par exemple quelqu'un d'enterré depuis un mois) ils demandent le Dr Joel Hoffmann. Le Dr Joel Hoffmann, c'est moi.

Mardi dernier, j'étais tout heureux en préparant une coupe dans un muscle ; il s'y trouvait la plus jolie collection de petits vers que vous ayez jamais vue. Aussi étonnant que cela paraisse, il me vint à l'esprit que ces organismes, si répugnants pour le profane, étaient non seulement joliment proportionnés et d'un dessin prodigieux, mais qu'ils ne s'entretuaient jamais par cupidité ou par haine, et que jamais, au grand jamais, ils ne construiraient une bombe à hydrogène pour détruire le monde.

Quand on parle du diable — dans le cas présent, de meurtre — on en voit la queue. Le lieutenant Ader entra dans le laboratoire, remorquant une jeune fille. Lui, je l'ai déjà vu, mais jamais en telle compagnie ; aussi, étant homme avant d'être pathologiste, je regardai d'abord la fille. Elle était petite, brune et juste un peu rondelette. Ce que mon savoureux père appelait une « perdrix dodue ». Elle avait beaucoup pleuré ; il n'était pas besoin d'avoir fait huit ans d'études pour s'en apercevoir. Quant à Ader, il était moitié en colère, moitié honteux.

— Voici ma nièce, Dana, dit-il d'un ton bourru. Vous m'en avez entendu parler quelquefois.

Je souris. Elle me fixa de ses grands yeux gris embrumés et dit :

— Vous êtes le seul qui puissiez nous aider. Tout se présente mal. Larry n'a pas pu faire ça et pourtant personne d'autre n'est allé là-bas.

— Oh ! dis-je. Remontez quelques paragraphes et recommencez au début.

— Larry est son fiancé, expliqua Ader. Je l'ai arrêté sous l'inculpation de meurtre au premier degré.

Je dus avoir l'air surpris, car il rougit légèrement et dit d'un ton cassant :

— Il le fallait, mais elle le croit innocent. Pourquoi, je ne sais pas. Je lui ai souvent parlé de ce que vous faites, et maintenant elle s'attend à ce que vous fassiez un miracle sur commande. En d'autres mots, Dana vous a choisi pour démolir ma belle petite affaire.

— Merci beaucoup, vous deux, dis-je, sarcastique. Mais je ne fais de prodiges que le mercredi et le vendredi ; c'est mardi aujourd'hui, vous vous rappelez.

— Ça va ; vous pourrez résoudre cette affaire demain, dit le lieutenant en faisant à sa nièce un pâle sourire. (C'était une brave tentative pour la remonter et, bien entendu, cela échoua comme toujours dans ces cas-là.) Notez, ajouta-t-il, se sentant sur le gril et mécontent de l'être, il n'y a pas de défense possible ; les preuves sont accablantes. Vous comprendrez ce que je veux dire dans une minute. Mais Dana n'est pas convaincue, et pour être parfaitement honnête, moi-même je ne puis imaginer Larry assommant un vieil homme pour de l'argent. Il est assez coléreux, mais cela passe vite. De toute façon, je ne crois pas qu'il soit enclin à la violence. Cependant...

Il s'interrompit, et je pouvais presque lire sa pensée. Quand vous avez rencontré suffisamment d'assassins, il est une chose qui devient aussi claire que l'eau distillée : il n'y a aucun moyen de reconnaître un assassin en puissance tant que son crime n'est pas commis.

— Pourquoi êtes-vous si sûre que ce n'est pas lui ? demandai-je à Dana.

D'un air obstiné, elle releva son petit menton rond ; je l'aimai pour cela. Je déteste le genre de fille passive, blondasse et ramollie.

— Je sais qu'il ne pourrait tuer personne, dit-elle, surtout un vieil homme couché sur le sable. Il pourrait se battre avec un garçon de son âge, à condition qu'ils soient tous deux debout, mais c'est tout. Croyez-vous que je pourrais aimer un assassin, et être prête à l'épouser ?

Je regardai Ader et nos deux visages durent devenir de bois au même instant, car elle poussa un petit cri d'exaspération.

— Oh ! Vous, les hommes, vous ne voyez que les preuves. Moi, je connais Larry !

Le lieutenant est marié et donc connaît les femmes. Malgré cela, cette façon de raisonner purement féminine le fit tressaillir. Mais la réponse était à peu près celle que j'attendais. Aussi je remarquai simplement :

— Si vous me donniez les principaux faits, nous nous disputerions ensuite pour savoir qui est coupable.

— D'accord, dit Ader apparemment soulagé.

Il préférait de beaucoup les faits précis aux théories ou aux sentiments. J'imaginai facilement que Dana, de mèche avec la femme d'Ader, Grace, qui avait très bon cœur, avait dû asticoter son oncle pendant des heures. Ce n'est pas que le lieutenant manque de compréhension. Je connais des policiers qui ne voudraient pas gâcher une affaire toute résolue pour faire plaisir à leur femme, à leur enfant ou à leurs grands-parents. Lui le faisait pour une simple nièce.

— Tout d'abord, dit Ader, la victime est le colonel McCabe, ancien officier d'active, âgé de soixante-deux ans. Hier matin, de très bonne heure, il est allé sur sa plage privée, accompagné de son chien, comme d'habitude. Après avoir pataugé un petit moment sur le bord, il s'est assoupi sur une couverture ; pendant son somme, quelqu'un, armé d'une canne, s'approcha de lui et lui fracassa la tête avec le lourd pommeau de cette canne. Il semble, sans aucun doute, que le meurtrier soit Larry Channing, neveu du colonel, un garçon de vingt-quatre ans qui habite dans la même maison.

— Et le motif ?

— L'argent. McCabe en avait un tas. Larry est un des moindres héritiers, mais cinquante mille dollars ou à peu près sont toujours bons à prendre à son âge.

— Larry veut être docteur, s'emporta Dana. Il veut sauver des vies humaines. De plus, il n'avait pas besoin d'argent. Son oncle devait l'entretenir jusqu'à la fin de ses études.

— C'est vrai, dit Ader. Mais une fortune rapide peut tenter même un futur docteur.

— Pas seulement les futurs docteurs, dis-je avec un peu d'envie en pensant au yacht que j'aimerais avoir un jour. Mais comment exactement êtes-vous arrivé à la conclusion que Larry était l'assassin ?

— Parce que ce jeune emporté a agi comme un parfait idiot. Il a laissé assez de preuves, on ne peut même pas appeler cela des indices tant elles sont flagrantes, pour condamner un archange. Laissez-moi vous montrer comment les choses se présentent.

Ader sortit alors de sa serviette un plan sur lequel étaient indiquées la position du corps sur la plage et les empreintes de pas : celles du colonel et celles du meurtrier, dans les deux sens, jusqu'au corps.

— Avant la promenade du colonel, dit Ader, le sable était vierge. Il avait été lissé par la marée de la soirée précédente. Nous avons trouvé les empreintes du colonel allant de l'escalier à l'eau puis de retour vers l'endroit où il s'est couché sur sa couverture. Puis il y a les traces de Larry de l'escalier vers McCabe et retour. Aucune autre empreinte, si ce n'est celles du chien que l'on voit partout, sous et sur les autres. On ne peut accéder à la plage que de la maison ou de la mer ; il n'y a pas moyen d'y arriver par les côtés, dominés par des falaises à pic. C'est cette parfaite défense contre les intrusions qui donne à la propriété sa valeur de deux cent mille dollars. Maintenant, étant donné tout cela, que peut conclure une personne sensée ? Comme l'indiquent clairement les traces, l'unique visiteur de McCabe a été Larry Channing.

— Je suppose que vous avez vérifié toutes les empreintes.

— Bien sûr. Bien que cela n'ait pas été vraiment nécessaire. Larry reconnaît avoir été voir son oncle vers sept heures et demie pendant que le reste de la famille dormait encore. Il nous a même dit qu'ils s'étaient encore disputés. Ce n'était pas la première fois. Vous comprenez, le colonel ne voulait pas qu'il épouse une fille pauvre comme Dana.

Une trace d'amertume passa dans la voix d'Ader. C'était un policier honnête et il avait toujours une échéance en retard.

— Le vieux disait que seuls les fous se mariaient pour autre chose que de l'argent, que l'amour n'était qu'une illusion typiquement moderne, bonne surtout pour les jeunes sans cervelle et les femmes qui lisent la presse du cœur. Il est tout aussi facile de s'amouracher d'une fille riche que d'une fille pauvre, maintenait-il. C'est ainsi que lui-même avait obtenu son énorme fortune, en épousant une riche veuve, pas jolie, inutile de le dire. Ce qu'il y a de terrible dans tout cela, c'est que ça laisse supposer que le garçon avait un mobile encore plus valable que celui de l'argent. Le colonel était assez fou pour lui couper les vivres parce qu'il avait choisi Dana. Dans ce cas, plus d'école de médecine.

— Tout ça semble assez mauvais. Et l'arme ?

— Comme le crâne de McCabe était écrasé, nous avons cherché quelque chose comme un gourdin. Il n'y avait rien près du corps, aussi avons-nous pensé que Larry s'était débarrassé de l'arme. Mais aussi étonnant que cela paraisse, nous l'avons trouvée dans la maison, dans le fond de son propre placard. C'est la canne favorite de Larry, une canne en ébène avec un lourd pommeau grossièrement arrondi en guise de poignée. Elle avait été sommairement essuyée. Il y reste encore du sang et quelques cheveux. Maintenant, dites-moi, n'est-ce pas une façon idiote de commettre un crime ?

A ces mots, Dana sauta, les yeux flamboyants.

— Il n'a pas commis ce crime, voilà pourquoi ! Ne voyez-vous pas que c'est trop évident, trop facile ?

Ader fit la grimace.

— J'ai pensé à cela, dit-il, et dans un sens je suis d'accord. A moins qu'il n'ait voulu, justement, que nous pensions que c'était un coup monté, et même grossièrement. Comme je l'ai déjà dit, Larry est un peu coléreux, mais il n'est pas idiot. Et seul un idiot de première classe laisserait une piste aussi compromettante derrière lui. C'est comme enfoncer un clou dans son propre cercueil. Cet oiseau-là en a enfoncé au moins une douzaine

Pendant qu'Ader parlait, j'avais étudié le plan et je me mis à me lamenter :

— Il fallait que cela arrive un jour. J'aurais dû le savoir !

— Quoi donc ? demanda le lieutenant.

— Je vais vous le dire. Si Larry est innocent, nous voilà en présence d'un vrai cas classique, un meurtre dans une pièce fermée. Les traces sur le sable montrent clairement que personne d'autre ne s'est approché de la victime. Etes-vous sûr qu'il a été tué avec cette canne ?

— Pas encore, mais j'en mettrais ma tête à couper. Il n'y a pas encore eu d'autopsie, et la canne n'a pas encore été examinée par un pathologiste. Jusqu'à présent nous n'avons fait que vérifier les empreintes digitales et les traces de pas. Ce sont toutes celles de Larry et du colonel. Le reste vous regarde. Mais le crâne de cet homme a été enfoncé, aussi si quelque chose d'autre l'a tué, le coup était inutile et cela n'a aucun sens. Cependant le corps est à la morgue et je vais le faire amener ici. Vous pourrez aussi avoir la canne quand vous voudrez.

— Et le docteur Kurzin ? On lui passe par-dessus de nouveau ?

Kurzin est le médecin légiste, un vieil incapable qui a raté une vocation de boucher dans un supermarché.

— Il le faudra si nous voulons arriver à quelque chose. Le fait que vous soyez expert agréé dans ce district m'en donne le droit officiellement.

— Bon, dis-je d'un air un peu réticent.

Car, pour être honnête, il semblait bien que le garçon fût coupable. Après tout, la plupart des assassins ne sont pas très subtils ; ils font des tas de gaffes. Quand un homme est acculé au point d'en arriver au meurtre, il peut difficilement faire des plans de sang-froid.

— Je ferai l'autopsie dès que le corps sera à l'hôpital, repris-je. Ensuite, si vous voulez bien amener la canne, je verrai si le sang et les cheveux sont bien ceux de la victime. Pendant ce temps, faites comme d'habitude et établissez-moi une de vos si bonnes listes de suspects. Vous savez ce que je veux dire : description, analyse du caractère, etc. Vous avez le chic pour cela.

— Il y en a beaucoup de possibles, dit Ader d'un air maussade. Il y a quatre autres héritiers dans la maison et je ne crois pas que le colonel ait jamais gagné de concours de popularité. Pas plus à l'armée qu'ailleurs.

— Combien y a-t-il de ces suspects qui volent ? Parce que, croyez-moi, il faudra des ailes ou un transport aérien pour expliquer comme le vieux monsieur a été tué sans que le meurtrier laisse de traces sur le sable.

— C'est pourquoi je ne peux m'empêcher de penser que Larry est coupable. Je ne veux pas le croire mais, comme vous le dites, dans le cas contraire il faudrait un saut en parachute ou quelque chose de ce genre. Et, ajouta-t-il, la voix amère, on voit mal un saut similaire en sens inverse, vers le haut.

— Larry est innocent, me dit Dana d'un ton assuré. Si vous vous rappelez bien cela, vous trouverez une explication. Vous êtes notre seul espoir, alors, s'il vous plaît, essayez très, très fort.

— Je dois vous prévenir d'une chose, leur dis-je. Je ne suis pas avocat ; je ne peux pas prendre parti. Qu'arrivera-t-il si, à la suite de mon enquête... (j'allais dire : « j'enfonce un autre clou dans le cercueil de ce garçon », mais j'eus le bon sens de tourner ma phrase différemment) les preuves contre Larry deviennent encore plus évidentes ? Peut-être feriez-vous mieux de confier cette affaire à Kurzin. Il fera un tel gâchis que le jury pourra peut-être donner au garçon le bénéfice du doute.

— Vous ne détruirez pas ses chances. Il n'est pas coupable et c'est ce qui devra bien être prouvé finalement, dit Dana, la voix toujours ferme.

Ader haussa les épaules d'un air à demi comique.

— Vous l'avez entendue. J'incline à penser qu'il n'y a rien à perdre vraiment. Tel que le cas se présente avant enquête, le plus mauvais des district attorney ne pourrait pas ne pas obtenir une condamnation. Je vais faire amener le corps immédiatement, dit-il en conduisant gentiment sa nièce vers la porte. Je passerai moi-même un peu plus tard avec la canne, à moins que je ne sois retenu quelque part.

Il caressa l'épaule de la jeune fille avec affection et ils sortirent.

Je regardai Dana partir le menton haut et je pensai que si Larry avait été assez intelligent pour choisir une fille comme elle, il était peu vraisemblable qu'il ait commis ce meurtre aussi maladroitement. Puis je pensai que ma logique devenait encore pire que celle de la jeune fille, et je retournai à mes vers.

****

Le corps arriva une heure et demie plus tard et, les choses étant calmes à Pasteur, je pus me mettre tout de suite au travail. Commençant, comme d'habitude, par la tête, je dus convenir avec Ader que l'éclatement du crâne expliquait sans aucun doute la mort de l'homme. De plus, il était également vrai qu'à part ça il était particulièrement en bonne santé et aurait pu atteindre l'âge de cent ans. Il y avait des tas d'analyses des tissus que j'aurais pu faire, mais je n'en voyais pas l'utilité. J'étais absolument sûr qu'il avait été tué d'un coup sur la tête. Je venais juste de terminer ces examens rudimentaires quand Ader arriva avec la canne.

Il évita soigneusement de regarder les restes bien que tout ait été remis en place. Une minute plus tard j'avais tout terminé. Je couvris le corps d'un drap et Ader s'approcha

— Alors ? demanda-t-il.

— Il a bien été tué d'un coup sur la tête. Voyons cette canne.

Il me la donna. Un sac en plastique recouvrait la partie lourde de la poignée ; la fine tige d'ébène dur mesurait trente-huit pouces. Il y avait peu de doute que la poignée en forme d'œuf eût occasionné le bris de l'os. Pour en être sûr, il restait à l'examiner.

L'épreuve du sang était facile et rapide, il suffisait de comparer les groupes. Ce ne fut pas long non plus pour les cheveux que j'examinai au microscope. Je secouai la tête tristement en voyant les résultats, et Ader était blême. Il était en mauvaise position. D'un côté, il avait une affaire idéale sans l'ennuyeuse poursuite habituelle de témoins rétifs ou d'autres sortes de preuves insaisissables. De l'autre côté, il y avait sa nièce Dana, un des membres de sa famille qu'il préférait, dont on allait envoyer le fiancé à la chambre à gaz ou, avec un peu de chance, en prison pour trente ans ou davantage. D'une façon ou de l'autre, le lieutenant ne serait pas heureux. A moins, bien sûr, que nous n'arrivions à trouver un nouveau candidat pour le grand saut.

— Je suis désolé, dis-je, je n'ai rien trouvé qui puisse nous servir. McCabe a bien été tué avec cette canne. Je suis prêt à risquer ma réputation professionnelle là-dessus, et c'est le témoignage que je devrai faire sous serment.

— Je ne m'attendais à rien d'autre, dit-il d'un air apathique. Pour l'amour de Dana, j'espérais seulement. En tout cas, voici le tableau complet du reste de la maisonnée. Lisez-le demain et peut-être penserez-vous à quelque chose. Vous avez déjà résolu des cas encore plus désespérés.

— Le cas présent est plus désespéré qu'aucun autre, dis-je. Et franchement, nous n'avons pas tant besoin de suspects que de savoir comment le crime a été commis. Un meurtre ; un meurtrier assez évident, à quoi bon chercher d'autres noms ?

— Je ne sais pas, dit-il d'un air fatigué. Mais commencez en postulant que Larry est innocent et voyez comment quelqu'un d'autre aurait pu commettre le crime.

— C'est très simple, répliquai-je. Tout ce qu'il me faut est un mois et cinquante pour cent de cervelle en plus. Mais j'essaierai, maître.

Ader partit. Il paraissait exténué. Il n'avait probablement pas beaucoup dormi depuis le meurtre.

Il était plus de onze heures, mais je ne me sentais

pas fatigué et je m'assis pour lire le rapport sur la famille. Ader fait très bien ce genre de choses et je pouvais facilement imaginer chacun des membres de la maisonnée du colonel McCabe.

Cinq d'entre eux étaient de la famille du défunt. Il y avait : Larry, le neveu, un garçon de vingt-quatre ans ; deux fils, Harry trente-deux ans et Wallace trente-neuf ans ; le frère du colonel, Wayne, cinquante-sept ans ; et un cousin, Gordon Wheeler vingt-huit ans. Pour domestiques, un couple assez âgé assurait le nettoyage et le jardinage. Une femme d'âge moyen faisait la cuisine.

En ce qui concerne le motif, ils en avaient tous, à l'exception des domestiques qui étaient pourvus, que le colonel vive ou non. Pour la famille, c'était une question d'argent. La fortune de McCabe se montait à plus d'un million de dollars, hérités de sa femme, veuve sans enfant d'un riche industriel. Le testament du colonel était connu. Les deux fils touchaient deux cent mille dollars chacun ; le frère cent cinquante mille ; Larry cinquante mille ; et le cousin trente mille, le tout sans impôts. En tenant compte de quelques petites rentes pour les domestiques, tout ce qui resterait après avoir payé les impôts, serait pour le musée local à condition qu'il expose de façon permanente toute la collection d'armes de McCabe. Car le vieil homme se targuait d'être un expert militaire de première grandeur. Mais au lieu de refaire les combats de la guerre civile ou ceux de la guerre de 1914, il préférait corriger les erreurs des généraux des précédentes générations. Bref, il voulait écrire de nouveau le livre d'Oman *L'Art de la guerre au Moyen Age*.

Une pièce de la maison contenait une collection d'armes et d'armures médiévales. Le cousin, Gordon, en était responsable. Il tenait le catalogue à jour et gardait le tout si bien astiqué et en état de marche que McCabe aurait pu, à tout moment, partir pour la Croisade parfaitement équipé avec bouclier, épée, lance, poignard et arc. Il ne manquait qu'un cheval.

Le défunt colonel était une sorte de brute par moments, mais pas vraiment méchant. Il ne semblait pas qu'il s'occupât indûment des affaires des membres de sa famille, ni qu'aucun d'eux ait eu de raison sérieuse de le haïr. En lisant à travers les lignes de ce qu'avait écrit Ader, il m'apparaissait que le seul motif plausible était l'argent. Car McCabe était peut-être serré du porte-monnaie, bien que chacun d'eux ait reçu une allocation.

Mais, pour le moment, le motif n'était pas le problème principal. Mon véritable travail consistait à résoudre le problème que j'avais exposé à Ader : si Larry n'a pas tué le colonel, *comment* le meurtre a-t-il été commis ? Le « par qui » pouvait attendre, et j'en étais sûr, serait probablement trouvé quand on connaîtrait le moyen employé.

Je ressortis le plan et les photos. Il y a un procédé très à la mode sur Madison Avenue, « la tempête de l'esprit ». Cela consiste à faire sauter les vitesses d'un esprit normal et à le laisser courir. On donne libre cours à ses idées les plus folles en espérant que, dans le fouillis, on découvrira la perle. J'essayai cette technique, je n'en sortis que des idées absurdes. La plus folle d'entre elles consistait à penser que le meurtrier avait porté des chaussures dont les empreintes imitaient celles d'un chien. L'ennui était le peu de profondeur des empreintes montrées sur la photo. Le chien pesait environ trente kilos, ce poids étant distribué sur quatre pattes. Un homme de quatre-vingts kilos laisserait forcément des empreintes plus profondes. Comme vous le voyez, j'étais à bout.

Mais cette « solution » ne me satisfaisait même pas moi-même. Je pris donc une autre piste, et celle-ci me donna un peu d'espoir. Et si on s'était approché par la mer ? Selon les notes d'Ader tous les membres de la famille pratiquaient le ski nautique et d'autres sports aquatiques ; pourquoi pas de la nage sous-marine ? Si le meurtrier était sorti de l'eau, avec ou sans équipement, avait tué le colonel et était reparti par le même chemin, aurait-il laissé des traces ou la marée les aurait-elle effacées ? C'était une solution plausible.

Je fus tenté de téléphoner tout de suite à Ader, mais il était plus de minuit et je me souvins qu'il était très fatigué. Mercredi serait assez tôt. Je rentrai donc chez moi me coucher et je rêvai d'un chien nageant sous l'eau et terrorisant les baigneurs.

Le lendemain matin je téléphonai au lieutenant et lui fis part de mes deux hypothèses. Comme je le craignais, l'homme marchant comme un chien était une absurdité. Les empreintes moulées en plâtre — ceci me surprit moi-même, mais il est vrai qu'Ader ne laisse rien au hasard — montraient bien qu'elles étaient trop peu profondes pour avoir été faites par un homme.

La seconde théorie, celle de l'approche par la mer, parut cependant l'intéresser. La question était de savoir si un tel exploit était possible sur la plage privée. Il y avait un moyen pour le vérifier, c'était de se renseigner auprès de Sammy Ames, chroniqueur des sports pour le journal local, expert en matière de jeux nautiques. Ader l'appela en y mettant toutes les formes et j'écoutai. Ames fut très net. A moins de vouloir se suicider, personne, en cette saison, ne pourrait nager à moins de cinq miles de la côte. Les courants sont tels qu'il est impossible de résister dans ces eaux ; même un champion olympique ne pourrait y arriver.

Ceci était déjà assez mauvais, mais un coup de téléphone au Yacht Club amena encore d'autres précisions confirmant l'inanité de cette hypothèse, notamment du fait qu'il serait resté des empreintes de pas, au moins jusqu'à la marée du soir.

Cela avait déjà été assez difficile de trouver ces deux hypothèses ; il fallait maintenant que j'en trouve une troisième et meilleure. Il fallait donc absolument que j'aille à la maison de la victime et je demandai au lieutenant de m'y conduire.

L'endroit était très imposant : une grande maison spacieuse de deux étages, avec, par derrière, un escalier pour descendre les vingt mètres de rochers conduisant à la plage privée. Cette plage était bordée de trois côtés par ces petites falaises et par la mer sur le quatrième côté.

Je ne perdrai pas de temps à décrire les membres de la famille, leur physique n'ayant aucun rapport avec cette affaire. Tous ces hommes étaient en bonne santé, du genre athlétique, très masculins. Ils avaient l'air sincèrement désolés pour Larry, mais semblaient certains qu'il était coupable.

La collection d'armes du Moyen Age aurait valu la visite en de moins navrantes circonstances. Les murs étaient couverts de dagues, de haches de guerre, de lances, de piques, et d'arcs... Il y avait plusieurs mannequins dans des armures magnifiquement astiquées. Wheeler, conservateur de ce musée familial, était visiblement fier de cette collection et, à force de faire des recherches pour le colonel, était devenu très entraîné dans l'usage de toutes ces armes. Avec passion il fit une démonstration de la manière de se servir de plusieurs d'entre elles, les maniant avec l'assurance d'un expert.

Mais rien de tout cela n'éclaircissait le mystère, s'il y en avait un et si Larry n'était pas véritablement l'assassin.

J'étais plutôt découragé. Peut-être John Dickson Carr sait-il imaginer et résoudre sur le papier ces énigmes de pièces sans issue, mais c'était trop pour moi. J'étais prêt à jeter l'éponge et à me rabattre sur Larry comme coupable.

C'est alors que je me rappelai d'autres cas récents sur lesquels nous avions travaillé, Ader et moi. Pour ceux-là, une nouvelle évaluation des pièces à conviction nous avait permis de sortir de l'impasse. De plus, j'aimais bien Dana. Cela fait une grosse différence quand on a un intérêt dans une enquête.

Je retournai donc au laboratoire. La première chose que je fis fut de relire mes notes sur l'autopsie. Elles ne changeaient rien. Le crâne du colonel avait été enfoncé juste au-dessus de l'oreille droite. J'essayai d'imaginer comment le coup avait été porté. Si l'assassin s'était tenu à la droite et juste derrière le vieil homme allongé sur le sable, les pieds vers la mer, et qu'il avait fait un swing comme au golf de la droite vers la gauche, la partie renflée de la canne vers le bas, les mains sur le bout en fer, cela pourrait expliquer la blessure. Rien d'invraisemblable ; pas de contradictions sur lesquelles mettre la main.

Assez sombre, je me tournai vers la pièce à conviction qui restait, la canne elle-même. Je la tins de la façon que je venais d'imaginer et essayai de refaire le geste fatal. Tout à coup j'eus une lueur d'espoir. Le sang et les cheveux ne se trouvaient pas au bon endroit ! Si la canne avait été balancée, à la manière d'un club de golf, par un homme debout, le côté devrait en être taché. En fait, cela serait vrai quelle que soit la manière dont on se serait servi de la canne comme matraque. Mais au lieu de cela, c'était seulement sur l'extrémité de la poignée que se trouvaient le sang et les cheveux. Comment était-ce possible ?

Ému, je recommençai l'expérience. Le seul moyen pour frapper quelqu'un avec l'extrémité de la poignée serait de lancer la canne comme un javelot. Mais cela ne serait pas commode : l'hypothèse était peu vraisemblable, même si on pouvait arriver à donner suffisamment de force à l'arme, ce dont je doutais. Alors, une toute nouvelle perspective s'ouvrit devant moi, perspective qui suggérait d'importantes modifications dans notre interprétation de cet objet. Cette canne n'avait pas du tout été utilisée comme gourdin. Elle avait dû être projetée comme un javelot, poignée en avant. Mais comment ? Certainement, en fait, personne ne pourrait lancer cet objet, comme une lance, et avec suffisamment de force et de précision pour tuer un homme à une distance de combien de mètres ? Je vérifiai de nouveau les dessins. Le corps se trouvait à presque douze mètres du pied de l'escalier, lieu où aurait dû se trouver le meurtrier s'il voulait éviter de laisser des traces de pas. Un tel jet était absolument fantastique avec la seule force des muscles. Les os du crâne sont épais et ne s'enfoncent pas facilement.

Puis, en regardant la longue et fine tige de la canne, j'eus une idée. Je pris ma loupe et examinai la ferrure de métal. Assurément il y avait deux rainures, peu profondes mais bien réelles, au travers de la surface du bout. Il ne pouvait y avoir qu'une explication : passée dedans, une ficelle tendue ne pourrait glisser de l'extrémité de la ferrure. Cela signifiait un arc, cela semblait maintenant évident. Quoi de plus facile que de placer l'étroite tige d'ébène dans la fente d'un arc bien tendu, la poignée vers l'avant, et ensuite, depuis l'escalier, de viser l'homme étendu sur le sable ? Projetée avec toute la force d'un puissant ressort métallique, la canne donnerait un coup terrible sur la tête de la victime.

Fébrilement je commençai à faire les cent pas. C'était une solution parfaite ; celle qui expliquait tout. Voilà pourquoi il n'y avait pas d'autres traces. Le meurtrier n'avait pas besoin de quitter l'escalier.

Ce qu'un simple bras ne pouvait faire, l'arc le rendait possible. Viser n'était pas plus difficile qu'avec un fusil, et douze mètres étaient une courte distance. Cependant, même ainsi, le meurtrier avait dû s'exercer un peu auparavant pour être sûr de lui. Peut-être n'avait-il pas vraiment voulu faire inculper Larry, mais simplement brouiller les pistes.

Bon, il avait donc envoyé cette étrange flèche, puis l'avait laissée près du corps... Je jurai. Encore une bonne hypothèse qui tombait à l'eau. La canne n'était pas restée près du corps. Comment le tireur avait-il pu la récupérer sans laisser de traces ?

Je pensai à une ficelle, un fil de pêche en nylon par exemple, attaché au projectile. Mais un autre regard aux photos détruisit cette solution. Il n'y avait aucune marque longue et étroite montrant la traînée de la canne sur le sable.

Je savais cependant qu'il devait y avoir une explication ; le reste s'ajustait trop bien. J'examinai la canne de nouveau en commençant par la ferrure. Au milieu de la tige bien polie je trouvai quelques entailles. Elles n'étaient pas profondes mais le bois était très dur. Je les mesurai et notai leur écartement. Il n'y avait aucune autre marque ; assurément Larry prenait grand soin de cet objet de prix. C'était un vrai défi, surtout que je me sentais très près de la solution.

C'est en regardant encore la photo, que j'arrivai enfin à cette solution. C'était le genre de chose que j'aurais dû repérer immédiatement. Mais toute hypothèse doit être prouvée. J'appelai donc Ader et lui demandai de me retrouver à la plage. En chemin, il devait demander à un des non-suspects, la domestique par exemple, d'amener le chien Gustave-Adolphe. Je voulais quelqu'un que le chien connaisse bien et à qui il obéirait.

Sur la plage, je montrai à Ader les marques sur la canne et lui expliquai ma théorie de l'arc.

— Ces marques ont été faites par des dents, lui dis-je.

Le dalmatien courait un peu partout, heureux de se retrouver sur la plage pour gambader. Sur notre demande, la domestique, un peu étonnée mais de bonne volonté, se tint sur l'escalier et lança la canne d'ébène vers l'eau.

— Va chercher, Gustave ! cria-t-elle.

Et, aboyant joyeusement, le chien se précipita, prit le bâton dans sa gueule et l'amena à la femme.

Je souris au lieutenant.

— Cela complète l'histoire. Le vieil homme tué, le meurtrier se trouvait encore sur les marches où la domestique se trouve en ce moment. Tout ce qu'il avait à faire était de crier « Apporte ! » et le chien a récupéré l'arme du crime. Un complice muet. Net. Pas de trace de pas sur le sable.

— Il a vraiment été d'une grande aide pour le pauvre colonel, dit aigrement Ader en jetant un regard au chien maladroit. Au lieu de mordre le meurtrier, il l'aide à s'en sortir. Ou presque.

— Ne blâmez pas le chien, dis-je. Vous ne pouvez pas demander à ces prétendus bas animaux de comprendre le meurtre. Le meurtre demande une intelligence supérieure ; celle-là même qu'il a fallu pour l'inventer. Mais Wheeler doit être notre homme ; comme vous l'avez vu, c'est un expert dans le maniement de toutes ces armes médiévales. Maintenant que j'y pense, il ne nous a pas montré ni même parlé du tir à l'arc. C'est assez significatif.

— Je n'ai aucun doute que c'est ainsi que les choses se sont passées, dit Ader. Maintenant comment le prouver au jury ?

— Cela ne sera pas facile. A part les rainures pour passer la corde de l'arc et les marques de dents sur la canne, nous n'avons aucune preuve à donner au jury. Je ne peux pas prouver que la canne a été effectivement tirée. Peut-être n'avons-nous pas beaucoup aidé Larry, même maintenant ?

La réponse ne se fit pas attendre

— Ne croyez pas cela, dit-il, farouche. Je sais exactement comment briser Wheeler. Le plus vieux truc du monde. Ce soir, il recevra un coup de téléphone anonyme. Quelqu'un lui décrira les principaux détails du meurtre en lui affirmant qu'il en a été témoin et qu'il demande à être payé pour son silence. Wheeler étant coupable, et de cela je n'ai aucun doute, il voudra absolument rencontrer ce M. X, soit pour le payer, soit pour le tuer. Nous le prendrons sur le fait, avec des témoins. Mais tout d'abord nous devons nous assurer que la domestique ne mange pas le morceau. Une chance que Gustave-Adolphe ne puisse pas parler.

— Ne dites pas cela. S'il pouvait parler, notre travail aurait été beaucoup plus facile.

Comme Ader l'avait promis, le piège fonctionna, et c'est facile à comprendre. Un meurtrier a, en général, bien des sujets d'appréhension et sa plus grande crainte est d'avoir été surpris par un témoin oculaire.

Dana dit que Larry et elle nommeront leur premier garçon comme moi. Je leur ai suggéré plutôt Gustave-Adolphe. Bien qu'il ait été complice du meurtre, il a finalement témoigné pour la défense, rendant, ce faisant, notre solution parfaite.

No killer has wings.
Traduction de A. Decloux.

TOUTES LES MÊMES

par BILL PRONZINI

Jeffords était allongé sur le lit. Il fumait en pensant à Penny. Au-delà de la fenêtre ouverte, régnait la nuit étouffante et chaude. L'air sentait le réséda et le ciel était obscur. Il écoutait les bruits de la nuit. Un animal cria quelque part dans le désert ; dans la cour du motel, un moteur de voiture tournait au ralenti en pétaradant ; des voix s'élevèrent de la chambre voisine, aiguës, plaintives.

La cigarette était âpre à la gorge de Jeffords. Il l'écrasa dans le cendrier de verre posé sur sa poitrine nue. Il portait un short pour tout vêtement et la sueur lui couvrait la peau comme un manteau brillant dans l'obscurité. Les draps étaient humides sous son corps.

— Espèce d'imbécile ! dit distinctement quelqu'un dans la pièce d'à côté.

Puis ce fut de nouveau le silence.

Jeffords tendit la main vers la table de nuit pour y chercher une autre cigarette ; le paquet était vide. Il tenta de se rappeler s'il y avait un distributeur automatique dans le bureau d'accueil de l'hôtel :

des pots avec des plantes, des meubles en fer forgé et un long comptoir plat en formica ; un présentoir pour magazines... Y avait-il un de ces maudits distributeurs à l'accueil ?

Ses tempes s'étaient mises à battre et Jeffords balança ses jambes hors du lit pour s'asseoir, la tête entre les mains. Après un moment, il se mit debout, aperçut une serviette sous ses vêtements posés sur la chaise et se sécha la poitrine. Puis il passa son pantalon et une chemise de soie blanche qu'il ne boutonna pas. Il ouvrit la porte et sortit.

Le motel avait la forme d'un fer à cheval dont l'extrémité où était située l'entrée donnait sur la grand-route. L'accueil se trouvait au premier bureau à droite en entrant. Sa chambre était située à l'autre extrémité du fer à cheval.

Jeffords se tenait immobile, respirant l'air épais. Il y avait un patio de pierre blanche au centre de la cour, avec une piscine de forme ovale. Derrière le bassin se trouvait un projecteur stroboscopique. La lumière passait par éclairs du rouge au bleu et du bleu au vert, et l'éclat blessa les yeux de Jeffords accoutumés à l'obscurité de la pièce.

Le sentier qui faisait le tour du patio était recouvert de gravier et le silex crissait bruyamment sous ses pas dans le calme environnant alors qu'il se dirigeait vers le bureau d'accueil. En approchant, Jeffords put voir une voiture de sport blanche, luisante, garée dans le parking voisin du bureau ; son moteur tournait au ralenti et il pensa qu'il devait s'agir de celle qu'il avait entendue de sa chambre. Une ombre immobile se tenait derrière le volant.

Jeffords passa devant le véhicule et parvint au bureau d'accueil. Au moment même où il y arrivait, la porte s'ouvrit pour livrer le passage à une fille qui sortait. Il s'arrêta. Elle était blonde, ses cheveux retombant sur ses épaules étaient noués en une queue de cheval vaporeuse à l'aide d'un large ruban bleu. Elle portait un short blanc et une chemise jaune du type boléro bordée d'une frange à petits pompons. Elle le regarda, la tête tournée de côté, maintenant d'une main la porte du bureau ouverte. Un sourire railleur joua à la commissure de ses lèvres. Jeffords voulut lui dire quelque chose mais il ne trouva rien. Il s'humidifia les lèvres et hocha la tête en un geste dénué de signification. Elle tenait toujours la porte ; il avança la main et la posa sur le battant. Elle le gratifia d'un large sourire puis se dirigea vers la voiture dont le moteur continuait de tourner au ralenti.

Jeffords l'observa pendant qu'elle pénétrait à l'intérieur du véhicule. L'ombre noire au volant lâcha l'embrayage et les pneus arrière s'emballèrent en projetant du gravier. La voiture se dirigea vers l'autre extrémité du fer à cheval et s'arrêta devant une chambre que deux autres séparaient de celle de Jeffords. Il s'aperçut qu'il tenait toujours la porte ouverte. Il pivota sur lui-même et entra.

La grosse femme à la robe de mauvais goût qui lui avait donné la chambre cet après-midi se tenait toujours derrière le comptoir, le regard fixé sur Jeffords.

— Ouais ? fit-elle.

— Avez-vous un distributeur automatique de cigarettes ? demanda-t-il.

— Là, contre le mur.

Jeffords se retourna et aperçut le distributeur. Il s'y rendit tout en se regardant dans le miroir que comportait l'appareil. Ses cheveux noirs étaient enchevêtrés et humides et une barbe de plusieurs jours bleuissait ses joues décharnées. Ses yeux sombres, profondément enfoncés dans leurs orbites, étaient cernés de rouge. Il plongea la main dans sa poche à la recherche de monnaie ; tout ce qu'il possédait était une pièce de vingt-cinq cents. Il sortit son portefeuille et retourna au comptoir.

— Vous pouvez me faire la monnaie d'un dollar ?

— Pas de monnaie, dit la femme.

— Qu'est-ce que ça veut dire : pas de monnaie ?

— La caisse est fermée pour la nuit.

— Alors, ouvrez-la, fit Jeffords sur un ton irrité. Je veux prendre des cigarettes.

— Pas possible.

— Hein ? Mais pourquoi, Bon Dieu !

— Surveillez vos paroles, fiston.

— Écoutez, dit Jeffords, comment pouvez-vous vous occuper de ce foutu commerce ? Supposez que quelqu'un arrive ici pour une chambre ?

— Je vous ai dit de surveiller vos paroles, lui dit la femme.

Elle avait de petits yeux porcins qui regardaient fixement comme à travers Jeffords.

— Espèce de vieille bonniche boursouflée, dit-il impulsivement.

Le visage de la femme vira au rouge vif. Elle se leva et pointa un doigt, la graisse de son bras nu tremblotant comme de la gélatine.

— Je vais vous flanquer dehors, espèce de faignant ! hurla-t-elle. Foutez le camp de là ou j'appelle mon mari pour qu'il vous flanque à la porte !

Jeffords la fixa du regard.

— Vous êtes toutes les mêmes, dit-il. Toutes !

— Quoi ? Quoi ?

Il se retourna et sortit en claquant la porte.

De retour dans sa chambre, il se déshabilla et s'allongea une fois de plus sur le lit. Immédiatement, il se mit à songer à Penny — sa femme, Penny. Que le diable l'emporte ! Pourquoi s'était-elle enfuie comme elle l'avait fait ? Qu'est-ce qui l'avait poussée à se coller avec ce voyageur de commerce gras et laid ? Il lui avait tout donné, il lui avait acheté de beaux vêtements et, cependant, elle était partie avec ce voyageur de commerce après trois mois de mariage. Elle avait pris tout l'argent avec elle — près de deux mille dollars qu'elle avait prélevés sur leur compte commun ; tout ce qu'elle lui avait laissé, c'étaient les six cents dollars qui se trouvaient sur son compte personnel, les six cents dollars qui avaient fondu jusqu'à devenir les quatre cent quatre-vingts dollars qu'il avait à présent dans son portefeuille.

Six cents dollars, l'appartement meublé et sa voiture, c'était tout.

Quand il s'était aperçu qu'elle s'était enfuie, il était devenu à moitié fou. Il n'avait plus su que faire. En fin de compte, il avait laissé tomber son boulot, emballé ses maigres affaires dans sa voiture et il était parti à sa recherche. Cela se passait dix jours auparavant et, maintenant, il était là, au milieu du désert, sans la moindre idée quant à l'endroit où il irait ensuite. Où aller ? Des centaines d'endroits, des milliers d'endroits, et chacun aussi vide que le précédent...

Jeffords était allongé et contemplait le plafond. Il avait très peu dormi la semaine précédente et cela commençait à se faire sentir. Il somnolait, étendu sur son lit. Lorsqu'on frappa avec force à la porte, le bruit le propulsa hors du lit, le cœur battant à toute vitesse, la tête lui tournant, encore tout embrumée de sommeil.

On frappa avec plus d'insistance.

Jeffords enfila son pantalon et alla vers la porte en secouant la tête pour chasser la sueur et le sommeil de ses yeux. C'était la fille de la voiture de sport, la blonde à la queue de cheval. Elle clignait de ses yeux larges et sombres et le devant de sa chemise-boléro était déchiré.

— Laissez-moi entrer, vous voulez bien ? dit-elle.

Jeffords ne savait que penser.

— Qu'est-ce que c'est ?

— Laissez-moi donc entrer, fit la fille. Je vous en prie, laissez-moi entrer.

— Allez-y.

Il s'effaça pour la laisser entrer puis il referma la porte derrière elle.

— Il a tenté de m'attaquer, dit-elle en se retournant pour le regarder.

— Qui ça ?

— Van.

— Qui est Van ?

— Le type avec qui j'étais, répondit la fille. Il a fallu que je le frappe. Je l'ai frappé avec une lampe.

Jeffords se sentit soudain en proie à la panique.

— Écoutez, je ne veux pas être compromis dans quoi que ce soit.

— Je l'ai assommé, continua la fille. Il est étendu dans ma chambre. Sans connaissance.

— Pourquoi êtes-vous venue me voir ? Qu'est-ce que vous voulez que je fasse ?

— Je ne sais pas. Je me suis souvenue vous avoir vu au bureau d'accueil.

— Comment avez-vous su quelle chambre était la mienne ?

— Je vous ai vu par la fenêtre quand vous êtes revenu.

Jeffords s'assit sur le lit.

— Pourquoi êtes-vous venue ici avec ce Van ? Ne saviez-vous pas qu'il tenterait quelque chose ?

— Non, il était gentil et tout à fait correct quand il m'a offert cette promenade, dit la fille. Quand il a suggéré que nous nous arrêtions pour la nuit, il a dit que nous prendrions des chambres à part et il m'a même laissée entrer pour remplir ma fiche. Je lui ai souhaité bonne nuit mais, un petit peu plus tard, il a pénétré de force dans ma chambre et s'est comporté comme un vrai sauvage.

Elle fit une pause pour examiner Jeffords.

— Dites, est-ce que vous attendez ici quelqu'un, ou quelque chose ?
— Non, répondit-il.
— Quand partez-vous ?
— Dans la matinée.
— Vous ne pourriez pas partir maintenant ?
— Pour quoi faire ?
— Je veux m'en aller d'ici. Pouvez-vous me prendre avec vous ?
— Vous êtes timbrée, fit Jeffords. Je ne peux pas vous prendre.
— Vous avez une femme quelque part ?
— Non, fit Jeffords d'un ton amer. Je n'ai pas de femme.
— Où allez-vous ?
— Je ne sais pas. Los Angeles, peut-être.
— Emmenez-moi.
— Je ne peux pas.
— Je ne veux pas être là quand Van va se réveiller, dit la fille. Je ne sais pas ce qu'il pourrait faire.
— Je ne peux pas vous aider.
— Et je n'aime pas la police. Nous ne nous entendons pas très bien, la police et moi.
— J'en suis navré.
— Allez, dit-elle, je vous en pric.
Jeffords la regarda fixement, il regarda ses yeux qui plaidaient et il sentit qu'il s'adoucissait intérieurement. Les filles comme elle — comme Penny — l'avaient toujours touché de cette façon. Il voulait croire en elles, en leur bonté profonde et il finissait toujours par se trouver pris au piège ; d'une manière ou d'une autre.

Il humecta ses lèvres. *Tu es cinglé si tu fais ça,* se dit-il. *Elle va t'attirer des ennuis. Ne t'en rends-tu pas compte ? Elle est exactement comme Penny ; c'est une fille de la même espèce. Ne fais pas ça, ne te compromets pas avec elle.*

Alors même qu'il pensait ceci, il s'entendit dire à voix haute : « D'accord, allons-y », comme si ses cordes vocales et son cerveau avaient été des entités distinctes, comme s'il possédait une double personnalité.

— Merci, dit-elle, le souffle coupé. Merci.

Jeffords n'avait qu'une valise dans laquelle il jeta ses vêtements avant de mettre sa chemise. La fille le prit par le bras et ils sortirent.

— Avez-vous des bagages ? demanda-t-il.

— Seulement un petit sac.

— Vous feriez mieux de le prendre.

— Je ne veux pas retourner là-bas.

— Je vais y aller avec vous. Vous ne voulez quand même pas laisser vos affaires ici ?

— Et si Van a repris connaissance ? Je ne l'ai pas frappé très fort.

— Si c'est le cas, je me chargerai de lui.

Ils se dirigèrent vers la chambre de la fille et y pénétrèrent. Van était un homme replet approchant de la cinquantaine et il était allongé face contre terre, les bras étendus. Il y avait du sang sur sa tempe droite mais il respirait encore. Les éclats de la lampe de porcelaine avec laquelle la fille l'avait frappé gisaient sur le sol, à côté de lui.

— Il est toujours sans connaissance ? demanda-t-elle.

— Ouais.

Elle rassembla ses affaires dans son sac et ils ressortirent.

— Où se trouve votre voiture ? questionna la fille.

— Par là.

— Allons-y avant qu'il se réveille.

Jeffords sentait sur son visage la chaleur du vent du désert qui lui parvenait à travers la vitre ouverte. Il avait le regard fixé sur le ruban sombre et rectiligne de la grand-route. Le désert, de chaque côté, était comme une moitié d'univers peuplé d'ombres.

La fille — elle s'appelait Marci — était appuyée contre sa portière et l'observait. Après un moment, elle dit :

— Vous avez l'air calme, non ?

— Parfois.

Elle rit.

— Il faut les chercher, les gens calmes.

Jeffords garda le silence pendant un moment. Puis il dit :

— Qu'est-ce que vous faites comme ça, ici, dehors ? Toute seule ?

— Je me laisse tout simplement entraîner par le vent, répondit Marci. Je fais de l'auto-stop. Pour voir un peu de cet immense pays.

— Vous êtes un peu jeune pour cela.

— Oh ! la barbe !

— Vous pouvez vous attirer pas mal d'ennuis.

— Comme avec Van, vous voulez dire ?

— Comme avec lui.

— Il n'y en a pas beaucoup comme lui.

— Quel âge avez-vous, de toute façon ?

— Vingt-quatre ans.

— Vous devriez être mariée, ou en ménage, dit Jeffords avant de se demander pourquoi il avait dit ça.

Marci eut un rire.

— Bien sûr, un jour. Mais pour l'instant, j'ai trop d'énergie à dépenser. C'est ce qui fait tourner le monde.

Comme Penny, pensa-t-il. *Exactement comme Penny. Pourquoi donc l'ai-je prise avec moi, pourquoi a-t-il fallu que je prenne pitié d'elle ?*

— Hé ! dit Marci, avez-vous déjà été à Los Angeles ?

— Oui, répondit Jeffords.

— Ça doit être un sacré endroit. Tous les gens

que j'ai connus et qui étaient allés à Los Angeles disaient que c'était un sacré endroit.

— C'est un sacré endroit, en effet.

Marci bâilla puis se déplaça sur son siège pour se rapprocher de Jeffords. Elle posa sa tête sur son épaule.

— Je commence à avoir sommeil, soupira-t-elle.

— Alors, dormez.

— D'accord. Ça ne vous fait rien ?

— Non, ça ne me fait rien.

Ils roulaient dans la nuit et, subitement, Jeffords sentit son humeur se modifier. Il pouvait sentir le doux et délicat parfum des cheveux de la fille et son corps chaud reposant contre le sien. *Ça n'est qu'une gosse,* songea-t-il. *Un peu sauvage, mais gentille. Une brave gosse. Peut-être est-elle différente du reste, peut-être est-elle du petit nombre de celles qui sont bonnes, sincères...*

L'aube s'était levée quand Marci se réveilla. Ils étaient en train de quitter le désert, à présent, pour entrer dans Barstow. Le soleil matinal brillait dans le ciel de l'est ; son reflet sur le capot était aveuglant, mais cela ne gênait pas Jeffords, pas le moins du monde.

Marci s'étira.

— Où sommes-nous ?

— A Barstow. Comment avez-vous dormi ?

— Comme un loir.

— Avez-vous faim ?

— Si j'ai faim !

— Nous allons nous arrêter pour prendre notre petit déjeuner.

Ils mangèrent des œufs au bacon dans un petit bar et Jeffords se sentit d'une humeur insouciante, resplendissante... C'était la fille qui le rendait comme ça, et il ne pouvait l'expliquer ; c'était presque comme s'il revenait à la vie, comme si les choses avaient de nouveau de l'importance.

Marci, songea-t-il, savourant le nom. *Marci.*

Ils s'attardèrent sur le café et achetèrent des sandwiches pour le reste du voyage. Puis ils partirent et roulèrent en direction de la côte, s'arrêtant une fois pour pique-niquer. Ils rirent et parlèrent beaucoup et la bonne humeur de Jeffords s'amplifia. Quand ils atteignirent Los Angeles, peu après la tombée de la nuit, il se sentait comme lors de sa lune de miel avec Penny ; tout allait bien, tout lui paraissait heureux.

— Eh bien, dit-il, on y est.

— Eh oui, on y est.

— Voulez-vous vous arrêter quelque part ?

— D'accord. Vous devez vous sentir fatigué.

— En effet.

Ils choisirent un motel à la sortie de la route — deux chambres avec une porte intérieure commune. Marci lui souhaita bonne nuit avec un baiser chaleureux, prometteur, et il gagna son lit en souriant pour s'endormir profondément.

Il se réveilla le matin à dix heures, reposé, toujours souriant. Il se leva, s'habilla et ouvrit la porte commune pour jeter un coup d'œil dans la chambre voisine.

Marci n'y était pas.

Jeffords sortit et jeta un regard alentour mais il ne la vit pas. Il marcha jusqu'au bureau d'accueil du motel. Le même homme qui leur avait donné les chambres la nuit précédente était encore là.

— Avez-vous vu la fille avec laquelle je suis arrivé ? demanda Jeffords.

— Oh ! bien sûr que je l'ai vue.

— Où est-elle ?

— Partie.

— Partie ? Où ça, partie ?

L'homme haussa les épaules.

— Elle a pris le bus de San Diego.

— Quoi ? Elle a pris quoi ?

— Le bus pour San Diego. Il s'arrête sur la grand-route, là. Elle l'a pris il y a une heure environ. Je pensais que tous les deux...

Jeffords n'entendit pas la suite. Il bondit à sa chambre. Ses tempes battaient la chamade quand il ouvrit sa valise ; il avait posé son portefeuille ici la nuit précédente, quand il était allé se coucher. Le portefeuille était toujours là, grand ouvert au-dessus de ses chemises. Il s'en empara.

Il était vide.

Jeffords demeura d'un calme absolu. Il se rappelait l'homme grassouillet, Van, gisant sur le sol de la chambre du motel, dans le désert. Marci avait déclaré qu'il avait essayé de l'attaquer, mais peut-être la vérité était-elle différente. Peut-être l'avait-il surprise pendant qu'elle fouillait dans ses affaires à la recherche d'argent ou d'objets de valeur. Peut-être avait-elle voulu attendre qu'il aille se coucher et l'avait-elle frappé avec la lampe une fois qu'il avait eu le dos tourné. Bon, ça n'avait pas d'importance. Plus rien n'avait d'importance, à présent.

Avec mille précautions, Jeffords replaça son portefeuille dans sa valise. Il prit les clefs de sa voiture dans sa poche, sortit pour se rendre à l'endroit où était garé le véhicule et en ouvrit le coffre. A l'intérieur, derrière la roue de secours, se trouvait une petite boîte brune. Il la prit et regagna sa chambre.

Il posa la boîte sur le bureau, fit sauter la fermeture et sortit le revolver.

Il resta à le regarder pendant un moment. Puis il le passa dans sa ceinture, sous la chemise, s'empara de la valise et de la petite boîte qu'il rapporta à sa voiture. Enfin il quitta le motel et roula en direction du sud, vers San Diego.

Elles sont toutes les mêmes, pensa-t-il. *Il n'y a pas la moindre différence entre elles. Elles sont toutes les mêmes...*

Il savait ce qu'il lui restait à faire, ce qu'il lui resterait encore à faire, et encore, et encore...

Quand il trouverait Marci, il pointerait le canon de son revolver contre son cœur et appuierait sur la détente — exactement comme il avait fait lorsqu'il avait trouvé Penny, seule, dans le motel de Las Vegas, trois jours auparavant...

All the Same.
Traduction de Daniel Riche.

DIX DOLLARS EN TROP

par JACK RITCHIE

Le commissaire aux comptes fit claquer sa langue :

— Écoutez, monsieur Webster, nous ne pouvons accepter cela.

Je ressentis quelque inquiétude :

— Accepter quoi ? Y aurait-il un déficit ?

Il secoua la tête :

— Ce n'est pas ça. Mais votre banque a dix dollars de trop en coffre.

Je m'adossai à mon fauteuil tournant :

— Eh bien, il n'y a pas de quoi s'en faire. Du moment qu'il s'agit d'un excédent.

Il agita un doigt :

— Vous ne pouvez pas écarter cette question aussi légèrement, monsieur Webster. Vous savez très bien que vos comptes doivent tomber juste au sou près. Au sou près.

— Voyons, monsieur Stuart, fis-je avec un sourire engageant, après tout, il ne s'agit que de dix...

Il pinça les lèvres :
— Je vais être obligé de faire un rapport à la commission.
Je me redressai sur mon fauteuil :
— Mais monsieur Stuart, il y aura une enquête !
— Avez-vous quelque chose à cacher ?
— Bien sûr que non, répondis-je avec raideur. Les livres sont parfaitement en ordre.
— Plus que cela, fit-il ironiquement. Vous avez dix dollars de trop dans vos réserves en liquide. Il faut regarder les choses en face, monsieur Webster, ajouta-t-il en allumant un petit cigare, quelqu'un a déposé de l'argent dans votre coffre-fort et peut-être...
— Impossible, dis-je d'un ton ferme. M. Barger et Mme White travaillent avec moi depuis des années. J'ai en eux une confiance aveugle.
Son visage resta sceptique :
— Sont-ils vos seuls employés ?
— Nous sommes une banque de petite ville, dis-je en hochant la tête.
— Et ils ont tous les deux accès au coffre ?
Je dus le reconnaître.
— Oui. Mais je ne peux pas les imaginer, l'un ou l'autre, faisant quelque chose comme ça.
— Néanmoins, l'un d'eux est coupable.
Je réfléchis :
— Êtes-vous absolument certain de ne pas vous être trompé ?
Ses dents serrèrent le cigare :
— Je ne me trompe jamais.
Je restai pensif encore un moment.
— Monsieur Stuart, dis-je enfin, cela fait dix ans que vous inspectez les livres de comptes. C'est la première fois que vous trouvez quelque chose qui ne va pas...
Il opina de la tête.
— ... Eh bien, rien qu'en souvenir du bon vieux

temps, ne pourriez-vous inspecter à nouveau les livres demain ? Uniquement pour avoir une certitude absolue avant d'envoyer votre rapport ?

Il étudia la suggestion, puis dit à contrecœur :

— D'accord. Je reviendrai demain. A neuf heures pile.

Lorsqu'il fut parti, j'allai dans la banque proprement dite. L'heure de la fermeture était passée, mais M. Barger et Mme White étaient toujours à leur bureau, derrière le comptoir de noyer.

— Vous savez ce que M. Stuart a trouvé ? demandai-je.

Ils hochèrent la tête et baissèrent les yeux vers leurs mains jointes.

— Vous vous rendez compte de ce que cela signifie. Il va y avoir une enquête. Le bruit va se répandre que nous tenons mal nos livres de comptes. Je ne serais pas étonné que tous nos clients se précipitent à la banque pour retirer leurs fonds.

Leurs regards m'évitaient toujours.

— Je n'arrive pas à comprendre, poursuivis-je. Il y a plus de vingt ans que vous êtes l'un et l'autre avec moi. Je pensais que nous ne nous contentions pas d'avoir des rapports d'employeur à employés ; je pensais que nous étions des amis.

Mme White déglutit. Ses cheveux grisonnaient, elle était huit fois grand-mère.

— Je ne sais pas lequel d'entre vous est responsable, dis-je encore. Ni quelles sont les circonstances qui vous ont incités à faire une chose pareille. Mais, après tout, puisqu'il ne s'agit que de dix dollars, je pense que nous pourrions facilement rectifier l'erreur.

L'espoir illumina leur visage et je souris :

— Heureusement, je me suis débrouillé pour persuader M. Stuart d'accepter de revenir demain pour une nouvelle vérification. Et maintenant, je vais tout simplement aller enlever du coffre-fort un billet de dix dollars. Après quoi, nos réserves de liquide se trouveront au niveau voulu.

La lumière disparut de leurs regards.

— Ce n'est pas véritablement du vol, dis-je avec précipitation. Je donnerai les dix dollars à la Croix-Rouge ou à quelque autre œuvre de charité méritante.

Barger était un homme mince et voûté, de quelques années plus âgé que Mme White. Il s'éclaircit la gorge.

— Ce n'est pas ça, monsieur Webster. Mais je viens de fermer la salle des coffres et de mettre la minuterie en marche. La porte ne se rouvrira pas avant neuf heures demain matin.

Je soupirai et fermai les yeux.

Mme White suggéra :

— Nous pourrions peut-être retirer les dix dollars demain matin ?

— Non, dis-je avec lassitude. Stuart a dit qu'il serait ici à neuf heures tapantes. Je ne l'ai jamais vu en retard.

Dans la soirée, j'étais dans mon appartement, au-dessus du drugstore de Hanson, quand ma sonnette retentit. C'était Barger. Il ôta son chapeau.

— Pourrais-je vous dire un mot, monsieur Webster ?

— Bien sûr, Henri. Entrez.

Nous passâmes dans la salle de séjour et j'éteignis le poste de télévision. Barger s'assit sur le bord d'un fauteuil et posa son chapeau sur ses genoux.

— J'ai longuement réfléchi et je ne voudrais pas que vous pensiez que Mme White puisse être responsable des difficultés de la banque. Monsieur Webster, dit-il en avalant sa salive avec peine, c'est moi qui ai mis les dix dollars dans notre réserve de liquide.

Je crois que mes yeux s'ouvrirent tout grands :

— Mais, Henri, comment avez-vous pu faire une chose pareille ?

— Je ne l'ai pas fait exprès, dit-il les yeux fixés sur le tapis. C'était par accident.

Ses doigts trituraient le rebord de son chapeau et son visage était pâle.

— Henri, dis-je d'un ton apaisant, voudriez-vous un verre d'eau ?

Il secoua la tête.

— Non, merci. Ça va aller dans une minute.

Au bout d'un moment, je demandai :

— Comment cela s'est-il produit ?

Il respira profondément :

— Les courses...

— Les courses ?

— Oui. Il y a ce qu'on appelle une boîte de bookmaker à Clinton. Un truc assez important, monsieur Webster. Une douzaine de gens, si ce n'est plus, tout le temps en train de téléphoner. Ils prennent des paris de partout, même de New York et de Philadelphie.

Ma voix trahit ma surprise :

— Vous avez joué sur des chevaux ?

— Il y avait les factures de l'hôpital, dit-il la tête basse, et j'avais du mal à rembourser mon prêt hypothécaire. Je ne gagne vraiment pas beaucoup.

— Je le regrette, Henri, dis-je. Mais vous savez que nous sommes une petite banque et...

— Oh ! je ne me plains pas, monsieur Webster, dit-il en levant la main. Je sais ce que c'est.

— Mais, Henri, soupirai-je, vous savez bien qu'on ne peut pas gagner de l'argent avec les chevaux.

Son regard était de nouveau fixé au sol.

— D'abord, ç'a été deux dollars, puis cinq, puis dix. Je gagnais de temps en temps, bien sûr, mais je ne faisais que m'enfoncer davantage.

Mes soupçons s'accentuèrent :

— Où vous procuriez-vous l'argent ?

— A la banque, monsieur Webster, fit-il en humectant ses lèvres.

Dans le silence, je pouvais entendre le ronronnement du réfrigérateur dans la cuisine. Les doigts de Barger tournèrent son chapeau deux ou trois fois.

— ... Alors, après avoir pris environ deux mille dollars, poursuivit-il, je me suis rendu compte que je ne serais jamais capable de rembourser la banque à moins de faire un coup fumant.

— Alors, vous avez pris encore plus d'argent, dis-je sévèrement.

Il hocha la tête :

— J'ai fait un pari de deux mille dollars.

— Et celui-là aussi, vous l'avez perdu. C'est toujours comme ça que...

Il m'interrompit :

— Non, monsieur Webster. Mon cheval est arrivé et a payé dix contre un. J'ai réglé les factures de l'hôpital, remboursé l'hypothèque, et remis dans le coffre l'argent que j'avais emprunté. Je suppose que j'ai dû remettre dix dollars de trop, dit-il en soupirant.

Je ne trouvai vraiment rien à dire. Maintenant qu'Henri s'était confessé, il paraissait presque joyeux :

— La semaine dernière j'ai lavé les stores vénitiens chez moi et pendant toute la nuit, je n'ai rêvé que de stores vénitiens. (Il sourit.) Et vous ne savez pas, monsieur Webster ? Le lendemain matin, quand j'ai regardé la liste des partants, ça y était ! Essor Vénusien, dans la troisième, à Hialeah.

— Store vénitien, Essor vénusien, ce n'est pas exactement la même chose, dis-je d'un ton aigre.

— Monsieur Webster, quand on reçoit un message de là-haut, on ne chicane pas sur l'orthographe.

Il me regarda me frotter les yeux.

— Je suppose que vous allez me renvoyer ?

— Je voudrais bien, dis-je d'un ton sinistre, mais

du moment que vous avez rendu l'argent à la banque...

— Et même trop, fit Barger avec zèle.

Je commençai à arpenter la pièce :

— Il faut que d'une façon ou d'une autre nous parvenions dans la chambre aux coffres avant Stuart.

Barger apporta son aide silencieuse et compréhensive à mes réflexions et finalement une idée me vint :

— J'y suis ! Il suffit que nous fassions en sorte que Stuart ne soit pas à la banque au moment où le coffre s'ouvrira.

Barger était entièrement d'accord :

— Oui, monsieur Webster, mais comment ?

— Quand Stuart descend en ville, il prend toujours une chambre à Ams House. C'est à sept blocs de la banque et, je le sais, il vient toujours à pied.

Barger cligna d'un air satisfait :

— Et alors, monsieur Webster ?

— Je le prendrai dans ma voiture et je m'arrangerai sur le chemin de la banque pour avoir des ennuis mécaniques. Je me débrouillerai pour que nous ne soyons là qu'après neuf heures.

Barger hocha la tête.

— Moi, j'y serai quand la salle des coffres s'ouvrira ; je me précipiterai dedans et je retirerai les dix dollars.

— Mais rappelez-vous, l'avertis-je. Il se peut que je ne puisse vous donner que cinq minutes. Encore une chose, Henri, ajoutai-je avec sévérité, il faut que vous me promettiez que c'est la dernière fois que vous puisez dans l'argent de la banque.

Il posa la main sur son cœur :

— Croyez-moi, monsieur Webster, la leçon a porté. Cela ne paie pas de jouer aux courses.

Le lendemain matin, je venais de terminer mon petit déjeuner au restaurant *Jake et Millie* quand Mme White apparut sur le seuil. Elle s'arrêta d'un air hésitant jusqu'à ce qu'elle me vît et alors s'avança vers ma table.

Elle s'assit, les mains crispées sur son sac.

— Monsieur Webster, je n'ai pas pu dormir de la nuit : je me faisais trop de soucis.

— Madame White, dis-je, je crois que nous pouvons cesser de nous tracasser à propos de tout ce...

— Je ne peux pas me défiler, dit-elle. Je ne peux pas vous laisser, ne serait-ce même qu'envisager que M. Barger puisse avoir quelque chose à se reprocher.

Je m'apprêtais à boire une gorgée de café, mais la tasse s'immobilisa à mi-chemin de mes lèvres.

Elle me regarda de ses yeux bleus sincères :

— Monsieur Webster, c'est moi qui ai mis les dix dollars supplémentaires dans le coffre.

Je reposai la tasse.

— Vous comprenez, monsieur Webster, j'ai six enfants, huit adorables petits-enfants et j'ai des liens de parenté avec à peu près tout le monde en ville.

Je regardai par la fenêtre et attendis.

— Mon Dieu, reprit-elle, les temps ne sont pas aussi faciles qu'ils pourraient l'être... Et tout ce monde avait besoin d'un peu d'aide... de temps en temps. Aucun d'entre eux, continua-t-elle sans s'attarder au soupir que je poussais, aucun d'entre eux n'avait assez de références pour obtenir de la banque un prêt légal. Aussi... de temps en temps... j'essayais de leur faciliter un peu les choses.

— Combien avez-vous pris ?

— Ce sont tous vraiment des gens bien, monsieur Webster. Qui craignent Dieu, méritants et, étant donné que je travaille dans une banque, où il y a un tas d'argent qui reste à ne rien faire...

— Combien ?

Mme White resserra sa main sur son sac à main :

— Deux mille cinq cents dollars quatre-vingt-dix-huit cents.

J'éprouvai momentanément un sentiment de curiosité au sujet des quatre-vingt-dix-huit cents, mais je l'écartai.

— Madame White, vous avez fait une grosse, grosse bêtise.

Elle le reconnut, l'air contrit.

— Vingt dollars par-ci, trente par-là. Tout cela s'est additionné.

Je secouai la tête.

— Et, bien entendu, pas un seul d'entre eux ne vous a jamais remboursé un sou.

Elle releva la tête :

— Mais si, monsieur Wesbter. Chacun d'entre eux. Et je croyais avoir noté tout l'argent que je prenais, mais lorsque je l'ai remis en place, d'une façon ou d'une autre, un billet supplémentaire de dix dollars a dû se glisser parmi les autres. J'endosserai la pleine responsabilité pour ces dix dollars, dit-elle en se redressant. J'ai eu une vie bien remplie et n'éprouve aucun regret. J'espère seulement qu'on autorisera mes petits-enfants à venir me voir.

Je récupérai lentement :

— Je ne pense pas qu'on en arrive là.

— Mais vous allez me renvoyer, bien entendu. J'ai brisé une confiance sacrée.

— Non, dis-je d'un air pensif. J'ai déjà établi un précédent.

— Vous seriez étonné d'apprendre tout le bien qu'a fait cet argent au lieu de rester à moisir dans ce vieux coffre, dit Mme White. Emmy a pu acheter une machine à laver dont elle avait tant besoin avec ses trois jeunes enfants, et Marianne a pu s'acheter une robe pour la fête de l'école. Sa vie aurait été absolument gâchée si elle n'avait pas pu trouver les quarante-cinq dollars quatre-vingt-dix-huit cents.

Je jetai un coup d'œil à ma montre :

— Je crois que nous allons pouvoir tout arranger.

— Vous le pensez vraiment, monsieur Webster ? demanda-t-elle avec ferveur.

— Oui, répondis-je en lui tapotant la main. Je vais prendre M. Stuart dans ma voiture et sur le chemin de la banque j'aurai quelques ennuis mécaniques. (Je clignai de l'œil.) Pendant ce temps-là, Henri sera devant la salle des coffres au moment où elle s'ouvrira et il fera en sorte que notre réserve de liquide soit ramenée au niveau voulu.

Le regard de Mme White pétilla :

— Quelle idée brillante, monsieur Webster ! Mais vous feriez bien de vous dépêcher si vous voulez prendre M. Stuart, ajouta-t-elle en fronçant légèrement les sourcils.

— J'ai tout mon temps. Il n'est que huit heures un quart.

Elle consulta sa petite montre en or, puis regarda par-dessus mon épaule :

— Je crois que votre montre retarde, monsieur Webster. D'après la pendule qui est là, sur le mur, et d'après ma propre montre, il est neuf heures moins quatorze.

Je vérifiai ses dires et attrapai mon chapeau :

— Nous pouvons encore réussir ! Mais il faut que nous nous dépêchions.

Nous sortîmes en toute hâte du restaurant, courant vers ma voiture garée le long du trottoir. Notre élan fut brisé et trente secondes s'écoulèrent avant que je pusse parler.

— Madame White, dis-je consterné, voulez-vous prendre place dans ma voiture, je vais m'occuper de ce pneu crevé.

Nous arrivâmes à la banque à neuf heures dix.

Le visage de Barger était pâle :

— Stuart était là avant l'ouverture du coffre. Que s'est-il passé, monsieur Webster ?

— N'en parlons plus, dis-je avec irritation.

Et sur ces entrefaites, nous nous assîmes pour attendre. Le temps passait lentement et nous suivions du regard l'aiguille des minutes de la pendule électrique tourner et tourner encore.

A dix heures trente, Stuart sortit de la salle des coffres. Son visage était rouge de confusion :

— Ç'aurait pu arriver à n'importe qui, dit-il.

— Quoi donc ? fis-je en soupirant.

Il agita une liasse de billets de dix dollars dans sa main :

— Dieu sait comment, un de ces billets s'est plié en deux, si bien que lorsque j'ai vérifié cette liasse hier, j'ai compté deux fois le même billet. Les deux bouts, vous comprenez... expliqua-t-il avec un rire nerveux qui ressemblait à un petit gloussement. Si j'avais feuilleté l'autre extrémité de la liasse, tout aurait donné à penser qu'il vous manquait dix dollars.

Barger, Mme White et moi-même, nous nous regardâmes, puis nos regards se portèrent sur Stuart, écarlate tant il était gêné.

— Ç'aurait pu arriver à n'importe qui, répéta-t-il.

Je respirai profondément :

— Alors, nos réserves en liquide... ?

— Au niveau voulu, dit Stuart. Au sou près.

A midi, je retournai déjeuner chez *Jake et Millie* et M. Sprague, qui habitait New York autrefois, vint prendre place à ma table. Il sortit un bloc et un crayon :

— Quel est votre cheval pour aujourd'hui ?

— Aucun, fis-je. Je ne veux plus jouer aux courses.

La surprise se marqua sur son visage :

— Vous abandonnez maintenant ? Après avoir gagné le paquet sur Essor Vénusien ? Dix mille dollars, c'était bien ça ?

— J'abandonne tout de même, fis-je d'un ton ferme.

Et je parlais sérieusement.
Jouer aux courses peut être dangereux.
Car pendant un moment, j'avais pensé que c'était moi qui avais mis le billet de trop dans le coffre.

The enormous 10 dollars.
Traduction de Nicolète et Pierre Darcis.

COMPLIMENTS AU CHEF

par HENRY SLESAR

Dans sa chambre d'hôtel crasseuse de la Quarante-Sixième Rue, Jules Roband songeait à un long passé et à un avenir bref. Il était assis sur le lit défoncé tenant à la main la petite enveloppe marron qui contenait une poudre blanche, et il voyait dans la glace rayée de l'armoire un Jules Roband qui n'avait jamais existé jusqu'alors. Disparue la rondeur magnifique de sa panse. Disparues les joues bien pleines, couleur de pomme, disparu l'éclat de diamant de ses yeux noirs, disparue la noblesse du port qui dénotait le grand chef.

Il souleva le rabat de l'enveloppe et jeta un coup d'œil à l'intérieur. Comme ce produit chimique mortel semblait inoffensif ! On aurait dit un peu de sucre en poudre, tout au plus. Il lui avait fallu des semaines et les pauvres derniers dollars de ses ressources pour se procurer le poison. Cette herbe sans goût accomplirait son œuvre rapidement : elle expédierait Jules Roband de la détresse au paradis. Il n'accorda guère de pensées à ce paradis. S'il existait, il en connaissait la nature. Ce serait une vaste cuisine, blanche et brillante, avec des casseroles reluisantes et un garde-manger inépuisable. Il serait à nouveau Maître des Cuisines, coiffé de son haut bonnet empesé, et il créerait pour des clients angéliques, les plats superbes qui lui avaient valu sa célébrité sur la terre. Ce serait un véritable paradis de chef et, chose plus importante, en serait exclus pour l'éternité l'homme responsable de sa fin prématurée — Anton Verimee.

Verimee ! Les maigres sucs gastriques de l'estomac recroquevillé de M. Roband se changèrent en acide à la seule pensée de ce nom. Verimee ! Comment un seul nom, un seul petit homme souriant pouvaient-ils évoquer tant de cruauté égoïste ? Et ne s'était-il vraiment passé qu'une année, une seule petite année, depuis qu'Anton Verimee était entré dans sa vie ?

***

M. Roband était alors chef du restaurant Martineau à New York et Anton n'était que son adjoint, un adjoint suborneur et flagorneur. M. Roband avait été complimenté par de bien plus grands juges de l'art culinaire, par des membres à vie de la société Escoffier, par les clients gourmets de la *Tour d'Argent* et de trois autres célèbres restaurants français. Pourquoi se laisserait-il émouvoir par les compliments d'un obscur chef-adjoint ? Anton ne comptait pas.

Quoi qu'il en soit, Anton Verimee persista dans ses compliments six mois durant. Au bout de ce laps de temps, sa manifeste dévotion, son adoration pour la spécialité de M. Roband, le *Salmis de Bécasse*, commença à produire son effet. M. Roband s'adoucit à son égard et, parcimonieusement, se mit à lui communiquer quelques-uns de ses plus chers secrets culinaires.

Jules Roband était alors grand dans tous les sens

du terme. Sa taille était impressionnante, son tour de ceinture impressionnant, son appétit impressionnant. Il respectait la nourriture à la fois sur le fourneau et sur la table, et les plats qu'il préférait étaient naturellement les siens.

Anton Verimee était d'un calibre différent. C'était un homme mince, aux traits aiguisés, qui ressemblait plus à un coiffeur qu'à un chef. Anton considérait la gastronomie plus comme un moyen qu'une fin, mais il n'était pas dépourvu de talent. Un jour, disait M. Roband, il pourrait faire un chef honorable dans un de ces restaurants chromés ouverts au grand public, là où il s'agit de confectionner des repas, pas de créer des chefs-d'œuvre.

Six mois s'écoulèrent et c'est alors que les ennuis commencèrent. Cela débuta, M. Roband s'en souvint, avec une *Poitrine de Veau Farcie*. Ce fut un choc pour le chef de la voir réapparaître dans la cuisine cinq minutes après qu'on l'eut servie. Il en cligna des yeux d'incrédulité.

— Le client dit que c'est terrible, dit le garçon. Il a parlé de poivre.

— De poivre ? répéta M. Roband en piquant le veau farci avec une fourchette.

Il en souleva une bouchée qu'il fit rouler sur sa langue. Puis il gémit non pas de chagrin devant le problème du garçon ; mais à cause du blasphème proféré contre cette recette ancienne.

— Pfuit, dit-il. Ce monsieur a raison. Jetez-moi cette ordure. Je vais le dédommager.

L'incident était troublant, mais ce n'était que le commencement. Une omelette bretonne fit sa réapparition sur le coup de midi, et M. Roband était trop stupéfait pour donner libre cours à sa colère.

— Le client dit que c'est trop salé, dit le garçon.

— Salé ? Comment ça, salé ?

Les joues de M. Roband se gonflèrent comme

pour présager l'ouragan. Il fit glisser une bouchée sur sa langue, puis la recracha :

— Impossible ! Incroyable ! J'ai fait dix mille omelettes bretonnes ! Pourquoi celle-ci serait-elle trop salée ?

Un peu plus tard, la *Sole à la Marguery* revint, et ensuite, comme en une sorte de parade de cauchemar, chacune des créations de M. Roband fut renvoyée — même sa spécialité célèbre, le *Salmis de Bécasse*. Les plaintes se multiplièrent, jusqu'à ce qu'elles lui fussent exprimées par le directeur lui-même.

— Je ne suis pas très calé en matière de cuisine, lui dit M. Jameson, homme d'affaires au visage patelin, mais ces derniers temps, monsieur Roband, je pense que vous êtes fatigué. Vous avez peut-être besoin de repos.

— Peut-être, acquiesça tristement M. Roband.

— Il y a bien entendu la question du remplacement...

— Ce n'est pas un problème, soupira doucement M. Roband. Anton est bien qualifié. Il a beaucoup appris au cours de cette année.

— Merci, *mon vieux*, dit onctueusement Anton.

M. Roband fut absent deux semaines, mais ce ne furent que trois cents heures solitaires. Il fut satisfait lorsque son « repos » prit fin.

— Soyez le bienvenu, dit M. Jameson en souriant. Vous serez heureux d'apprendre qu'Anton s'en est très bien tiré en votre absence.

— J'en suis heureux, dit simplement M. Roband.

Mais dès le premier jour, trois clients importants du Martineau renvoyèrent trois entrées ; ils se plaignirent en termes violents et M. Jameson, brisant une règle établie depuis longtemps, fit incursion dans le domaine de M. Roband.

— Monsieur Roband...

— Je sais, je sais, dit le chef. Je ne comprends

pas. Je goûte chaque plat. Anton aussi goûte chaque plat. Je ne me fie pas à mon seul jugement. N'est-ce pas exact, Anton ?

— Oui, dit l'adjoint en regardant bizarrement M. Jameson. Je goûte chaque plat, monsieur Jameson.

— Et vous ne détectez rien d'anormal ?

— Je préférerais ne pas répondre, fit Anton en haussant les épaules.

— Vous préféreriez ne pas répondre quoi, mon ami ? dit M. Roband en le regardant avec de grands yeux.

— Ça me fait de la peine, monsieur Roband, après ce que vous avez fait pour moi.

Les joues du chef s'enflammèrent :

— Qu'est-ce que vous racontez ?

L'adjoint se tourna vers le directeur avec l'air du monsieur qui est obligé d'accomplir une tâche qu'il déteste.

— Les plats ne sont pas bons, dit-il à regret. J'ai honte de le dire à M. Roband. Après tout, c'était un génie autrefois. Mais maintenant...

— Anton ! s'écria M. Roband dont les yeux s'étaient élargis comme des assiettes à soupe.

— Cela me fait de la peine de le dire, Jules, mais vous avez perdu la main.

— C'est un mensonge ! hurla le chef. Cet homme est un menteur, un traître ! Je n'ai pas commis d'erreur...

— Mais quelqu'un en a commis, dit gentiment M. Jameson. Nous en reparlerons une autre fois.

— Non ! fit M. Roband en ramassant une casserole et en la tapant sur le rebord du fourneau. C'est maintenant que nous allons en parler ! Si vous voulez me renvoyer, renvoyez-moi ! Cent restaurants me paieront le double de ce que vous me donnez.

— Une autre fois, monsieur Roband...

— J'insiste ! Voulez-vous que je parte tout de suite ?

— Si tel est votre désir, monsieur Roband...

M. Roband arracha son tablier et son bonnet et les jeta par terre.

— Très bien ! Je donne ma démission ! Je m'en vais ! Je vous laisse Anton Verimee, ce *cochon* menteur ! Puissent vos clients se tordre d'indigestion !

M. Jameson, le visage empourpré, fit demi-tour et sortit de la cuisine, et M. Roband se dirigea lourdement vers le vestiaire. Anton le suivit ; un sourire bizarre flottait sur son visage en lame de couteau.

— Trop de sel, dit-il d'un ton léger en remuant le doigt, trop de poivre, trop de ceci, trop de cela...

M. Roband se retourna et comprit brusquement comment il avait été trahi.

— Vous ! fit-il d'une voix rauque. C'est vous, Anton ? Vous avez rajouté le poivre, le sel...

Anton croisa les bras et se mit à rire :

— Vous me traitiez comme un enfant, comme un bouffon. Mais maintenant nous allons voir lequel de nous deux a été vraiment malin dans cette cuisine, pas vrai, monsieur Roband ?

C'est alors que, la rage le privant de son bon sens, le chef se mit à lancer divers objets, avec un manque total de précision, et c'est à ce moment-là que M. Jameson téléphona à la police.

Il ne fallut pas longtemps à M. Roband pour récolter le fruit amer de cette journée. Une par une, visite après visite, il s'aperçut que les plus belles cuisines de la ville lui étaient fermées. L'histoire de son échec dans la cuisine du Martineau, les détails tragiques de son arrestation se répandirent rapidement. Même après qu'il s'en fut rendu compte, il lui fallut plusieurs mois de chômage avant d'en arriver à entrer dans les cuisines d'un restaurant de deuxième catégorie, en haut de Kensington Avenue.

Le gérant était beaucoup moins regardant et l'expérience de M. Roband lui faisait grande impression. Ainsi, M. Roband se remit-il au travail.

Mais ce job ne devait pas durer. M. Roband détenait dans son énorme corps une montagne d'orgueil qui causa sa chute. Il se moqua des griefs de la direction à propos de ses achats extravagants et fut renvoyé au bout d'un mois. Son job suivant fut pire. Les clients se plaignirent. Ces plaintes n'étaient pas dues à la maladresse de M. Roband mais à l'insuffisance des papilles linguales des clients, et quand on lui demanda poliment de faire la cuisine un peu plus simplement, il sortit comme un ouragan dans la rue, la toque blanche trônant encore crânement sur la tête. Et les choses continuèrent de la sorte, de job en job, entraînant une perte constante de prestige, une baisse de revenus, et une diminution de sa foi en lui. M. Roband, qui avait été une grande étoile culinaire, devint en l'espace d'une seule année tragique un soleil mourant. L'échec entraîne l'échec, et quand une sale querelle de cuisine — dans un restaurant de Broadway spécialisé dans les spaghetti — lui coûta son dernier boulot, il comprit que sa fin était venue.

* * *

Il avait trouvé le nom du poison dans une bibliothèque municipale après des semaines de recherches. C'était un poison sans aucun goût ; pour l'emploi qu'il pensait en faire, c'était là sa qualité première. Car le chef, selon sa superbe habituelle, avait décidé d'en finir avec la vie par un suicide idéal, comme un fin gourmet. Il quitterait en beauté ce monde malveillant, la bouche réjouie par le goût d'un repas succulent.

Il se leva de son lit et s'habilla aussi soigneusement que le permettaient ses vêtements usagés, puis il prit un taxi pour se rendre dans la Cinquante-Sixième Rue, au restaurant Martineau.

L'établissement était prospère. Les tables étaient encombrées et de nombreux clients attendaient derrière la corde de velours. M. Roband attira l'attention du maître d'hôtel et fut attristé de constater que cet illustre personnage ne le reconnaissait pas.

— Je suis désolé, Monsieur, commença le maître d'hôtel...

Mais M. Roband l'interrompit avant qu'il n'eût le temps de se rendre compte que ses manchettes étaient usagées et son col de chemise déchiré. Il attrapa la main du maître d'hôtel au vol pour lui glisser discrètement un billet de cinq dollars. Le maître d'hôtel sourit et le conduisit à une petite table au fond de la salle.

— Monsieur désire ? fit le garçon légèrement railleur.

— *Potage aux Bouquets*, dit M. Roband, *Homard à la Morlaise, Salmis de Bécasse, Salade*. Pas de dessert.

— Oui, Monsieur, répondit le garçon dont le sourire moqueur avait disparu.

Une fois seul, M. Roband regarda tout autour de lui les clients du Martineau. Leur visage satisfait et les couverts agités de mouvements réguliers trahissaient à quel point ils appréciaient la nourriture. M. Roband n'en fut pas mécontent, car il éprouvait le sentiment que c'était lui, Jules Roband, qui avait donné au Martineau ses meilleures recettes. A vrai dire, il leur avait donné un chef.

Lorsque la soupe arriva, il plongea la cuillère dans ses profondeurs aromatiques et eut un soupir d'extase en la humant. Le homard était tout aussi délicieux. Mais cela fait, il attendit avec impatience l'événement principal, son fameux *Salmis de Bécasse*.

Il arriva, entouré d'un cercle de pommes de terre

fumantes, laissant échapper les senteurs délicieuses du thym et du laurier. Il l'étudia un moment tout en savourant les souvenirs qu'il évoquait et s'interrompit avant d'ajouter l'ingrédient final. Enfin, il mit la main dans sa poche pour en sortir la petite enveloppe marron.

Il ne sut pas ce qui l'empêcha de mener à bien sa tâche. Peut-être un éclat de rire à une table voisine, ou le mouvement rapide du plateau d'un garçon, ou tout bonnement la révolte instinctive de son subconscient à l'idée du suicide. Il interrompit son geste et contempla son assiette, le visage pâle et couvert de sueur.

Il repoussa sa chaise et s'épongea le front avec sa serviette. Cela lui avait semblé simple auparavant, mais maintenant, face aux plaisirs de la table, une fois de plus, la vie lui semblait en quelque sorte plus digne d'être vécue.

Il attendit un moment, en vidant son verre à petites gorgées, puis petit à petit sa tête se souleva de sa poitrine, comme s'il observait une aube soudaine.

Il déchira un coin de l'enveloppe et saupoudra légèrement le plat de la fine poudre blanche. Elle fondit complètement dans la sauce au beurre.

— Garçon, fit-il d'une voix rauque.

Le regard du garçon en veste rouge se porta au-delà de lui et il dut réitérer :

— Garçon !

— Oui, Monsieur.

— Ce *Salmis de Bécasse*, il est épouvantable !

— Je vous demande pardon ?

— La bécasse. Elle est atroce.

— Mais, Monsieur, ce plat est célèbre. C'est la spécialité du chef...

— Ça m'est égal, c'est une ordure. Donnez-moi l'addition et renvoyez-moi cette horreur.

Le garçon haussa les épaules, griffonna quelque chose sur la note, s'empara de l'assiette :

— Très bien, dit-il d'un ton raide en remportant le *Salmis de Bécasse* dans la cuisine du Martineau.

M. Roband attendit quelques minutes en jouant avec sa salade, avant d'entendre le cri issu des profondeurs de la cuisine, un cri qui venait, il le savait, de la gorge surprise et mutilée d'Anton Verimee. Il se leva de table, déposa quelque argent sur la note et se dirigea à grands pas vers la porte. Il avait toujours faim, mais il était totalement satisfait.

Compliments to the chief.
Traduction de Nicolète et Pierre Darcis.

LA VENGEANCE DU MAL PENDU

par BRYCE WALTON

A la prison d'État, Steve Parks allait être pendu. J'étais comme un affamé qui regarde un client manger un chateaubriand aux pommes à la devanture d'un restaurant. Depuis plus d'un an, je mettais sur pied un plan, caressé avec amour et mis au point jusque dans ses moindres détails, pour tuer Parks moi-même.

Pourquoi perdre un temps précieux à vous expliquer les raisons de mon aversion extrême pour ledit Parks ? En deux mots, voici ce dont il s'agit : un soir sur une route obscure, près de Moon Lake, j'avais surpris Parks, dans une voiture, en compagnie de ma femme.

Je n'ai pas fait de scène. Je ne me suis pas laissé aller à une crise de jalousie vulgaire. Je ne me suis pas répandu en jérémiades. Non, j'ai gardé ma sérénité, mon calme hautain, et j'ai cherché le moyen de le tuer sans courir de risques.

Enfant, les veilles de Noël, la joie anticipée de la surprise qui m'attendait au réveil m'empêchait de dormir. Aujourd'hui, le plaisir que je goûtais par avance à l'idée de tuer Parks, me tenait éveillé. Une semaine avant le jour fixé pour ma vengeance, ma femme disparut. Deux jours plus tard, Parks fut arrêté sous l'inculpation d'assassinat ; tous les journaux en parlèrent comme d'un crime passionnel.

Rien, je puis le dire honnêtement, n'aurait pu me causer une déception plus mortelle. J'étais fou furieux. Vous comprendrez à quel point j'étais mortifié par l'intrusion de l'État dans une affaire strictement personnelle, quand je vous aurai dit qu'au cours des débats du procès, je feignis d'ignorer totalement les relations qui existaient entre l'accusé et ma défunte femme.

Je fis tous mes efforts pour réduire ses chances de réclusion, ou du moins pour le faire bénéficier des circonstances atténuantes. Mon dessein était de maintenir Parks en vie, en quelque endroit que ce fût. De cette façon, j'aurais tôt ou tard le plaisir exclusif de le tuer.

Malheureusement, il y avait d'autres témoins, et en grand nombre. Le résultat le plus clair de ma feinte ignorance fut de faire de moi un cocu magnifique. A part moi, tout le monde semblait au courant de mon infortune.

A mon point de vue, la victoire de l'État était une injustice révoltante. Ce n'est pas l'État qui avait été offensé. L'État accomplissait une simple formalité, un rite médiéval de vengeance publique. Moi, j'avais toutes les raisons de tuer Parks. Logiquement, n'étais-je pas, de droit, l'exécuteur des hautes œuvres ?

Pourquoi chercher à démontrer l'évidence ? C'est à moi que revenait, j'en avais la certitude, l'exclusivité des préparatifs du voyage de Parks vers un autre monde. L'État n'est qu'une abstraction ; en réalité, il ne peut tuer personne. Ce soin est commis à un individu anonyme qui est chargé d'exécuter le travail concret.

Un bourreau professionnel s'acquitterait de cette tâche avec une indifférence née de l'habitude. Un inconnu, un étranger qui ne nous connaissait, Parks, ma femme et moi, ni d'Ève ni d'Adam, allait exécuter le coupable sans autre raison que la nécessité sordide de gagner son pain quotidien !

La raison, la logique et la justice étaient pour moi, et si l'État me privait de l'exécution de Parks, c'était au mépris des droits élémentaires de l'homme et du citoyen. Je me fondais sur le fait que l'État le mettait à mort en vertu de la loi du talion, selon laquelle un meurtre doit être puni par un autre meurtre, tandis que je voulais le tuer pour une autre raison. Je l'admets. A mon sens, Parks méritait cette punition, bien plus pour la profanation de mon sanctuaire conjugal, en violation de la loi tacite, que pour le fait d'avoir étranglé ma femme, avec l'un de ses bas de nylon, dans l'intérieur d'une voiture.

Le crime de Parks contre moi était infiniment plus grave que le soi-disant crime qu'il avait accompli contre la Société. C'est, à mon sens, indéniable. En fait, parmi tous ceux qui connaissaient ma femme, il n'en est pas un seul qui ait déploré sa mort.

***

Je suivais avec passion les tentatives des avocats de Parks pour obtenir une révision du procès, un sursis à l'exécution, toutes les manœuvres susceptibles de sauver la vie de leur client et qui, du même coup, me donneraient une chance de satisfaire ma vengeance.

Je dois vous avouer en toute sincérité que lorsque je compris qu'aucun miracle n'interviendrait, je craignis la dépression nerveuse. Je faisais les cent pas dans la maison. Je ne pouvais plus dormir. Je finis par jeter mon poste de télévision portatif à la poubelle. J'essayai de boire, mais l'ivresse ne m'apportait aucun soulagement.

Puis, deux jours avant l'exécution de Parks, me vint une brillante inspiration. C'était un plan dangereux, mais la fortune sourit aux audacieux, et en dépit de la voix de la prudence qui me susurrait à l'oreille : « n'essaie pas ! » j'étais trop désespéré pour reculer devant le risque.

J'effectuai une enquête discrète et je découvris l'identité du bourreau qui serait chargé de pendre Parks, son adresse et quelques renseignements sur son *curriculum vitae*. Je me documentai sur les pendaisons et m'instruisis d'après des rapports de témoins oculaires recueillis dans d'anciennes coupures de journaux.

En cas d'échec, je devrais affronter, au pire, une réprimande officielle ou un bref séjour en prison. Ce n'était pas cher. Après tout, Parks n'était-il pas condamné à être pendu, dans tous les cas ?

Comme vous l'avez probablement deviné, l'idée m'était venue de prendre la place du bourreau et d'exécuter Parks de mes propres mains. Si je réussissais, raisonnais-je, Parks en serait-il moins mort, parce que c'était moi et non le bourreau officiel qui lui avait fait exécuter le saut fatal dans la trappe ?

***

M. Karl Scharf vivait dans une petite maison blanche, à la lisière de Lakeville, dont la population s'élève, si mes souvenirs sont bons, à quelque cinq mille âmes. Il était charpentier de son état, et n'exerçait le métier de bourreau qu'à la pièce, si j'ose m'exprimer ainsi. C'était une façon comme une autre de mettre du beurre dans ses épinards. Il était payé tant par tête, plus une certaine prime pour la qualité du travail. J'avais recueilli ces renseignements importants et quelques autres, avant de frapper à la porte de Scharf par cette belle soirée d'été.

Mme Scharf — une petite femme nette et rondouillarde qui portait un tablier propre mais humide — sourit en essuyant ses mains savonneuses dans un torchon.

— Je m'appelle Al Lindman, dis-je, bien qu'en réalité ce ne fût pas mon nom. Je suis journaliste à l'*Orleans New Times*. Monsieur Scharf est-il là ?

— Certainement, monsieur Lindman, dit-elle aimablement. Nous finissons justement de dîner. (Elle s'écarta pour me laisser le passage et me fit signe d'entrer.) Je suppose que vous voulez faire un reportage sur l'exécution.

— Oui, madame Scharf, dis-je. Je voudrais m'entretenir avec votre mari... voir la chose sur le plan humain.

— Je suis persuadée qu'il ne demandera pas mieux que de vous rendre service, mais, ajouta-t-elle à mi-voix, vous savez, il est toujours un peu déprimé avant une exécution.

— Je le comprends ! dis-je.

La maison était propre et simple, avec des meubles légèrement démodés. Elle était imprégnée de l'odeur familière d'un été chaud et de la bonne cuisine.

Mme Scharf m'introduisit dans la salle de séjour et me présenta à Karl Scharf, puis elle se retira discrètement. Je l'entendis se diriger vers la cuisine et recommander à ses petits enfants, venus lui rendre visite, d'aller attraper des vers luisants au-dehors, mais de faire bien attention aux serpents qui pourraient se dissimuler dans l'herbe.

Il me tardait de voir Scharf, et je ne fus pas trop déçu de son apparence, lorsque je le vis se lever pour me tendre la main du sofa sur lequel il était étendu. Il n'était que de trois ans mon aîné. Ses cheveux étaient d'un châtain légèrement plus clair que les miens. Dans l'ensemble nos statures n'étaient pas trop dissemblables. Il y avait d'autres facteurs favorables. Tout d'abord, Scharf n'avait jamais opéré d'exécution dans le nord de l'État ou à proximité de Jonesville, et sa photographie n'avait jamais paru dans les journaux. Ceci n'avait rien d'étonnant. Au cours de mes recherches, je n'avais jamais trouvé d'exemple que la photographie d'un bourreau eût paru dans les journaux, qu'il ait été filmé par les actualités ou qu'il ait paru sur les écrans de télévision.

D'autre part, Scharf avait procédé à la plupart de ses exécutions dans la prison Parish dans La Nouvelle-Orléans, très loin de Jonesville. Quelques journalistes seraient présents à l'exécution, mais j'avais soigneusement échafaudé mes plans. Si j'arrivais à me substituer au bourreau, j'arriverais à Jonesville quelques minutes avant l'exécution de Parks, et je me couvrirais immédiatement la tête de la cagoule noire qui est l'insigne d'une profession de tout temps respectée.

— Asseyez-vous, dit Scharf, aimablement. Que voulez-vous boire ?

— Ce que vous voudrez, dis-je.

Il se rendit à la cuisine, en rapporta un verre et nous versa à chacun une rasade d'une excellente marque de whisky du Kentucky qui se trouvait sur la table.

— Eh bien, dis-je en trinquant, à l'heureuse issue de votre travail de demain.

— Merci, monsieur, dit-il.

Après avoir bu, il se rassit avec un soupir, et je pris un siège en face de lui en tirant mon calepin.

Scharf portait un sous-vêtement humide, un pantalon bleu de chauffe et des sandales. Il avait le menton légèrement rentré et une façon à la fois sournoise et timide de me regarder.

— Je ne suis pas buveur, m'assura-t-il. Mais avant une exécution, j'ai besoin de mon whisky.

— Ce doit être le trac, lui dis-je.

— Ma foi, j'essaie de considérer cela comme un travail ordinaire, pas toujours agréable, mais qui doit être fait. Il faut que ce soit fait, c'est ainsi que je vois la chose.

— Et il faut bien que quelqu'un le fasse, dis-je.

Il hocha la tête, vida son verre et le remplit de nouveau.

— Combien de condamnés avez-vous pendus monsieur Scharf ?

— Voyons, laissez-moi réfléchir, dit Scharf en levant les yeux vers les canaris qui chantaient dans une cage suspendue près de la fenêtre, je crois qu'avec l'exécution de demain matin, cela fera quatorze en tout.

— Depuis combien de temps êtes-vous, officiellement, exécuteur des hautes œuvres, monsieur Scharf ?

— Appelez-moi plutôt Karl, dit-il.

Il était évident qu'il ne cherchait ni la gloire ni la notoriété. Il me recevait aimablement à titre personnel, mais il se moquait de la publicité. C'était un travail qui devait nécessairement être fait, comme il l'avait dit. Et il buvait, parce que, de pendre les gens c'était, pour le moins, désagréable.

— J'ai commencé — voyons — il y a près de six ans. C'est un 12 avril que j'ai reçu ma première convocation.

— Comment entre-t-on dans la profession ? demandai-je.

— Cela dépend des États. Vous pouvez faire une demande et attendre votre tour. J'ai répondu à une annonce parue dans un journal. J'ai dû passer un examen et le reste, exactement comme pour entrer dans l'administration, n'est-ce pas. On m'a dit qu'il y avait cinq cents autres concurrents.

— Vraiment ? dis-je avec une surprise non feinte.

— Quelquefois nous sommes désignés par les

shérifs. A forfait naturellement. Par ici, c'est le shérif et ses hommes qui s'en chargent habituellement. Mais un bourreau professionnel est préférable.

— Est-ce que cela paie bien ? demandai-je.

Scharf eut un sourire un peu triste.

— Il n'y a pas suffisamment d'exécutions pour cela. C'est un complément intéressant lorsqu'on dispose déjà d'un travail régulier. Mon fils fait ses études au collège.

— Mais, monsieur Scharf, aviez-vous une raison particulière de choisir le métier de bourreau pour accroître vos revenus ?

Il réfléchit un instant et hocha la tête.

— Mon Dieu, oui, on peut dire que c'est un peu une tradition dans la famille.

— Comment cela ?

— J'avais un frère, militaire de carrière. Sergent-major. Pendant dix ans, il a été exécuteur des hautes œuvres dans l'armée US. Je crois qu'il a pris part aux grandes pendaisons de Nuremberg. Il a pendu plus de deux cents de ses camarades, et il avait d'excellentes notes. D'autre part, mon grand-père en Allemagne était ce qu'ils appelaient *galgenmeister*, ou maître de galères. Je pense qu'il était dans la profession. Un jour j'ai vu cette annonce dans les journaux, et j'y ai répondu.

J'écrivais sur mon calepin. Scharf se versa un autre verre de whisky du Kentucky.

— Vous disiez tout à l'heure, monsieur Scharf, qu'un bourreau professionnel était préférable. Pourquoi ? J'ai toujours pensé qu'une pendaison en valait une autre. Est-il possible d'établir des distinctions ?

— Oh ! certes, dit-il vivement, le visage s'empourprant soudain. Il y a de grandes différences. J'ai appris le métier en le pratiquant... On fait des essais, des erreurs. Bien entendu, on peut dire qu'un pendu meurt toujours au bout du compte et qu'une pendaison est toujours une pendaison. Mais il y a un monde entre le travail rapide et net du professionnel, et ce que nous appelons de l'ouvrage saboté.

— Très intéressant ! dis-je.

— Il faut tenir compte d'un tas de choses, si l'on veut que tout se passe bien et rapidement. J'ai toujours pensé que quel que soit le travail, il faut toujours le faire de son mieux. J'ai beaucoup lu sur la question. Chaque cas est différent des autres. Vous devez tenir compte du poids, de la résistance de la corde, de la profondeur de chute libre et ainsi de suite.

— C'est à chaque fois un nouveau problème scientifique, dis-je.

— C'est exact.

— Prenons un exemple, dis-je, avez-vous établi une formule pour Steve Parks ?

— Il m'a donné beaucoup de mal, dit Scharf en se versant un nouveau verre de whisky. Il saisit une feuille de papier sur la table et scruta la masse de chiffres d'un air perplexe.

— Il est toujours possible de se tromper. Une partie du travail se fait au pifomètre. Voyez, la longueur de chute libre pour une pendaison normale est une moyenne d'un mètre quatre-vingts. Cette distance varie en raison inverse du poids du corps. Je place l'anneau que j'utilise au lieu du nœud, à l'angle de la mâchoire, sous l'oreille. Il s'agit, en tordant le cou sur le côté, de rompre ou de disloquer la colonne vertébrale et de provoquer une rupture de la moelle épinière. Cette rupture se produit habituellement entre la seconde et la troisième vertèbre cervicale. Il est évident que d'autres organes peuvent être endommagés, mais le choc n'est pas suffisant pour séparer complètement les muscles et les ligaments, vous comprenez ?

— Je vois, dis-je. Que se passe-t-il lorsqu'une erreur se produit ?

— Si la longueur de la chute libre n'est pas suffisante, l'homme meurt par strangulation, au lieu de succomber par dislocation. Si la chute est trop longue... c'est une chose affreuse. Il arrive parfois ce que nous appelons une décapitation totale.

— Dans le cas de Parks, quelles dispositions avez-vous prises ?

— Si tous les hommes avaient la même taille et la même structure, ce serait facile. Mais pour chacun il faut travailler sur des données différentes. Voici ce que j'ai mis au point.

Il me montra un tableau compliqué. Sur la ligne du haut, on lisait horizontalement les poids, et sur la colonne verticale à gauche, les longueurs de chute.

— J'ai découvert ce diagramme dans un livre appelé : *Aspects techniques de la pendaison*, par un Anglais du nom de Berry. Parks pesait 82 kilos, lorsque je suis allé voir le shérif Thompson à la prison de Jonesville à midi. Il y a une tolérance de quelques livres en plus ou en moins. Voici le poids sur le diagramme : 82 kilos. La colonne verticale vous donne la longueur de chute libre correspondante.

— Voyons, dis-je, cela nous donne quatre-vingt-dix centimètres.

— Oui, mais Parks est jeune et solide, et dans ce cas, j'ajoute trente centimètres. Ce qui fait un mètre vingt.

Je hochai la tête et copiai les chiffres sur mon calepin.

Plus l'alcool faisait son effet et plus Scharf devenait loquace. Il finit, en fait, par larmoyer, en déplorant le mauvais travail qu'il avait accompli en apprenant son métier. Il me rapporta quelques détails propres à soulever le cœur et que je passerai sous silence, car ils n'ont pas leur place dans le présent récit.

Ses explications me démontrèrent l'intérêt qu'il y avait à exécuter un travail net et rapide.

A une heure du matin, Mme Scharf se retira. Les enfants étaient couchés depuis longtemps. Dans la cuisine, avant de monter se coucher, elle me fit part de sa sollicitude inquiète pour son mari.

— Il boit toujours tellement, avant une exécution ! dit-elle. Il devient maussade et ombrageux. Vous savez, monsieur Lindman, parfois, il faut que je le pousse, sans quoi il n'irait pas !

— Derrière tout homme qui a réussi, il y a une femme ! dis-je.

— Je pense toujours à Ned, et combien il est important qu'il termine ses études au collège !

— Je suis moi-même un petit peu « dans les vignes », dis-je sur un ton d'excuse, je me demandais s'il me serait possible de dormir sur le divan ou ailleurs ? Et demain matin, je pourrais peut-être me rendre à Jonesville en compagnie de votre mari.

— Oh ! ce serait merveilleux ! dit-elle épanouie. Il se sent tellement seul. Il faut bien que ce travail se fasse, mais vous seriez surpris de savoir ce qu'en pensent certaines gens !

— Ils savent pourtant bien que quelqu'un doit le faire ! dis-je.

***

Nous partîmes en voiture de Lakeville à cinq heures du matin. Scharf était encore sous l'influence de l'alcool, mais néanmoins ses idées étaient suffisamment cohérentes. Il déclara qu'il se remettrait vite et qu'il serait complètement d'aplomb en arrivant à Jonesville.

J'avais définitivement pris mon parti : le jeu en valait la chandelle. Je pris un chemin de traverse qui me conduisit à une vieille grange abandonnée que j'avais repérée au préalable. Scharf était trop ivre pour opposer la moindre résistance à mon projet. Il se contenta de proférer une protestation geignarde lorsque je le tirai de la voiture pour le traîner dans la grange. Là, je lui liai les mains derrière le dos, lui ficelai les chevilles et le bâillonnai avec du tissu adhésif. Je revêtis le complet noir que Scharf avait apporté dans sa valise et fourrai la cagoule de soie noire dans ma poche. Je coiffai son chapeau dont je rabattis les bords sur mes yeux et j'emportai sa valise qui contenait ses papiers d'identité. Quatre heures plus tard, en pénétrant dans Jonesville au volant de son Oldsmobile, j'étais persuadé que j'aurais le plaisir de tuer Parks avec la bénédiction officielle de l'État.

***

Jonesville était un hameau à demi-abandonné sur le bord d'un marais couvert de cyprès. Cet événement de gala (gala, galère vous voyez ce que je veux dire...) avait attiré une grande foule, mais la populace devait se contenter de s'assembler sur la place devant la vieille maison d'arrêt, derrière laquelle les bois de justice avaient été dressés, dissimulés aux yeux du public par un mur de pierre.

Dans la petite prison, à proximité du sinistre appareil, le shérif Thompson m'accueillit en me serrant la main dans une paume moite.

— Vous êtes juste à temps, monsieur Scharf, dit-il en m'invitant du geste à m'asseoir.

Je pris un siège, en gardant le bord de mon chapeau baissé sur les yeux et je profitai de l'arrivée de deux journalistes pour retirer mon couvre-chef et passer la cagoule.

Thompson considéra la cagoule d'un air mal à l'aise et s'humecta les lèvres. Le shérif Thompson n'était pas un fervent des rites officiels. Ce n'était pas le genre à compliquer les choses. Et je voyais qu'il était quelque peu marri de l'intrusion d'un étranger sur son domaine.

— Je suis toujours à l'heure, dis-je en consultant ma montre. Il nous reste encore cinq minutes et ma montre est exacte.

D'un air gêné, le shérif Thompson m'offrit un cigare que je refusai. Je lui déclarai par contre que je m'accommoderais fort bien d'un verre de whisky qu'il s'empressa de sortir d'une armoire. Il me versa une double rasade que j'avalai d'un trait.

— Nous sommes un peu en retard sur l'horaire, dit-il, son orgueil luttant vaillamment contre la honte qu'il éprouvait de ce contretemps. Le charpentier est tombé malade. Mais tout sera bientôt prêt, j'imagine.

— M. Parks est prêt, je suppose ?

— Autant qu'on peut l'être dans son cas, dit le shérif avec un sourire nerveux.

Mais ce sourire s'évanouit devant ma cagoule noire et anonyme. Il s'essuya les lèvres d'un revers de main et ralluma son cigare. Il était plutôt gros, il portait une chemise kaki tachée de sueur aux aisselles et des bottes de parachutiste. Deux députés shérifs se tenaient non loin, et un journaliste s'efforçait d'attraper des mouches.

— Vous vous occupiez autrefois des exécutions ? n'est-ce pas shérif ? interrogea le journaliste.

Thompson se redressa.

— Oui, c'est toujours moi et mes hommes qui nous en occupions. C'est la première fois qu'un bourreau vient dans le pays !

— Je garantis un travail irréprochable ! dis-je.

— Nous n'avons jamais eu d'ennuis, dit Thompson. Par ma foi, ils sont tous morts. Si le condamné détend ses muscles, tout va bien. J'ai dit cela à Parks aujourd'hui. S'ils se contractent trop, alors ils dansent parfois un peu. J'en ai vu qui mettaient de dix à quinze minutes avant de s'immobiliser. Mais c'est leur faute. Ils ne doivent pas rejeter la responsabilité sur nous. Et s'ils veulent faire un petit discours avant qu'on leur passe la cagoule blanche, je leur en donne le loisir. J'ai toujours essayé de les traiter correctement.

— Le gouverneur aurait voulu qu'on adopte la chaise électrique, dit le journaliste.

— J'aime autant la pendaison, dit le shérif.

— Je la préfère, dis-je. On prétend que l'électrocution est plus humaine et moins douloureuse, mais ce n'est pas vrai. L'erreur, c'est de croire qu'une science nouvelle soit meilleure qu'un art ancien. N'êtes-vous pas de mon avis, shérif ?

— La pendaison, c'est bien assez bon pour eux ! dit-il d'un ton buté.

— J'apporte toujours ma propre corde, dis-je en me souvenant de ce que Scharf m'avait dit. Elle se trouve dans la voiture, shérif. Je voudrais qu'on me l'apporte ici, s'il vous plaît. Elle est dans le coffre, précisai-je en lui tendant la clef de contact.

— Certainement, dit le shérif, et il envoya l'un des députés chercher la corde.

— Maintenant je voudrais examiner les bois.

— Je les ai fait monter conformément à vos instructions, dit Thompson.

— J'en suis certain, dis-je, mais j'ai pour principe de les étudier dans le moindre détail.

Le député apporta le fin rouleau de corde neuve et je le pris avec le respect approprié.

— Il ne faut jamais sous-estimer l'importance de la corde.

— J'ai toujours employé une bonne corde bien solide, dit vivement Thompson.

— Rien de si affreux qu'une chute ratée, dis-je.

— Je n'ai jamais eu d'incident, dit Thompson, très sur la défensive.

— Voici ce que j'ai trouvé de mieux comme corde, dis-je. Chanvre italien à cinq brins. C'est ce qui convient pour les hommes. Pour les femmes, quatre brins suffisent.

— Je n'ai jamais eu d'incident ! répéta Thompson.

Je me levai.

— Pendant que vous irez chercher Parks, dis-je, je vais examiner les bois.

Thompson me conduisit à l'endroit où se trouvait l'échafaud, dans le plein soleil de midi. On apercevait les grosses poutres en équerre dans lesquelles étaient fixés des écrous se terminant en crochets pour suspendre la corde. L'échafaud proprement dit — la trappe — était constitué par deux lourdes portes en bois de pin, fixées sur un chassis en chêne placé au niveau du sol, au-dessus d'une fosse profonde fraîchement creusée. La masse des portes leur permettait de choir très soudainement, même sans le poids du criminel et elles venaient se coincer entre des ressorts à crochet pour éviter tout rebondissement.

Je fis rapidement le tour, étudiant chaque détail.

— Êtes-vous certain que ces portes tombent exactement en même temps ? demandai-je à Thompson.

— Je les ai essayées.

— C'est très important. Je connais un bourreau qui est tombé dans la fosse avec son client, à cause d'un décalage dans le déclenchement des portes. L'une de mes premières exécutions a été ratée au premier essai à cause du mauvais réglage de la trappe. Le client n'était pas mort.

J'installai la corde au-dessus de la trappe et mesurai ensuite soigneusement la chute libre d'un mètre vingt prescrite pour Parks. Puis je me retournai et j'aperçus le condamné, les mains liées derrière le dos, entre les deux députés.

A dire vrai, la tension était montée en moi au

point de devenir intolérable, et lorsque je vis Parks livré entre mes mains, elle se libéra en une véritable explosion de joie. J'éprouvai l'envie irrésistible d'exécuter une petite danse sur l'échafaud. L'air lui-même semblait vibrer d'une ardeur réprimée. J'avais de la peine à me contenir. A moins qu'on n'ait découvert Scharf dans sa grange, ma ruse allait réussir.

Au moment où Parks montait les degrés de l'échafaud, je m'inquiétai soudain de ce que j'allais faire après l'exécution.

Je croyais connaître suffisamment le caractère de Scharf pour me permettre de retourner à la grange et de le libérer. En échange d'une confortable somme d'argent, je lui demanderais d'oublier l'aventure. La vérité était dangereuse à dire. Si Scharf voulait garder le silence, nul ne saurait jamais rien. Mais Scharf avait l'orgueil de son métier, il avait une réputation à soutenir. S'il voulait faire du scandale, je pourrais le menacer de le poursuivre en justice en l'accusant de complicité.

J'étais sûr que, tout bien considéré, Scharf préférerait se tenir tranquille. Après tout, Parks était condamné à mort, en ce moment même, par un jugement de l'État et la volonté du peuple. Même la longueur de chute libre que Parks devait accomplir avait été déterminée officiellement. Quelle importance avait donc l'identité de celui qui ajustait la corde et déclenchait la trappe ?

Le programme était exécuté rigoureusement selon la formule étudiée par Scharf. Seuls Scharf et moi étions au courant de la supercherie, et j'étais absolument persuadé qu'il se tiendrait coi. J'avais les moyens de permettre à son fils de terminer ses études au collège, et je ne demanderais pas mieux que de faire un tel geste pour m'assurer le silence du bourreau.

Je remarquai que Parks avait maigri. Il était

debout, impassible sur la plate-forme, les yeux perdus dans le lointain.

Il était pâle. Son front était humide de sueur. Il gardait un soupçon de cette attitude arrogante que j'exécrais. Dire que la vengeance est douce constitue un euphémisme qui couvre un contenu émotionnel autrement plus profond. Un adjectif aussi bénin pour décrire la joie féroce que j'éprouvais !

— Il n'a pas voulu prier... dit Thompson.

— Passez-lui la cagoule ! dis-je.

Les députés firent glisser la cagoule sur sa tête et j'ajustai soigneusement le chanvre italien autour de son cou, en m'assurant que l'anneau d'acier vint se placer sous l'oreille, à l'angle de la mâchoire.

Je fis signe aux députés de Thompson de quitter la plate-forme, et comme ils descendaient les degrés, je dis d'une voix basse mais qui, je l'espérais, lui serait néanmoins familière.

— Adieu, Steve ! Si tu vois ma femme, dis-lui qui t'a envoyé la retrouver !

Je ne suis pas sûr qu'il en ait cru ses oreilles. Il n'eut d'ailleurs pas le temps d'y réfléchir, car je déclenchai immédiatement la trappe. Les lourdes portes s'abattirent et Parks exécuta sa chute libre d'un mètre vingt.

La corde rebondit et s'agita et, au-dessous de moi, dans la fosse, j'entendais des sifflements et des gargouillements. Je compris qu'une erreur s'était glissée dans les calculs de Scharf.

Je dégringolai les marches et regardai dans la fosse. Je m'assurai que les pieds du condamné ne touchaient pas le sol.

S'il n'était pas mort à la suite de la dislocation de ses vertèbres, il ne tarderait pas à périr de strangulation.

Je dus rester sur place jusqu'au moment où le docteur du lieu eut proclamé la mort du condamné. Après quoi, je signai quelques papiers et je partis.

Si quelqu'un avait remarqué quelque anomalie dans mon exécution, il n'en avait pas fait la remarque.

***

M. Scharf accepta d'être complice de la supercherie... pendant une seule journée. C'est-à-dire qu'il fut d'accord pour garder le secret jusqu'au moment où il lut la relation trop fidèle des détails de l'exécution de Parks, écrite par le journaliste.

J'avais compté sans l'orgueil professionnel de Parks. Il prévint immédiatement les autorités. Il se refusait absolument à assumer la responsabilité d'une exécution sabotée. Et pourtant j'avais suivi sa formule à la lettre ! Il prétendait que s'il avait été à pied d'œuvre, il aurait compris intuitivement que l'estimation de la chute libre était mauvaise.

Mais tout cela n'a plus guère d'importance maintenant. Ce que je veux dire c'est ceci : même si un individu est condamné à mort, on peut exécuter la personne qui se sera permis de le tuer. C'est parfaitement ridicule, mais telle est la loi. Tous les efforts de mes avocats ont été vains.

Et qui va être chargé de me faire exécuter une chute libre nette et sans bavures, demain matin ? Qui est assis dans son sofa, à boire son bon whisky du Kentucky en vérifiant ses chiffres ?

C'est le bon M. Scharf !

Don't ever try it.
Traduction de Pierre Billon.

UN SILENCE MORTEL

par RON WEBB

Debout sur la pointe des pieds, Homer Neugent s'efforçait d'atteindre les dernières feuilles de la plante grasse qu'il était en train d'astiquer dans la serre. Tout en s'appliquant à sa tâche, il se disait que cette Dieffenbachia avait quelque chose de primitif et d'assez effrayant.

Les plantes tropicales, le calme et la tranquillité étaient tout le bonheur d'Homer. Ce petit homme qui semblait aussi fragile qu'une coquille d'œuf avait dû cesser d'enseigner la botanique pour cause de surmenage nerveux. L'ensemble de haut-parleurs qui tonitruaient sans cesse au-dessus de sa tête l'avait soumis à ce qu'il appelait : « une violation systématique de ses tympans ».

Il n'était à la retraite que depuis un mois quand il avait eu l'idée d'installer une serre dans la véranda de la maison, un bâtiment victorien et imposant, construit dans une région isolée du nord. Là, il jouissait d'une parfaite tranquillité... autant que le lui permît sa femme.

Il y avait des moments où il pensait que le papotage continuel de celle-ci allait le faire sortir de ses gonds... et pourtant, Homer était doux et patient ! Il en vint à communier de plus en plus avec la nature et de moins en moins avec Geneva.

Quand il faisait la cour à Geneva, il y avait des années de cela, c'était une blonde élancée au charme exquis. Homer, d'un naturel timide et taciturne, avait été conquis par le flot intarissable de paroles frivoles et enfantines qui s'écoulait de sa bouche. On eût dit le babillage maladroit d'un enfant, pensait-il alors, ou le pépiement d'un oiseau. Les années passant, Homer avait d'abord découvert que ce bavardage était agaçant, puis il l'avait trouvé franchement exaspérant. Il avait maintenant cessé depuis longtemps d'y prêter attention. La pauvre Geneva, frustrée par ce mur de silence qui entourait Homer, avait découvert combien les plaisirs de la table pouvaient être agréables. Elle commençait, pensait Homer, à ressembler à une saucisse piquée sur deux bâtonnets, car ses jambes persistaient à rester fluettes alors que son corps ne cessait d'enfler. La vivacité enfantine qui l'avait séduit il y avait si longtemps, avait dégénéré en demandes et en ordres formulés sur un ton plaintif, le seul moyen qui lui restait d'attirer l'attention de son mari.

Neugent savourait donc avec délices la tranquillité de sa retraite quand la voix geignarde de sa femme, s'insinuant à travers la barrière de feuillages, chassa la douce quiétude.

— Homer ! Je n'arrive pas à trouver mes mouchoirs en papier.

Cette lamentation fut accompagnée d'un sanglot sonore.

— Une petite seconde, Geneva, répondit-il machinalement, et il retomba en contemplation devant la Dieffenbachia. Ses grandes feuilles vert foncé étaient magnifiques avec leurs mouchetures vert pâle semblables à celles d'un serpent. C'était un crime de comparer cette pure merveille avec les petits arbustes bâtards que des milliers de gens essayaient de faire pousser chez eux sous le nom de Dieffenbachia. Mais il est vrai qu'ils devaient acheter les leurs au supermarché du coin... Il ricana avec un subtil dédain à la pensée de cette populace barbare qui ne savait pas faire la différence entre une Dieffenbachia et un vulgaire caoutchouc !

— Homer ! (La voix se faisait plus forte et plus pressante.) M'entendez-vous ? Je ne trouve pas mes mouchoirs et j'en ai besoin.

Haussant les épaules, Homer entra dans la bibliothèque et aperçut la boîte de mouchoirs posée sur le guéridon près de la porte, à proximité des regards de sa femme blottie sur le sofa, les yeux boursouflés de larmes. Secouées par les sanglots, ses énormes épaules entraînaient dans leurs soubresauts le restant de la masse, provoquant les grincements furieux des ressorts du divan.

Elle agita un livre en direction d'Homer :

— C'est tellement triste. Tellement, tellement triste ! (Ses grands yeux bleus laissèrent encore échapper un flot de larmes.) La pauvre chère petite... Et tout ce temps où elle croyait que son mari l'aimait, il ne pensait qu'à se débarrasser d'elle.

Homer prit un air sévère.

— Geneva, faites-moi voir ce livre.

Geneva lui permit de retirer le volume de ses petits doigts bouffis.

— Mais, c'est *Dragonwyck*, dit-il tout surpris. Qu'est-ce que vous pouvez bien trouver de si navrant dans *Dragonwyck* ?

— Cette pauvre chère femme... renifla Geneva en guise de réponse.

— Geneva, je vous supplie de vous contrôler un peu. Bien, maintenant qu'est-ce qui vous met dans cet état-là ?

— C'est Johanna Van Ryn, gémit-elle. La pauvre petite. Elle pensait que c'était pour lui faire plaisir que Nicolas lui avait apporté ce gâteau appétissant...

Et, Homer... (Les petites paupières bouffies de Geneva se levèrent.) Homer... il avait haché des feuilles d'Oleander pour les mettre dans le gâteau... et elle les a mangées.

— C'est bien ça, en effet, dit pensivement Homer.

Les paupières arquées se levèrent encore un peu plus.

— Homer..., murmura-t-elle. Elle en est morte !

Les petites lèvres roses de Geneva se froncèrent en avant comme un bouton de rose encore tout frippé et ses cils battirent tandis qu'elle essayait bravement de retenir ses larmes. Elle se moucha bruyamment, perçant le mouchoir en papier, et se ragaillardit avec un chocolat qu'elle prit dans une boîte à demi vide, à côté d'elle.

— ... Si triste, conclut-elle. Si affreusement triste.

— Très triste, accorda Homer, tournant les talons. Il faut que j'aille travailler dans ma serre.

Geneva le saisit par la manche :

— Homer, débarrassez-vous de ces plantes, je ne peux plus les supporter. Vous passez plus de temps avec elles qu'avec moi qui suis pourtant votre femme... ! (Sa voix se transforma en un murmure chevrotant.) Homer, je suis un être de chair et de sang. Je dois présenter plus d'intérêt pour vous qu'un arbuste ? Pas vrai ? acheva-t-elle en le tirant par la manche avec anxiété.

— Bien sûr, Geneva, répondit-il inconsidérément.

Elle rayonna :

— Alors vous allez vous débarrasser de ces affreuses choses, n'est-ce pas, Homer ? Vous verrez, elles ne vous manqueront pas. Pensez un peu à tout ce temps que nous pourrons passer ensemble.

La perspective d'être à jamais condamné à écouter Geneva traversa l'esprit d'Homer.

— Nous en avons déjà parlé : je ne me séparerai pas de ma serre.

Geneva fit la moue.

— Homer, pleurnicha-t-elle. Il le faut pourtant, ces plantes sont dangereuses. C'est écrit... là-dedans... dit-elle en tapotant le livre. Vous aussi, vous avez un Oleander. Je le sais ! Et Dieu sait combien d'autres choses tout aussi affreuses. Homer, j'y suis allée une fois dans votre serre, et j'ai respiré le parfum des fleurs d'Oleander. Savez-vous qu'elles sentent le sucre ? (Son petit menton rond tremblota.) Et si j'en avais goûté une ?

Homer se raidit.

— Vous êtes allée dans ma serre ! Vous n'avez rien à faire dans cet endroit et je ne veux pas vous y voir, je vous l'ai déjà dit ! ajouta-t-il indigné.

Geneva s'accrocha aux revers de son veston :

— Homer, il y a des années que j'attendais le moment où nous serions ensemble plus souvent. J'étais si heureuse quand vous avez décidé de prendre votre retraite, renifla-t-elle pitoyablement. Je pensais que nous jouirions enfin de notre compagnie réciproque, mais vous avez installé cette infâme serre et maintenant je vous vois encore moins souvent qu'avant... Homer... quand cela va-t-il cesser ? ajouta-t-elle d'une voix soudain hystérique. Quand allez-vous cesser de passer tout votre temps avec vos plantes ?

— Jamais !

Il quitta la pièce en toute hâte et courut se réfugier dans son sanctuaire où on échappait miraculeusement aux gémissements de Geneva rien qu'en fermant une porte.

Là, dans la pénombre de la serre, il fouilla dans la poche de sa veste, en sortit une petite boîte, l'ouvrit et avala un tranquillisant.

L'état de ses nerfs avait empiré depuis qu'il restait à la maison avec Geneva. Définitivement empiré, pensa-t-il, tout en caressant machinalement du bout des doigts les feuilles d'un arbuste en fleurs. C'était à cause du babillage incessant de Geneva. Des torrents intarissables de paroles jaillissaient de ses petites lèvres roses. La seule manière d'endiguer le flot c'était de lui donner quelque chose à manger.

Bien sûr, Geneva savait combien sa loquacité l'exaspérait. Elle prétendait qu'elle essayait de se contenir. Mais la façon dont elle lui demandait sans cesse s'il l'aimait et s'il avait besoin d'elle était vraiment intolérable. C'en était presque indécent. Et toute cette histoire pour *Dragonwyck* et l'Oleander ! C'en était trop. Elle allait s'en rendre malade pendant des jours. Si encore cela pouvait la faire taire... juste un peu.

— L'Oleander la ferait taire à jamais.

Horrifié, Homer réalisa qu'il avait pensé à haute voix. Quelle horreur ! Non, il ne pouvait pas avoir eu cette idée. Pas du tout ! D'un sens, tout en rechignant, il était plutôt attaché à Geneva... n'est-ce pas ? Allons, bien sûr... il avait de l'affection pour elle... si seulement elle pouvait se taire un peu... au fond, il était habitué à sa présence.

Homer regarda avec agitation son Oleander en fleurs. S'il n'était pas si... mortel. Ses yeux firent nerveusement le tour de la pièce et vinrent se fixer sur sa chère Dieffenbachia. L'idée qui le frappa à ce moment l'obligea à se laisser choir sur sa chaise pour essayer d'apaiser son exaltation. La Dieffenbachia ! Communément appelé « l'arbre qui rend muet ». Pas mortel, oh non ! Pas mortel du tout, mais que ne pouvait-on faire avec un petit morceau de Dieffenbachia ! Si on en écrasait une petite portion de feuille dans... mettons un gâteau... et qu'on mangeât la préparation, on avait la langue qui enflait et on perdait momentanément la parole. Homer tituba de joie. Quelle idée remarquable, pensa-t-il. Remarquable... si cela marchait, il pourrait essayer encore... et encore !

Il fut obligé de prendre une autre pilule pour

atténuer l'euphorie qui l'envahissait à la pensée d'une Geneva temporairement muette.

Il décida enfin que sa première idée était tout à fait réalisable. En faisant entrer dans la composition du gâteau des fruits d'une saveur assez forte, il masquerait le goût de la plante et comme il n'aimait pas les sucreries, Geneva ne s'étonnerait pas s'il refusait d'y goûter.

Se glissant furtivement hors de la maison, Homer se faufila sur le siège avant de sa vieille guimbarde et fit les dix kilomètres qui le séparaient de la ville. Il s'arrêta devant chez Mortimer, la boutique spécialisée dans l'importation des fruits, des vins et de la confiserie. Avec ce qu'il pensait être une subtile astuce, il murmura au vendeur quelque chose sur une « surprise pour un anniversaire » et examina l'étalage de gâteaux aux fruits. Il lui en fallait un spongieux et qui contînt une grande quantité de citron vert.

Il fit son choix, paya et repartit dans son auto pétaradante, toujours soutenu par la certitude que les jours où il devait prêter une oreille récalcitrante étaient désormais comptés.

De retour à la maison, Homer s'introduisit dans la cuisine, s'arma d'un couteau à découper et d'une planchette et retourna tout droit à sa serre.

Il choisit une feuille placée derrière le tronc de la Dieffenbachia pour éviter que le vide ne se voit. Posant tendrement la feuille sur la planchette, il saisit le coutelas de ses petits doigts tremblants et commença son travail. C'était une entreprise de longue haleine, apprit-il, que de hacher et de couper une Dieffenbachia en fragments assez petits pour passer inaperçus.

Il était sur le point d'avoir terminé quand il réalisa avec horreur que quelqu'un marchait dans le hall et se dirigeait vers la serre. Faisant disparaître à la hâte les hachures gluantes de la planchette dans son mouchoir, il fourra chiffon et couteau dans sa poche et lança la planchette derrière un palmier en pot, juste à temps car Geneva pénétrait dans la pièce.

Toute la masse de son corps était carrée dans l'ouverture de la porte, et elle levait les yeux vers lui, l'air mal assuré.

— Homer, j'ai entendu un bruit très bizarre ! Est-ce que tout va bien ?

Elle sait tout, pensa-t-il désespéré. Elle m'a entendu hacher la Dieffenbachia... il n'y a rien d'autre à faire que de bluffer :

— Geneva, vous savez que je vous ai défendu d'entrer ici. Je ne me souviens pas de vous en avoir donné la permission pour cette circonstance particulière ?

— Excusez-moi, Homer, dit-elle, désorientée. Je pensais... c'est-à-dire, je...

— C'est bon, Geneva. Maintenant si ça ne vous fait rien...

Il se tut d'une façon significative, l'air glacial mais le cœur battant la chamade.

Geneva saisit l'allusion. Comme elle quittait rapidement la pièce sur ses petits pieds bouffis, Homer poussa deux gros soupirs tremblants et prit une autre pilule.

Quand il fut sûr qu'elle était bien partie, il alla récupérer la planchette et fila à la cuisine pour finir de préparer son cadeau. Pouah, c'est écœurant ! pensa-t-il en regardant le gâteau. Il était garni de fruits confits de toutes les couleurs, de noix et d'une couche de citron vert qui constituait une surface idéale pour y parsemer les fragments de feuilles. A force de chercher dans les tiroirs et les placards, Homer finit par découvrir une spatule et commença à transférer les miettes de Dieffenbachia de son mouchoir sur le sommet du gâteau. Il eut à cœur de faire un travail artistique, plaçant délicatement les morceaux en quinconce entre les fruits. Pour couronner son œuvre, il empila ce qui restait au centre d'une tranche d'ananas et l'aplatit avec le manche de la spatule.

Voilà, pensa-t-il, ça peut aller. Le gâteau n'était pas très gros et Geneva le mangerait certainement tout entier. Il sourit diaboliquement en pensant à ce qu'elle dirait. D'abord elle en demanderait juste un petit morceau, « à cause de ma ligne, vous savez ». Puis elle s'en couperait une autre tranche légèrement plus copieuse que la première, parce qu'il était « *si* délicieux ». Et alors elle lui rappellerait que puisqu'il n'en voulait pas, il était inutile de laisser perdre le reste.

Mais au moment du dîner, Homer se trouva assailli de doutes. Est-ce que Geneva soupçonnait quelque chose ? Et si elle refusait son gâteau ? Pire encore, si son dentier se décrochait avant qu'elle ait pu le dévorer ? Ou, comble de malheur, si elle décidait de le garder pour des visiteurs ? Homer s'étouffa presque avec son ragoût de mouton en pensant à cette éventualité.

— Qu'est-ce qu'il y a ? demanda Geneva avec sollicitude comme il déglutissait péniblement sa cuillerée.

— Oh rien, j'étais seulement en train de penser... c'est-à-dire... euh... j'étais en train de penser que je mangeais trop vite.

— Ah bon ! dit laconiquement Geneva en avalant une grande cuillerée de ragoût. Puis elle se plongea dans un compte rendu détaillé de la page féminine de l'*Evening News*.

Hochant la tête de temps à autre en guise de réponse, Homer l'observait attentivement quand elle interrompait son monologue pour engloutir bruyamment une grosse bouchée de pain, et il respirait soulagé quand elle reprenait le fil de son discours avec son dentier encore intact.

Homer présenta son cadeau quand ils s'assirent au salon pour prendre le café. Geneva se mit à pleurer et il pensa qu'elle avait tout compris.

— Homer, dit-elle enfin, vous n'avez jamais été si gentil pour moi ! Je ne pensais pas que vous auriez encore l'idée de me faire une si belle surprise. Et vous l'avez acheté chez Mortimer ! Ça fait des années que je voulais goûter les gâteaux de cette boutique, mais ils sont si chers !

Ses grands yeux s'inondèrent copieusement tandis qu'elle se coupait une tranche généreuse :

— Vous y goûterez bien, n'est-ce pas Homer ? (Elle sourit malicieusement.) Il faudra m'aider à le finir, vous savez. Je suis au régime et je ne pourrai pas tout manger, je gagnerais des kilos !

— Allons donc, Geneva ! Le gâteau ne pèse qu'une demi-livre.

Encouragée par cette pensée, Geneva mordit dans sa tranche.

— Reprenez-en, suggéra Homer quand elle eut fini.

— Euh... il *est* délicieux... êtes-vous bien sûr que je ne gagnerai pas plus de deux cent cinquante grammes ?

— C'est logique, répondit-il, la regardant avec satisfaction engloutir la seconde tranche.

— Vous savez, dit-elle en voyant ce qui restait du gâteau, ce serait dommage de le laisser perdre. Puisque vous n'en voulez pas je pourrais aussi bien le finir.

— Bien sûr, assura Homer le plus naturellement possible. Tout excité, il la regarda prendre le dernier morceau qu'il vit disparaître peu à peu dans sa bouche. C'était écœurant, la façon dont elle mangeait. Et tout ce qu'elle engloutissait... rien que cette pensée le rendait malade... tiens, c'est drôle, il se sentait réellement malade... la nausée... la tête qui tourne... Homer glissa lentement de sa chaise et tomba sur le tapis. Son cœur battait à tout rompre et il se sentait pris de vertige.

Au-dessus de lui, la tête de Geneva ballottait comme un ballon de baudruche :

— J'espère que vous n'êtes pas trop malade, Homer ?

— Trop malade ? Il essaya de la maintenir sous son regard. Qu'est-ce que vous voulez dire, Geneva ?

— Je ne voulais pas que vous soyez très malade, juste un peu, mais maintenant je m'en veux de l'avoir fait. C'était si gentil à vous de penser à me rapporter ce gâteau, et vous vous êtes intéressé à tout ce que j'ai dit pendant le dîner. J'avais peut-être tort de penser que vous ne faisiez plus attention à moi.

Elle se tut pour reprendre son souffle.

— Geneva, qu'avez-vous fait ?

— Je voulais que nous soyons heureux. Je pensais que si vous étiez malade, je pourrais vous soigner et que vous perdriez votre passion pour vos vieilles plantes. Mais quand vous m'avez offert ce délicieux gâteau de chez Mortimer, j'ai été sincèrement désolée d'avoir mis de l'Oleander dans votre ragoût de mouton.

— Dieu du ciel !

Homer essaya de se lever et retomba, étourdi et faible, respirant avec peine.

— Mais Homer, je n'aurais pas fait ça si vous aviez été gentil avec moi quand je suis allée cueillir la feuille d'Oleander. Ne vous tracassez pas, je n'en ai mis qu'une seule dans votre ragoût !

— Une feuille ! Geneva, c'est mortel ! (Il rampa vers elle, submergé par le désespoir.) Appelez le docteur, vite !

— Je ne savais pas, Homer. C'était une toute petite feuille... tout ce que je voulais c'était que nous soyons heureux... je voulais vous faire comprendre combien je me sentais seule pendant que vous étiez tout le temps dans votre serre. Et ces plantes sont dangereuses ! Je voulais vous le montrer...

— Pour l'amour de Dieu, fermez-la et appelez le docteur !

La bouche de Geneva se transforma en petit O tout rose. Elle trottina jusqu'au téléphone et composa le numéro.

— Doct... Geneva porta la main à sa gorge tandis que sa voix se cassait brusquement.

Ils se regardèrent horrifiés.

Puis le regard de Geneva tomba sur l'assiette à gâteau. Son visage se crispa et elle raccrocha le combiné. Les yeux noyés de pleurs, elle s'assit lourdement, croisa les bras et attendit. Impuissant, Homer attendit, lui aussi.

Dumb cane.

Traduction de Marie-Louise Girard.

Table

Composition réalisée par C.M.L., Montrouge.

IMPRIMÉ EN FRANCE PAR BRODARD ET TAUPIN
Usine de La Flèche (Sarthe).
LIBRAIRIE GÉNÉRALE FRANÇAISE - 6, rue Pierre-Sarrazin - 75006 Paris.

ISBN : 2 - 253 - 04812 - 7 30/3007/9